《高职高专商学系列教材》编写委员会名单

高职高专商学系列教材

供应链管理

GONGYINGLIAN GUANLI

詹荣富⊙主编

暨南大學出版社
JINAN UNIVERSITY PRESS
中国·广州

图书在版编目（CIP）数据

供应链管理/詹荣富主编. —广州：暨南大学出版社，2008. 3
（高职高专商学系列教材）
ISBN 978 - 7 - 81079 - 957 - 7

Ⅰ. 供…　Ⅱ. 詹…　Ⅲ. 物资供应—物资管理—高等学校：技术学校—教材　Ⅳ. F252

中国版本图书馆 CIP 数据核字（2007）第 202239 号

出版发行：暨南大学出版社

地　址：中国广州暨南大学
电　话：总编室（8620）85221601
　　　　营销部（8620）85225284　85228291　85220693（邮购）
传　真：（8620）85221583（办公室）　85223774（营销部）
邮　编：510630
网　址：http：//www. jnupress. com　http：//press. jnu. edu. cn

排　版：暨南大学出版社照排中心
印　刷：湛江日报社印刷厂

开　本：787mm×1092mm　1/16
印　张：13. 75
字　数：352 千
版　次：2008 年 3 月第 1 版
印　次：2008 年 3 月第 1 次
印　数：1—6000 册

定　价：25. 00 元

总 序

呈现在读者面前的这一套《高职高专商学系列教材》是面向高等教育的专科教材。该系列教材内容涵盖了经济与管理两大学科中商务活动的基础理论、基础知识和基本技能，它在突出其实践性的同时，还对它们的性质、特点、方式、方法、过程及运行机制进行了研究。

商学是一门社会科学。我国清代学者郑观应曾说过："商理极深，商务极博，商心极密，商情极幻。"这便揭示了商学的特点及复杂性。据考证，商学最早的著作是10世纪阿拉伯的《商人手记》（即《巨商阿·德米斯基手记》），尔后，1458年意大利出版了《商人学》，17世纪德国出版了《商事学》等。商学发展历经沧桑，反映了不同国家生产力发展的水平和商务活动的状况。

进入21世纪，我国的生产力水平已经发展到了一个相当的高度。2003年我国国内生产总值（GDP）已达115 898亿元，比上年增长9.1%，按当时汇率计算，人均GDP首次突破1 000美元。2004年GDP已达136 515亿元，又上了一个新台阶。2004年全国社会消费品零售总额为53 950亿元，是1949年140.5亿元的383.9倍。据世界贸易组织秘书处公布：2004年我国货物进口额为11 547.4亿美元（是1950年11.3亿美元的1 021.8倍），世界排名第3位；服务贸易出口额为589亿美元，世界排名第9位；服务贸易进口额为697亿美元，世界排名第8位，突显了我国经济发展的强劲态势和商务活动在国内、国际经济所处的重要地位。毫无疑问，加强商学科学研究、指导实践活动是时代赋予我们的使命。

从事商学教学与实践的各位作者、同仁与全体商学界的同道殚见洽闻，得其三昧，为推动商学系列教材的建设与创新，师直为壮，不敢懈怠，殚精竭虑，编写了这一套与时俱进、适应当今我国经济和科技发展及商学科学要求的《高职高专商学系列教材》。

商学系列教材的编写得到了暨南大学、华南师范大学、广东工业大学、广州大学、广东技术师范学院、广东潮汕学院、广州金桥干部学院、广州科技职业技术学院、广州航海高等专科学校、长沙民政职业技术学院、广州白云职业技术学院、广州私立华联学院等高校的教授、院长、系主任的悉心指导和鼎力相助。他们的加盟，无疑给这套《高职高专商学系列教材》锦上添花。在此，我们衷心地感谢他们开物成务的创造性劳动！

我们还要衷心地感谢暨南大学出版社徐义雄社长、潘雅琴副编审的大力支持和精心指导！

当然，编写《高职高专商学系列教材》难免管中窥豹，但它所具有的特色不容置疑：

一是针对性强。本系列教材体现高职高专要求：强调理论够用，突出实践性。既能把握理论基础，又能为强化应用提供广阔的空间，一改过去专科生使用本科生教材上课的旧习。

二是编写作者阵容强大。编著者来自普通高校和高职高专院校的资深专业教师，包括一大批双师型教师，他们具有丰富的教学经验、实践经验和较高的写作水平，确保了教材的高质量和可读性。

三是知识内容丰富。本系列教材的内容在汲取国内外新理论、新经验、新科技的基础之上，作者结合自身的研究与实践，博采众长，切磋琢磨，使认识得到了升华，在很多方面不乏新意、新创。

四是体例新颖。本系列教材的编著一改过去的理论说教、平铺直叙的呆板方式，而是围绕素质、知识、能力三位一体的教育原则，在结构框架、栏目设置和写作风格上均有所创新，结构层次分明，并运用了图表、案例、专栏等形式，激发学生学习兴趣，增强学生学以致用的信心。

商学科学是一个极其复杂和动态的领域，处于不断发展变化之中。因此，要想穷尽所有的内容是不可能也是不必要的。诚如有人所说，建筑是一门遗憾的艺术，因为楼房建成以后总会发现一些缺陷与疵点。本系列教材的作者们也会有与建筑师同样的感受，但他们已磨砺以须，恪守不渝，奋力紧跟时代发展，力使本系列教材日臻完善。

陈己寰

2005 年 5 月于华联园

前　言

人类进入21世纪以来，以新的流通方式为代表的连锁经营、物流配送、电子商务等产业发展迅速，服务业对整个国民经济的发展越来越重要。随着世界产业链的分工，中国也被称为“世界工厂”，供应链管理已经成为中国企业面临的重要问题。

供应链管理是利用计算机网络技术全面规划供应链中的商流、物流、信息流、资金流等，并进行计划、组织、协调与控制，是物流高级化发展必须具有的理念、技术、手段和策略。

随着客户对服务和时间要求的不断提高以及产业全球化和组织一体化的发展，企业应该考虑在世界范围建立从供应商、分销商、零售商到最终用户的完整供应链，并且以外包等方式建立战略伙伴关系，加强所有加盟企业的长期合作，不断引进新技术，实现供应链的信息集成，与供应链成员共享信息来增强整个供应链的竞争优势。

中国企业目前应用供应链管理面临很多问题，包括：企业间的合作意识淡薄；短时间内出现的众多物流企业仍拘泥于传统的功能性服务，供应链环境下的物流服务能力不强；利用市场机制整合供应链资源的能力薄弱，企业核心能力、业务外包等策略尚未得到充分应用；一些企业只是被动地成为供应链网链结构的成员，在如何主动地制订、实施供应链计划，如何构建供应链网络，怎样建立和运行供应链联盟机制，怎样测量与监控供应链运作绩效，应当通过什么机制形成供应链协同效应并实现供应链成员企业的共赢目标，以及利用哪些信息技术和开发怎样的信息系统为供应链管理服务等方面缺少经验和实践的基础……面对这些问题，企业管理人员、物流管理人员迫切需要理论和实践的指导。

本书定位于高等院校高职高专“物流管理”专业“供应链管理”课程的教材，所有参编人员都有丰富的企业（尤其外企）管理经历和教学经验。在编写思路上，强调概念的准确性和实践的指导性，避开了强调方法的难度以及单纯追求理论深度的问题。与可操作性较强的“物流管理”课程教材相比，“供应链管理”更强调理念，对高职高专学生来说，它们或许会比较抽象，为加深理解，我们引用了不少案例，也编写了一些思考题。因此本书除可作为高等院校高职高专“物流管理”专业的教材之外，还可作为企业界从事企业管理、供应链管理、物流管理等相关业务的各个层次人士的参考书，同时也可作为培训咨询机构的教材。

全书共10章。主编詹荣富（双师型教师，高级物流师）负责大纲的制定及第1、2、3、4、5、6、7章的编写；副主编许晗（双师型教师，高级物流师）编写了每一章节的案例及第8、9章，副主编卜耀庭（GE〈中国〉公司华南区域经理）编写了第10章。

在本书写作过程中得到陈已寰教授的指导和帮助，同时，作者参考、吸收了国内外众多学者的研究成果和实际工作者的实践经验，其中部分书籍和文章以参考文献的形式列在书后或以案例的形式编写在书中。在此，对这些文献的作者致谢。

由于作者水平有限，成稿时间仓促，对供应链管理这一新领域涉及的知识和内容研究还不够深入，书中表述难免存在缺点和谬误，敬请各位专家、读者提出批评意见。

编　者

2007年11月12日

目　录

第3章 供应链的构建与设计

第4章 供应链的组织管理

第5章 供应链管理技术

第6章 供应链管理办法

第7章　供应链管理的核心信息技术

第8章　客户关系管理

第9章　供应链中的协作关系

第10章　供应链绩效评价

第 1 章　供应链及供应链管理概述

⊙本章学习要点

1. 供应链的概念、结构、特征及类型
2. 供应链管理的产生背景
3. 供应链管理的概念及特点
4. 供应链管理与其他管理思想

⊙本章学习内容

1. 供应链概述
2. 供应链管理概述
3. 供应链管理与其他管理

⊙案例分析
⊙本章小结
⊙关键术语和概念
⊙思考与练习
⊙补充阅读

在现代经济管理理论起源的西方，供应链管理这一名词最早出现在 20 世纪的最后 10 年。那时，人们厌烦了从发出订单到拿到产品比生产周期还要长 500 天，开始了关于提高产品供应效率的研究。我国在 21 世纪初，也紧跟时代步伐，正式开始了该领域的探讨。从制造商、运输队到批发商和零售商，供应链涉及市场中除消费者以外的每个方面，不但上游企业会影响下游企业的整体计划，下游企业的层层反应也会给上游企业带来变化。只有真正认清供应链和供应链管理的概念，才能准确定位企业在供应链中的角色，从而带领企业走上创新发展之路。

1.1 供应链概述

1.1.1 供应链的基本概念

1. 供应链的兴起

在今天的消费市场中，顾客需求多样化、个性化的特征，要求每个企业都能对这些变化作出及时快速的反应。这是企业在市场中立足与发展的必要条件，并且市场对企业的影响力逐步加大。经济全球化，合作伙伴关系，信息技术进步以及管理思想的创新，使得竞争的方式也发生了潜移默化的转变，企业必须以有效的供应链管理对此作出快速反应，从企业与企业之间的竞争转向供应链和供应链之间的竞争。

世界制造格局在不断发生变化。20 世纪 60 年代，日本借助经济的迅速崛起，夺走了一些美国一度占绝对优势的产业，如汽车、照相机、家电等，使之变为自己的主导产业，从而占领了欧美市场。在随后的 70 年代，亚洲工业新秀国家和地区如新加坡、韩国和中国台湾、香港的崛起，使得世界制造格局呈现多极化。美国欲夺回其制造业的世界霸主地位，工业新秀们想保住其既得的“新贵”地位，因而纷纷加大投资力度，使制造技术不断翻新，新思想也层出不穷。应该说，在此背景下诞生的物料需求计划、制造资源计划、准时生产制及精细生产等新的生产方式，确实对提高企业竞争力作出了不可低估的贡献。但企业竞争环境的突变，使得传统企业的管理模式受到挑战。

这种竞争环境的改变发生在 20 世纪 90 年代以后。顾客的消费水平不断提高，市场需求的不确定性大大增加，企业面对的是一个变化迅速且无法预测的买方市场。不但消费需求出现了前所未有的变化，经济活动也出现了未曾有过的全球一体化特征。这使得企业原有的管理思想无法满足新的竞争形势的需要。

传统生产方式的第一个主要缺点集中表现为：依赖至少三个间断性的库存缓冲环节来保证生产过程的物流顺畅，并对变化的消费需求作出反应。这种方式的一个重要缺点是：由供应链的每一个环节向上游转移，则需求的不稳定性增加，预测准确度降低。制造商和零售商发现他们自己淹没在许多物品的库存里，同时他们也对某些物品的缺货现象习以为常。

传统生产方式的第二个主要缺点是企业对新的需求趋势反应迟缓。假如某种商品突然畅销起来，并在商店脱销，补货订单发到零售商的配送中心后，配送中心并未采取更多的行动，而是在此商品量降到最低库存量时，才向制造商发出订单。接下来，制造商在其配送中心的库存降到订货点时才订货，然后生产计划部门开始计划新的生产。这样一来，整个体系无法及时抓住此次销售良机。传统体系由于采取沿着供应链向上游逐级转移的订货程序，没有和潜在的消费需求及时沟通，所以，往往无法做到更快地向市场供应产品。

传统生产方式的第三个主要缺点是管理者对所有产品品类的管理抱着一视同仁的态度，对变化的与稳定的品类保持同样的库存水平，销售量大的品类和销售量小的品类都采取同样的物料处理方法。这样一来，减少分销成本的机会就丧失了。

企业采取的原有生产方式，多是出于控制的目的，对为其提供原材料、零部件的其他企业，一般采取投资自建、控股或兼并的“纵向一体化”管理模式，使企业在市场竞争中掌握主动。但在市场变化的今天，这种模式已逐渐显示出无法快速响应市场的弊端。显然，企业采取“纵向一体化”的管理模式，不论采取何种方式控制关联企业，都要承受过重的投资负担和过长的建设周期带来的风险，而且核心企业什么都想管，不得不从事自己并不擅长的业务活动。

新的竞争环境体现了企业竞争优势要素的改变，导致了企业管理模式的转变，供应链管理思想就是在新的竞争环境下出现的。在20世纪70年代以前，成本是企业主要的竞争优势，80年代是质量，90年代是期量，即所谓基于时间的竞争，到21世纪初，这种竞争优势就转变到所谓的敏捷性上来。在当前环境下，企业的竞争表现为如何快速响应市场要求，满足不断变化的多样性需求。传统的企业竞争模式很难快速组织生产资源，把产品送到用户手中，资源饥渴让企业感到无奈。

在这种情况下，精明的企业率先摆脱“纵向一体化”的阴影，将资源延伸到企业以外的地方，借助其他企业的资源达到快速响应市场的目的，于是出现了“横向一体化”的管理模式。

2. 什么是供应链

虽然对供应链的概念目前尚未形成统一的定义，但是许多学者从不同角度出发给出的许多不同的定义均揭示了供应链的特点和内涵。一般认为，供应链的概念是从制造业发展而来的。早期的观点认为供应链是制造企业中的一个内部过程，它是指将采购的原材料和收到的零部件，通过生产转换和销售等活动传递给用户的一个过程。传统的供应链概念局限于企业的内部操作，注重企业的自身利益目标。

有些学者把供应链的概念与采购、供应管理联系起来，用来表示企业与供应商之间的关系，这种观点得到了研究合作关系、JIT关系、精细供应、供应商行为评估和用户满意度等问题的学者的重视。但这样一种关系也仅仅局限在企业与供应商之间，而且供应链中的各企业独立运作，忽略了与外部供应链成员的联系，往往造成企业间的目标冲突。

后来供应链的概念注意到了企业与其他企业的联系，注意到了供应链的外部环境，认为它应是一个“通过链中不同企业的制造、组装、分销、零售等过程将原材料转换成产品，再到最终用户的转换过程”，这是更大范围、更为系统的概念。

美国的斯蒂文斯（Stevens）于1989年在 *Int. J. of Physical Distribution and Material Management* 的19卷发表文章，介绍了集成供应链的概念。这一概念包括功能集成、企业内部集成和企业外部集成，集成的目的是消除部门间及企业间的障碍。他认为，“通过增值过程和分销渠道控制从供应商的供应商到客户的客户的流就是供应链，它开始于供应的源点，结束于消费的终点”；“供应链是通过前馈的信息流和反馈的物料流及信息流，将供应商、制造商、分销商、零售商，直到最终用户连成一个整体的结构模式”。这些定义都注意了供应链的完整性，考虑了供应链中所有成员操作的一致性。

近年来，供应链的概念更加注重围绕核心企业的网链关系，如核心企业与供应商、供应商的供应商乃至与一切前向的关系，与用户、用户的用户及一切后向的关系。此时的供应链的概念成为一个网链的概念，像丰田、耐克、尼桑、麦当劳和苹果公司的供应链管理都从网链的角度来实施。哈理森（Harrison）将供应链定义为“供应链是执行采购原材料，将它们转换为中间产品和成品销售到用户的功能网链”。这些概念同时强调供应链的战略伙伴关系问题。菲利浦（Phillip）和温德尔（Wendell）认为，供应链中战略伙伴关系是很重要的，通过建立战略伙伴关系，可以与重要的供应商和用户有效地开展工作。

我们可以举个例子来分析供应链的定义。假定有一位顾客走进沃尔玛商店（Wal－Mart）购买洗发水，那么供应链始于顾客对洗发水的需求。供应链的下一环节是该顾客所光顾的沃尔玛零售店。沃尔玛货架上的商品来自它的库存，库存商品可能由沃尔玛（Wal - Mart）自营的成品仓库或分销商（第三方）提供，而分销商的商品则由制造商（如宝洁）提供。宝洁生产厂从各种供应商处获取原材料，而这些供应商的商品则由下游供应商提供。例如，包装材料可能来自泰乃克（Tenneco）公司，泰乃克又从其他供应商那儿获取生产包装物的原材料，从而形成一条供应链（见图1-1）。

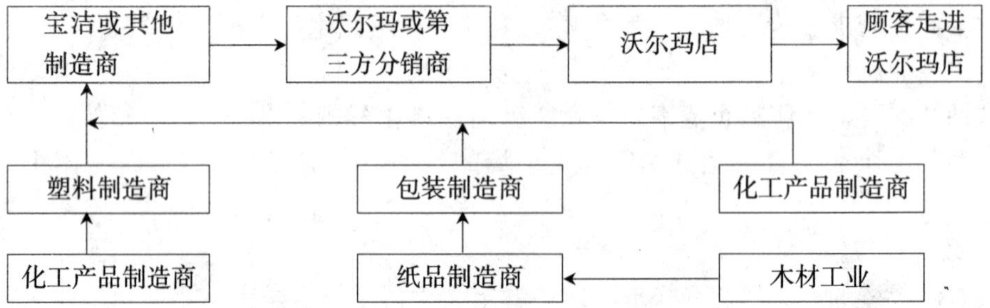

图1-1　洗涤剂供应链环节

供应链是一个动态系统，它包括不同环节之间持续不断的信息流、产品流和资金流。供应链的每个环节都执行不同的程序，并与其他环节相互作用与影响。沃尔玛向顾客提供产品，同时标出商品价格和使用信息，顾客向沃尔玛支付货款。沃尔玛将售场信息及补充订单传给分销中心，分销中心又将补充订单随同送货车返还给沃尔玛商店。沃尔玛在补充订单完成后把货款转给分销商，分销商也向沃尔玛提供价格信息和送货日程。类似的信息流、货物流和资金流发生在供应链的全过程。

综上所述，本书结合现代供应链产业的发展，给出供应链的定义：供应链是围绕企业，通过对信息流、物流、资金流的控制，从采购原材料开始，制成中间产品以及最终产品，最后由销售网络把产品运送到消费者手中的，将供应商、制造商、分销商、零售商直到最终用户连成一个整体的功能网链结构模式。它是一个范围更广的结构模式，它包括所有加盟的节点企业，从原材料的供应开始，经过链中不同企业的制造加工、组装和分销等过程直到最终用户。它不仅是一条连接供应商到用户的物料链、信息链和资金链，而且是一条增值链，物料在供应链上因加工、包装和运输等过程而增加其价值，给相关企业都带来收益。

典型的供应链可能包括许多不同环节，其结构（见图1-2）包括：顾客、零售商、批发商或分销商、制造商、零部件或原料供应商。

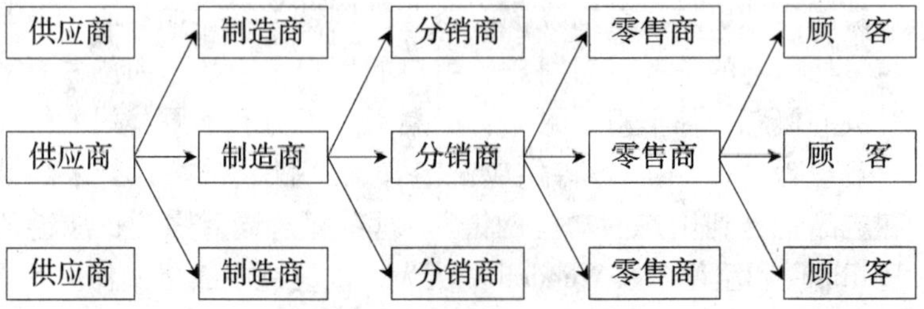

图1-2　供应链环节

1.1.2 供应链的基本特征

从以上的供应链结构图（见图1－2）可以看出，供应链是一个网络系统，由供应商、供应商的供应商和用户、用户的用户组成。一个实体是一个节点，节点和节点之间是一种需求与供应关系。而且供应链管理协调了供应链上所有参与企业之间的物流、信息流和资金流：物流是在供应链上产品由供应商到顾客的流通以及相反流向的退货流通；信息流包括需求预测、订单传递和交货情况报告；资金流包括信用卡信息、信用期限、结算期等。

因此，供应链主要具有以下特征：

1. 复杂性

因为供应链节点企业组成的跨度（层次）不同，供应链往往由多个、多类型企业构成，所以供应链结构模式比一般单个企业的结构模式更为复杂。

2. 动态性

供应链管理因企业战略和适应市场需求变化的需要，其中节点需要动态的更新，这就使得供应链具有明显的动态性。

3. 面向用户需求

供应链的形成、存在、重构，都是基于一定的市场需求而发生的。在供应链的运作过程中，用户的需求拉动是供应链中信息流、物流和资金流运作的驱动源。

4. 交叉性

对于产品而言，每种产品的供应链都由多个链条组成。对于企业而言，每个企业既可以是这个链条的成员，同时又是另一个链条的成员，众多的链条形成交叉结构，增加了供应链协调管理的难度。

1.1.3 供应链的基本类型

1. 根据运行性质划分，将供应链分为以下四种类型

（1）稳定的供应链和动态的供应链。

根据供应链存在的稳定性划分，可以将供应链分为稳定的和动态的供应链。基于相对稳定、单一的市场需求而组成的供应链稳定性较强，而基于相对频繁变化、复杂的需求而组成的供应链则动态性较强。在实际管理运作中，需要根据不断变化的需求，相应地改变供应链的组成。

（2）平衡的供应链和倾斜的供应链。

根据供应链容量与用户需求的关系可以将供应链划分为平衡的供应链和倾斜的供应链。一个供应链具有一定的、相对稳定的设备容量和生产能力（所有企业能力的综合，包括供应商、制造商、分销商、零售商等），但用户需求却处于不断变化的过程中，当供应链的容量能满足用户需求时，供应链处于平衡状态；当市场变化加剧，造成供应链成本增加、库存增加、浪费增加等现象时，企业不是在最优状态下运作，供应链则处于倾斜状态。如图1－3所示。

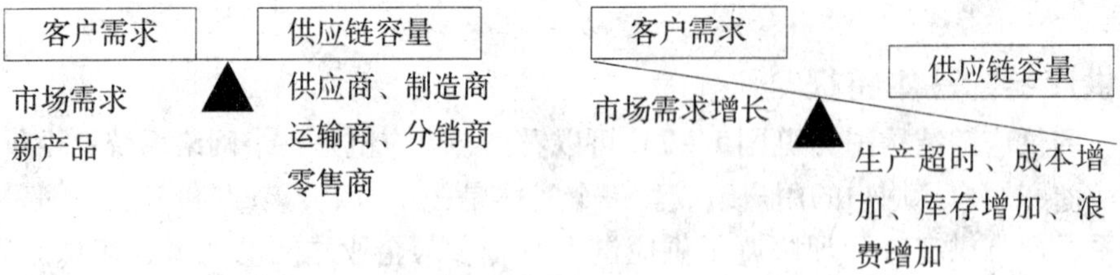

图1－3　平衡的供应链和倾斜的供应链

(3) 有效性供应链和反应性供应链。

根据供应链的功能模式（物理功能和市场中介功能）可以把供应链划分为两种：有效性供应链（efficient supply chain）和反应性供应链（responsive supply chain）。有效性供应链主要体现供应链的物理功能，即以最低的成本将原材料转化成零部件、半成品、产品以及在供应链中的运输等；反应性供应链主要体现供应链的市场中介的功能，即把产品分配到满足用户需求的市场，对未预知的需求作出快速反应等。

(4) 推动式供应链和拉动式供应链。

“推动”模式是传统的供应链模式，指根据商品的库存情况，有计划地将商品推销给客户。在传统的推动式模式中，商品是被“推向”顾客的。而在拉动式模式中，消费者是供应链的开端，因此也叫需求驱动模式。拉动式模式是：顾客在收款台结账时，扫描器就会记录下他的购买细节数据；配送中心根据这些数据向这个商店送货；各个配送中心的数据在生产商处汇集后，生产商就可以此向配送中心补货；生产商的生产程序会根据送货安排进行更新，并对采购安排作出相应调整；最后，原材料供应商也要随之改变自己的送货计划。如图1－4所示。

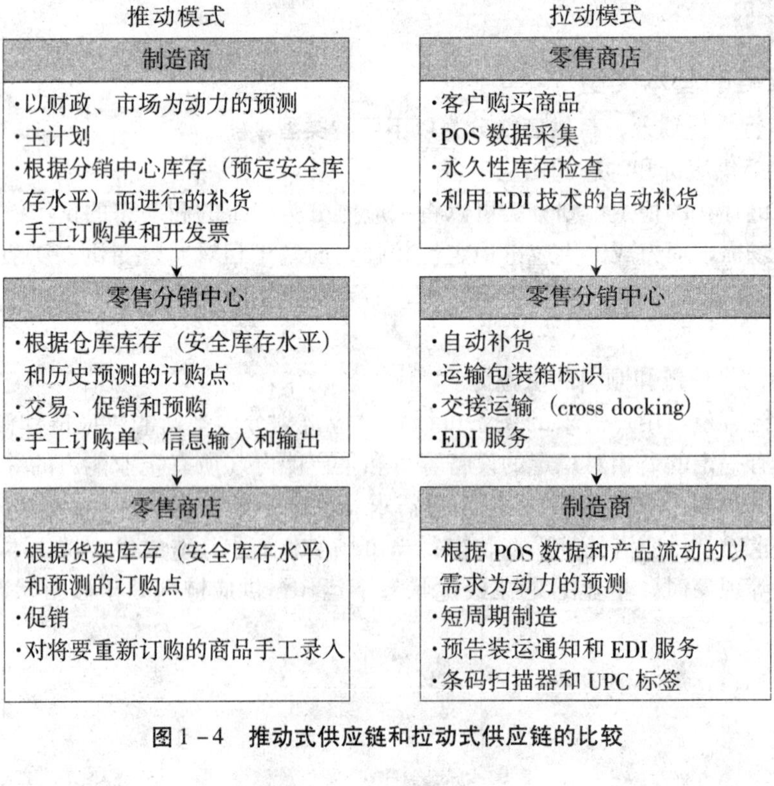

图1－4　推动式供应链和拉动式供应链的比较

2. 根据网状结构划分，将供应链分为以下三种类型

（1）“V”型供应链。

这种供应链表现为发散网状，发散网是供应链网状结构中最基本的结构。在发散网中，物料以大批量的方式存在，但是最早的原材料必须经过加工转化为中间产品，提供给其他企业作为他们的原材料。在“V”型供应链结构中，企业的上下游关系是由企业所生产的产品在加工流程中的位置所决定的。在其他加工流程环境中，如石油、化工、造纸和纺织业，也存在类似的结构，这种行业的供应链也被看作”V”型供应链。如图 1－5 所示。

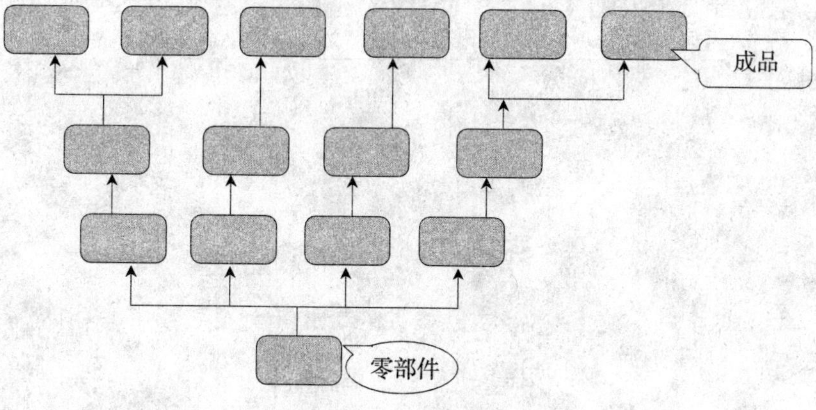

图 1－5　“V”型供应链

（2）“A”型供应链。

当核心企业为供应链网络上的最终用户服务时，它的业务在本质上是由客户订单驱动的。在制造、组装和总装时，与“V”型供应链相比，这些企业遇到一个相反的问题，即为了满足相对少的客户需求和客户订单，需要从大量的供应商手中采购大量的物料。这是一种典型的汇聚的供应链网络，即形成“A”字形。这方面的例子有航空工业（飞机制造）、汽车工业和重工业的供应链网络等。如图 1－6 所示。

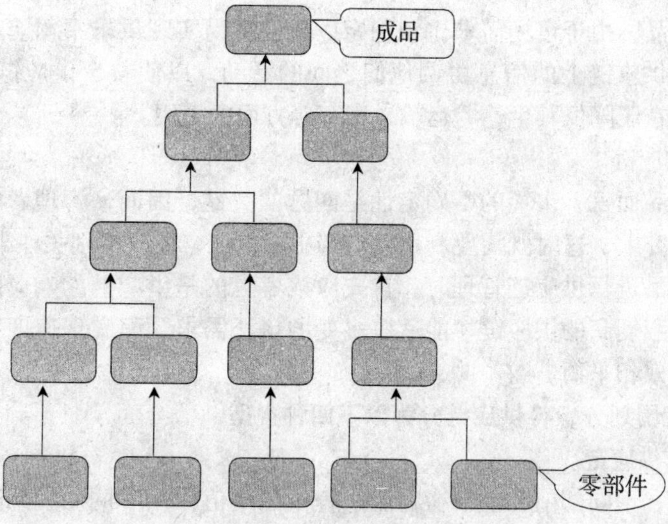

图 1－6　“A”型供应链

（3）“T”型供应链。

许多企业通常结成的是在上述两种模式之间的“T”型供应链。这种情形在接近最终用户的行业普遍存在，如医药保健品、汽车配件、电子产品、食品和饮料等行业，在那些为总装配提供零部件的企业同样存在，如为汽车、电子器械和飞机主机厂商提供零部件的企业。

“T”型供应链是供应链管理中最为复杂的一种情况，预测和需求管理是此种供应链成员考虑的一个重点。如图1－7所示。

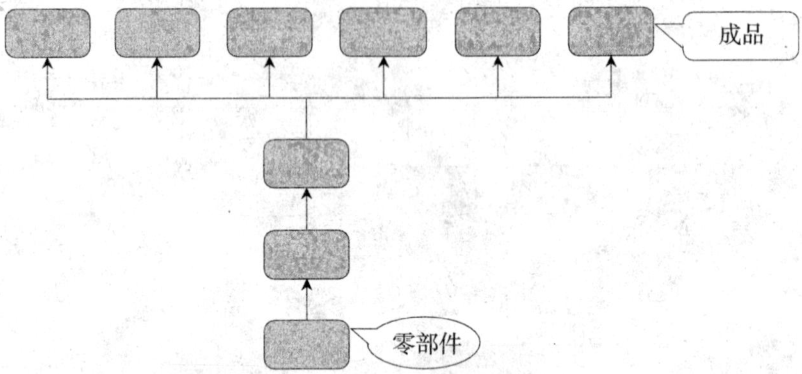

图1－7　“T”型供应链

3. 根据产品划分，将供应链分为以下两种类型

根据产品的生命周期、需求稳定程度及可预测程度，产品可分为两大类，即功能型产品和创新型产品。功能型产品是指那些为满足顾客基本需要的产品，这类产品一般生命周期长，市场需求比较稳定，可预测性较高，但单位利润通常较低，如日用百货等。创新型产品是指对市场来说很新的产品，因此需求的不确定性很高，如服装等，一旦畅销其单位利润就会很高，随之会引来许多仿造者，基于创新的竞争优势会迅速消失，因此，这类产品无论是否畅销其生命周期均较短。

（1）功能型供应链。

对于功能型产品，由于市场需求比较稳定，比较容易实现供求平衡。对各成员来说，最重要的是如何利用供应链上的信息协调他们之间的活动，以使整个供应链的费用降到最低。供应链管理的重点在于降低其生产、运输、库存等方面的费用。

（2）创新型供应链。

对创新型的产品而言，市场的不确定性是问题的关键，因而，管理者应将其注意力集中在对市场的调查研究上，这时既需要利用供应链中的信息，还要特别关注来自市场的信息。

针对创新型产品进行供应链管理时，首先应该考虑的是供应链的响应速度和柔性，只有响应速度快、柔性程度高的供应链才能适应多变的市场需求，而实现速度和柔性的投资和费用则要与获得的成效相平衡。

4. 根据分布范围划分，将供应链分为以下四种类型

（1）企业内部供应链。

在每个企业里，不同部门和环节在物流过程中的增值作用不同。如采购是企业资源的来源环节，制造直接形成、增加产品价值，接收订单、管理客户和送货是价值提供环节等，一般产品的设计和个性化产品的设计是由工程设计部门完成的，它们也参与了增值活动。这些部门被视作供应链中业务流程的内部顾客和供应商。企业内部供应链管理主要是控制和协调物流过程中部门之间的业务流程和活动。

（2）集团供应链。

一个企业集团可以在不同的地点进行制造并且对生产过程实现集中控制，通过自有的区域和本地仓库网络配送产品。在这种情况下，由于业务活动涉及许多集团内部的企业（或部门），如生产厂和配送仓库，因而使供应链更加复杂。

集团内部每个企业（部门）在供应链中都有自己的位置和作用，每个企业都有一个面向下游的内部客户需求链和面向上游的内部供应商的供应链，大量的信息需要快速地传递，供应链上业务流程也必须集成。

（3）扩展型供应链。

扩展型供应链表现为参与从原材料到最终用户的物流活动的企业日益增多，这种趋势在生产最终商品的企业的供应和配送活动中尤为明显。扩展型供应链复杂的网络中包含着多层供应商节点，这些供应商在供应链中从事着各种增值活动，同样，分销商网络能够把产品送到范围更广的消费者手中。随着供应链的延伸，供应商和最终用户之间的距离在拉大，产品和制造的个性化以及供应商与客户的关系却更加紧密。另一方面，供应商和客户之间交易成本的增加是供应链管理的主要压力，交易成本增加的主要原因是供应链过于分散和冗长。在传统企业里，业务流程通常在销售、设计、制造和采购等部门进行，而它们之间却缺乏及时的沟通，由此产生的沟通障碍在业务流程中造成不必要的延迟和成本的增加，也使企业很难对客户的需求和市场变化作出快速反应。

（4）全球网络供应链。

因特网的应用以及电子商务的出现彻底改变了商业模式，也改变了业务转换、削减、调换的方式。在传统生产、交易方面投资的实体资产，通过跃过销售过程的中间商层次来压缩供应链的长度，创建了在电子化市场上运作的扩张性企业、联合制造业和跨部门集团，在贸易伙伴间进行实时数据存取和传递。

在网络交易条件下，企业都具有双重身份，既是客户又是供应商，它不仅是上网交易，更重要的是网络构成该供应链的一个元素。在这种新的商业环境下，所有的企业将面临更为严峻的挑战，它们必须在提高客户服务水平的同时努力降低运营成本，必须在提高市场反应速度的同时给客户以更多的选择。同时，因特网和电子商务也将使供应商与客户的关系发生重大改变，其关系将不再仅仅局限于产品的销售，而更多的将是以全面服务方式满足客户需求来替代单纯将产品卖给客户。

1.1.4 供应链的节点和长度

1. 供应链的节点

在大多数国内外学者对供应链的论述中，都没有提及供应链的节点的定义。有些人认为节点指的是供应链的企业；另一些人认为节点是指供应链中的库存；还有些人认为节点是指供应链上每个企业的战略经营单位。认为节点是企业的观点，只注意了供应链中的营销方面，却忽视了物流渠道；认为节点是库存的观点，则只包括了供应链中的物流渠道，却忽视了营销渠道；而强调节点是战略业务单位的观点，则没有包括那些没有决策能力的、仅仅完成产品物流功能的物流设施，如仓库、码头等。本书认为供应链中的节点指供应链中的实体，包括法律实体、功能实体和物理实体。法律实体指合法存在的机构，功能实体指法律实体内的具体部门，物理实体指具体的地址，如某一仓库、码头等。

2. 供应链的长度

供应链上的每一个节点都可能持有库存。前导时间可以用天数表示，一些快速的供应链可以用小时计量。所有前导时间之和（从消费者到供应商）称为供应链的长度。它是当需求的增加超过库存的安全极限时，对供应链反应时间的计量。

SC 公司（见图 1－8）是欧洲某著名汽车零部件集团 Z 在上海新投资的一家子公司，主要客户包括上海大众、一汽大众、上海通用和福特等整车厂，同时还为母公司在华销售网络从事售后、维修和零部件的生产。SC 公司的前导期如下：

原材料：国内供应商为 90 天
　　　　国外供应商为 180 天
零件：　国内供应商为 14 天
　　　　国外供应商为 90 天
在制品：20 天
成品：　3 天
运输：　本地客户 1 天
　　　　异地客户 7 天

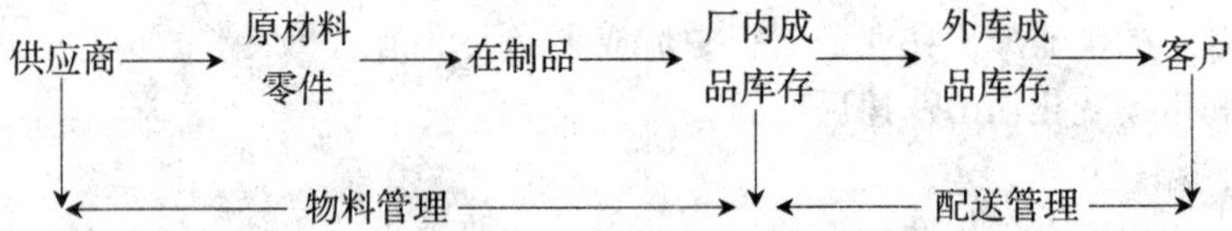

图 1－8　SC 公司的供应链

SC 公司的供应链理论上可能的长度为 211 天（国外），最短长度为 38 天（国内）。

3. 供应链长度的作用

传统的商务活动是由多个中间环节组成的供应链完成的，这些中间环节必然要耗费大量的物质资源，降低了供应链成员（节点）的竞争能力。只有对供应链长度进行分析研究，缩短供应链的长度，才会使企业间的合作更为紧密有效，才能降低物质资源的损耗，提高供应链的响应能力，从根本上解决供应链的效率问题。研究及分析供应链的长度，可使企业改变现有的运作方式，提高效益，减少成本，增强竞争能力。

应用案例：

20 世纪 80 年代，美国的纺织业遭遇严重的生存危机，大量物美价廉的进口产品（尤其是东南亚地区的产品）进入美国市场，美国纺织企业纷纷倒闭，工人失业严重。1984 年，美国服装、纺织以及化纤行业的先驱们成立了一个“用国货为荣委员会”（Crafted with Pride in USA Council），该委员会的任务是为购买美国生产的纺织品和服装的消费者提供更大的利益。1985 年该委员会开始做广告，提高了美国消费者对本国生产的服装的信心。1985 年至 1986 年，Kurt Salmon 协会进行了供应链分析，结果发现，尽管系统的各个部分具有高运作效率，但整个系统的效率却十分低。于是纤维、纺织、服装以及零售业开始寻找那些在供应链上导致高成本的活动。结果发现，供应链的长度是影响其高效运作的主要因素。

整个服装供应链，从原材料到消费者购买，时间为66周：11周在制造车间，40周在仓库或转运，15周在商店。这样长的供应链不仅造成各种费用增加，更重要的是建立在不精确需求预测上的生产和分销，因数量过多或过少造成的损失非常大。

该事件直接导致美国QR供应链管理方法的产生。通过实施QR管理，纺织企业将供应链长度缩短为大约29周，业绩因之得到大大提升。

1.2 供应链管理概述

1.2.1 供应链管理的形成动因

计算机网络的发展进一步推动了制造业的全球化和网络化过程，虚拟制造和动态联盟等制造模式的出现，更加迫切需要新的管理模式与之相适应。传统企业组织中的采购（物资供应）、加工制造（生产）和销售等看似整体，但却是缺乏系统性和综合性的企业运作模式，这已经无法适应新的制造模式发展的需要；而那种“大而全，小而全”的企业自我封闭的管理体制，已经无法适应网络化竞争的社会发展的需要。因此，“供应链”的概念和传统的销售链是不同的，它跨越了企业界限，从建立合作制造或战略伙伴关系的新思维出发，从产品生命线的“源”头开始，到产品消费市场的“汇”，从全局和整体的角度考虑产品的竞争力，使供应链从一种运作性的竞争上升为一种管理性的合法体系，这就是供应链管理提出的实际背景。

供应链管理事实上是知识经济时代兴起的一种集成管理，因此，它的形成动因是追求集成带来的实际效果，即集成效应。从管理角度看，供应链管理的集成效应最终体现在管理活动和经济效益上。本节将从供应链管理的产生动因开始，讨论供应链管理与物流管理、战略管理、营销管理及业务流程重组之间的内在联系。

首先，供应链管理是管理指导思想的转变。自从1911年泰勒创建科学管理理论以来，管理学已经历了将近百年的历史，管理理论经过了五个阶段：①古典管理理论阶段；②行为科学理论与管理理论丛林阶段；③以战略管理为主的研究企业组织与环境关系的阶段；④企业再造阶段；⑤全球化和知识经济时代的组织管理阶段。在20世纪80年代以前，管理理论的大厦一直建立在亚当·斯密分工理论的基础上，强调分工成为传统管理模式的主要特征，这种管理模式一直持续到企业再造理论的产生。80年代以后，随着以高科技为主导的时代的到来，经济增长的推动因素逐渐由劳动力、资本转为科技知识，经济全球化发展也越来越快，由此导致了人类社会实践的规模和范围越来越大，其复杂性也愈益增加。现代企业的任何一项管理活动，都要涉及大量的技术、经济以及政治、环境、社会心理和伦理等问题。许多问题是跨企业、跨国界的，它打破了传统分工的界限，管理的指导思想也从着重分工转为关注集成。这种管理哲学的变革，对供应链管理思想的产生起到积极的促进作用。

其次，由于全球化市场竞争越来越激烈，企业面临的风险也越来越大，企业仅靠自身已不能取得竞争优势，因而不得不联合起来，形成各种虚拟组织，以取得在市场中的领先优势。

最后，供应链管理产生的第三个动因来自一个经济学原理，那就是交易可以使每个人或每个企业的状况变得更好，即使每个人或者每个企业在所有方面都比别人强，也能在交易中得到最大的利益。因此，企业应该将自己的主要精力集中在最核心的业务上，其他业务可以外包出去，这样一来就可以最大限度地提高企业的获利能力。

1.2.2　波特“价值链”理论的启示

1. 波特价值链理论的基本内容

价值链（value chain）一词最初是由美国哈佛大学商学院教授迈克尔·波特在他所著的《竞争优势》中提出的。价值链作为一种对企业竞争优势进行的强有力的战略分析，多年来不断发展创新并被财务分析、成本管理和市场营销等专门领域广泛融入。从企业经济活动的角度分析，价值链是企业为客户、股东和企业员工等的利益价值所进行的一系列经济活动的总称。在价值链中，价值的概念可以有内外两个视角：对外针对企业客户的产品使用价值，对内针对企业自身及其内部流程等。价值指产品来自销售收入的特性，其数量表现就是在特定时间、特定地点顾客支付的产品价款。价值的过程一般可以分解为产品开发、设计、生产、营销，以及对产品价值形成的一系列互不相同但又互相关联的经济活动（如产品的售后服务等），或称之为“增值作业”，其总和即构成企业的价值链。

每一个企业的价值链都由以独特方式联结在一起的九种基本的活动类别构成。如图1－9所示。

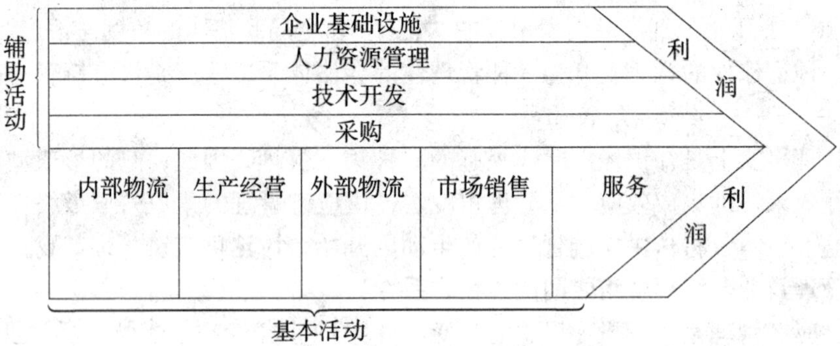

图1－9　价值链的基本活动

价值活动可分为两大类：基本活动和辅助活动。基本活动是涉及产品的物质创造及其销售，将产品转移给买方和进行售后服务的各种活动。辅助活动是辅助基本活动并通过提供外购投入、技术、人力资源管理以及各种公司范围内的职能以相互支持的活动。企业的基础设施虽并不与每种基本活动直接相关但也支持整个价值链。

2. “价值链”理论的启示

（1）将企业作为一个整体来看很难认清其竞争优势。

· 竞争优势来源于企业在设计、生产、营销和渠道等过程及辅助过程中所进行的许多相互分离的活动。

· 在分析企业的集中优势，即找出企业的核心竞争力时，必须对企业价值链的每一环节进行分析，以了解企业在大环境和产业中的地位及优势何在。只有这样，才能有明确的方向，重点制定企业的战略决策。

（2）价值链的各个环节的集成程度对企业的竞争优势起着关键的作用。

· 协调一致的价值链，将支持企业在与相关行业的竞争中获取竞争优势。

· 企业可以利用内部扩展的方式来加强价值链的每一个环节，也可通过与其他企业形成联盟来进行。

· 联盟包括与结盟伙伴相互协调或共同分享价值链。

· 企业在选择其结盟伙伴时应从价值链的各个环节予以分析，以找出最有利于自身的联盟。

· 价值链的这种特点启发企业的管理者们形成了供应链管理这一企业管理新模式。

（3）价值链的一个特点是企业的价值链体现在一个更广泛的价值系统中。

· 构建供应链以及实施供应链管理，其实正是对企业与其供应商和用户的价值链的各个环节重新定位和相互融合的过程。

· 只有通过对企业价值链的分析，才能准确地把握客户的需求和自身的位置，才能合理地构建供应链，实施高效的供应链管理。

1.2.3 供应链管理的概念和内涵

1. 供应链管理的概念

供应链管理仅仅实施了10多年的时间，其理论形成落后于具体的实践，目前它还是一个刚刚兴起的管理概念，没有形成一套完整的知识体系。另外，供应链管理和物流管理在内容上有许多重合的地方，这两者的区别并没有权威的界定，国内所有关于供应链管理的概念都处于百家争鸣的状态。而国外供应链管理的理论发展比国内早许多年，我们可以借鉴国外研究人员的观点。

美国供应链专家罗伯特 B. 汉得菲尔德（Robert B. Hand field）和欧内斯特 L. 尼科斯（Ernest L. Niches）将供应链及供应链管理定义为：供应链包括了在产品从原材料阶段（开采阶段）一直到最终用户手中这一过程中，与产品的流动和转化，以及伴随的信息流动有关的所有活动。信息在供应链上可以向下流动，也可以向上流动。供应链管理是通过改善供应链关系而对这些活动进行集成（整合），从而获得持续的竞争优势。这一定义强调了从原材料获取到产品制成并到达最终用户这一过程中，与物流和信息流有关的所有活动，将供应链定义落脚到活动集合上，并强调了供应链关系的重要性。该概念与物流一体化管理的概念比较接近。

弗雷德·库格林（FredA. Kuglin）从制造商的角度给供应链管理下的定义是：制造商和它的供应商、分销商以及最终顾客即供应链上的各节点协同工作，向市场提供顾客期望和愿意购买的产品和服务，顾客愿意支付产品或服务在整个生命周期内的费用。这一概念突出了供应链管理是以顾客为中心，通过企业之间的密切合作，低成本、高效率地满足顾客的需求，并强调顾客愿意为产品和服务的整个生命周期支付费用。这一定义虽然突出了供应链管理的重点是提高供应链的效率，但与物流一体化的概念还是十分接近。

另外一些学者认为，供应链管理是一种集成的管理思想和方法，它执行供应链中从供应商到最终用户的物流计划和控制等职能。例如，埃文斯（Evens）认为："供应链管理是通过前馈的信息流和反馈的物料流及信息流，将供应商、制造商、分销商、零售商，直到最终用户连成一个整体的管理模式。"

我国在《物流术语国家标准》（GB/T18354—2001）中将供应链管理定义为：利用计算机网络技术全面规划供应链中的商流、物流、信息流和资金流等，并进行计划、组织、协调与控制。本书总结了许多学者的观点，加上实际调研中得到的经验，认为供应链管理是同一供应链上的所有节点企业，包括供应商、分销商和零售商等，将所处的供应链中的各种资源进行集成，并对供应链中的各种运作进行同步化和集成化管理，从而形成高度竞争力，使该供应链的产品在快速多变的市场中处于优势地位的一种管理模式。

2. 供应链管理的内涵

（1）供应链管理的目的是要使整个供应链产生的价值最大。

供应链的价值是指将最终产品销售给客户带来的收入与供应链满足客户需求的总成本之差，供应链赢利（supply chain profitability）是指整个供应链各组织所共享的总利润。在大多数商业供应链中，供应链的价值与供应链赢利紧密相关，供应链赢利越高，供应链也就越成功。供应链的成功是根据供应链赢利来定义的，而不是根据单个组织的利润来评测，侧重单个组织的赢利通常导致整个供应链赢利减少。

任何供应链都只有唯一一个收入来源：顾客。顾客是供应链中唯一真正的现金流入点，所有其他的现金流动只不过是发生在供应链中的资金交换，这种现金交换增加供应链的成本。事实上，供应链中所有信息、物料和资金的流动都会产生成本。因此，对这些流动的有效管理是供应链成功的关键。供应链管理就是通过对供应链各组织之间信息流、物流和资金流的管理来获得最大供应链赢利。

概括来讲，供应链管理是围绕核心企业，通过对信息流、物流、资金流的控制，从采购原材料开始、制成中间产品以及最终产品，最后由销售网络把产品送到消费者手中的将供应商、制造商、分销商、零售商，直到最终用户连成一个整体的功能网链结构模式，它是一个范围更广的企业结构模式，它包含所有加盟的节点企业，从原材料的供应开始，经过链中不同企业的制造加工、组装和分销等过程直到最终用户。它不仅是一条连接供应商到用户的物料链、信息链和资金链，而且是一条增值价值链，物料在供应链上因加工、包装和运输等过程而增加其价值，给相关企业都带来收益。

（2）企业经营战略的调整使供应链管理由“推式”向“拉式”转变。

供应链管理从企业管理的角度来看，最初起源于企业资源管理（ERP），是基于企业内部的大范围管理。它将企业内部经营的所有业务单元，如订单、采购、库存、计划、生产、质量、运输、市场研究、销售、服务等以及相应的财务活动、人事管理均纳入一条供应链内进行统筹管理。这时企业重视的是企业内部物流和资源的管理，即如何更快、更好地生产出产品并把其推向市场，这是一种“推式”的供应链管理，管理的出发点是从原材料推动到产成品和市场，一直推至客户端。随着市场竞争的加剧，生产出的产品必须要转化成利润，企业才能得以生存和发展，为了赢得客户、赢得市场，企业管理进入了以客户及客户满意度为中心的管理系统，因而企业的供应链运营规则随即由推式转变为以客户需求为原动力的“拉式”供应链管理，这是一种企业经营战略的调整。这种方式的供应链管理将企业各个业务环节的信息孤岛连接在一起，使得各种业务和信息能够实现集成和共享。

今天，企业所面临的环境已经发生了巨大的变化，经济全球一体化以及信息技术的迅猛发展，使得企业面临日趋激烈的市场竞争。产品的经济寿命越来越短，产品种类越来越多，消费者对交货期的要求越来越高，对产品和服务的期望也越来越高。面对一个变化迅速且难以预测的竞争环境，全球供应链及由此产生的供应链管理是企业管理思想的典型代表，也是一种新的管理理念。全球性的竞争使得市场变化太快，单个企业依靠自己的资源进行自我调整的速度赶不上市场变化的速度。供应链管理模式在业务外包的基础上，实现了企业外部资源的充分利用，是适应市场经营环境发展变化的一种有效的资源配置方式。

在企业实践中，供应链逐渐变化，越来越多地被非制造商的成员所控制；而且，供应链成员所担当的角色和职责也有了变化，他们开始承担起超越其传统意义的功能。深刻理解这种供应链功能转移的含义，并能灵活运用这种思想，可帮助供应链成员认识其组织在供应链中的最佳位置，并进行相应的配置，以便为整个价值链过程增加价值。更为重要的是，功能转移提高了供应链整体运作的效率，从而能够更好地满足顾客需求，增强整个供应链的竞争力。

1.2.4 供应链管理的目标

1. 高效率响应

网络的出现使企业面临的竞争以全球企业为平台，而且是在信息传递的无障碍和无时滞条件下发生的，这时，响应时间就成为最核心和第一位的竞争要素。企业必须综合配置各种资源，以缩短企业对市场需求进行有效反应的时间。一个企业对市场需求反应时间的长短反映了企业调动和使用各种资源的能力，即管理能力。响应时间成为最直观的评价管理绩效的标准。供应链管理的最终目标就是要建立一个具有快速反应能力的和以客户需求为基础的系统，使零售商及供应商以业务伙伴方式合作，提高整个供应链的效率，而不是单个环节的效率，从而大大降低整个系统的成本、库存和物资储备，同时为客户提供更好的服务，这就是“高效客户响应”（Efficiency Customer Response，简称 ECR）。比如，著名的全球性电脑供应商戴尔公司（Dell）通过互联网在线销售电脑，始终保持仅有 8 天的存货，产品制造时间只有短短的 4 小时，让客户在网络上提出对个人电脑的组装要求，并追踪装配和出货的进度，客户通常可以在发出订单后 3 天至 5 天收到产品，这样客户既满意又放心。

2. 实施营销整合

（1）内部供应链整合。

一个企业的内部业务流程也是一条供应链，也就是传统上所说的企业经营的五项基本活动。内部供应链管理的目的就是要使这部分供应链完成整合，也就是这五项基本活动：采购、制造、运输、储存和销售。内部供应链管理的目的就是要使这部分供应链达到整合任务能互相配合，也就是能使这五项基本活动的任务能相互配合，以市场营销管理原理进行整体计划及管理。

（2）外部供应链整合。

外部供应链整合的含义是指在从供应商的供应商到客户的客户的全部过程中，包括外购、制造、分销、库存管理、运输、仓储、客户服务等，充分进行信息交换，并达成统一计划安排，以使此网链中的企业都能获得最大利益。这就跨越了企业的围墙，建立的是一种跨企业的协作，可以追求和分享市场机会。

3. 降低不确定性

不同的供应商以其不同的方式将原料和零部件送至生产现场，经过复杂的生产过程生产出各种零件和最终产品，再将零部件和产品送至客户。原料经过了采购、生产、运输、再生产，最后成为产品，并送至客户手中，其中复杂的生产过程带有不确定性。运输本身也有多种手段，实际承运时往往又组合了多种运输手段，能否准时运到，也带有随机性。一旦由于某种原因而使原料延迟到达，机器将不得不停止运行，订货也将被迫取消，这些不确定的因素均使企业被迫增加库存。

整个供应链的目标是，不管何时，顾客一旦需要就能看见自己所需的商品已准确送至手中，这就需要实时的信息传递渠道。而由于上述的不确定性，就有可能使这一目标无法实现。

4. 有机结合物流、信息流、资金流

整个供应链是由供应商、批发商、零售商以及最终消费者组成的供需网络。在这个网络中，每个贸易伙伴既是其客户的供应商，又是其供应商的客户，他们既向其上游的贸易伙伴订购产品，又向其下游的贸易伙伴供应产品。供应链管理就是要对供应链中的物流、信息流、资金流进行计划、组织、协调和控制，从而把众多企业各个环节的信息连接在一起，使得各种业务和信息能够实现集成和共享。

1.2.5 供应链管理的原则

供应链管理总的原则是：根据客户所需的服务特性来划分客户群，根据客户需求和企业可获利情况设计企业的后勤网络，通过销售和营运计划监测整个供应链，注意供应链中的时间延迟，加强供应商之间的相互协作，在整个供应链建立信息系统，制定整个供应链的绩效考核准则。供应链管理原则体现出以下特点：

1. 供应链管理是一个基于流程的集成化管理模式

传统的企业管理以职能部门为基础，往往由于职能矛盾、利益目标冲突、信息分散等原因，各职能部门无法完全发挥其潜在效能，因而很难实现整体目标最优。供应链管理则是一种纵横结合的、一体化经营的集成管理模式。它以流程为基础，以价值链的优化为核心，强调供应链整体的集成与协调，通过信息共享、技术扩散（交流与合作）、资源优化配置和有效的价值链激励机制等方法来实现经营一体化。

2. 供应链管理是全过程的战略管理

供应链中的各环节不是彼此分割的，而是一个环环相扣的有机整体。因此，从总体上考虑，如果只依赖于部分环节的信息，则会由于信息的局限或失真，导致决策失误、计划失控和管理失效。进一步来说，由于供应链上供应、制造、分销等职能目标之间的冲突在经济生活中难以避免，这样，只有运用战略管理思想从企业存在意义和价值的角度充分认识供应链管理的重要性与整体性，才能有效实现供应链的管理目标。

3. 供应链管理提出了全新的物流理念

传统的储运思想认为，库存是维系生产与销售的必要措施，它基于“保护”的原则来保护生产、流通或市场，避免受到上游或下游在供需波动方面的影响，因而企业与其上下游企业之间在不同的市场或环境下只是实现了库存的转移，整个社会库存总量并未减少。在买方市场的今天，供应链管理的实施可以加快产品通向市场的速度，尽量缩短从供应商到消费者的通道的长度；另外，供应链管理把供应商看作伙伴，而不是竞争对手，从而使企业对市场需求的变化反应更快、更经济，总体库存得到大幅度降低，库存成为供应链管理的平衡机制。

4. 供应链管理以最终客户为中心

不管供应链的节点企业有多少类型，也无论供应链是长还是短，供应链都是由客户需求驱动的，只有客户取得成功，供应链才能存在、延续并发展。因此，供应链管理以最终客户为中心，将客户服务、客户满意与客户成功作为管理的出发点，并贯穿供应链管理的全过程；将改善客户服务质量，实现客户满意，促进客户成功作为创造竞争优势的根本手段。

1.2.6 供应链管理的中心任务

1. **合作机制**

供应链合作机制体现了战略伙伴关系和企业内外资源的集成与优化利用。基于这种企业环境的产品制造过程，从产品的研究开发到投放市场，周期大大地缩短，而且顾客导向化程度高，模块化、简单化产品，标准化组件，使企业在多变市场中柔性和敏捷性显著增强，虚拟制造与动态联盟提高了业务外包策略的利用程度。企业集成的范围扩展了，从原来的中低层次的内部业务流程重组上升到企业间的协作，这是一种更高级别的企业集成模式。在这种企业关系中，市场竞争策略最明显的变化就是基于时间的竞争和价值链及价值让渡系统管理。

2. **决策机制**

由于供应链企业决策信息的来源不再仅限于一个企业内部，而是在开放的信息网络环境中不断进行信息交换和共享，达到供应链企业同步化、集成化计划与控制的目的，而且随着Internet/Intranet 发展成为新的企业决策支持系统，企业的决策模式将会发生很大的变化，因此，处于供应链中的任何企业决策模式都应该是基于 Internet/Intranet 的开放性信息环境下的群体决策模式。

3. **激励机制**

供应链管理和任何其他的管理思想一样都是要使企业在竞争中在时间、质量、成本、服务、柔性五个方面加以改善，以更少的成本获取更大的收益；要不断提高用户服务水平，提高用户满意度；要有较好的应变能力。

4. **自律机制**

自律机制要求供应链企业向行业领头企业或最具竞争力的竞争对手看齐，不断对产品、服务和供应链业绩进行评价，并不断地改进，以使企业能保持自己的竞争力和持续发展。自律机制主要包括企业内部的自律、对比竞争对手的自律、对比同行企业的自律和比较领头企业的自律。企业通过推行自律机制，可以降低成本，增加利润和销售量，更好地了解竞争对手，提高客户满意度，增加信誉，缩小企业内部部门之间的业绩差距，提高企业整体竞争力。

1.3 供应链管理与其他管理

供应链管理事实上是知识经济时代兴起的一种集成管理，因此，它的形成动因是追求集成带来的实际效果，即集成效应。从管理角度看，供应链管理的集成效应最终体现在管理活动和经济效果上。本节将从探讨供应链管理的产生动因开始，讨论供应链管理与战略管理、业务流程重组、营销管理及物流管理之间的内在联系。

1.3.1 供应链管理与战略管理

20 世纪 60 年代末到 70 年代初，美国经济内临石油危机，外遇崛起的日本与欧洲的挑战，科技竞争愈演愈烈，管理学界开始重点研究如何适应充满危机和动荡的环境并不断发展，谋求企业的生存发展，并获取竞争优势。来自军事领域的词汇“战略”被引入管理界，战略管理应运而生。战略管理是企业的高层管理者为保证企业的生存和持续发展，通过对外部环境与内部条件的分析，对企业的全部经营活动所进行的根本性和长远性的规划与指导。战略管理与以往的经营管理的不同之处在于它面向未来，动态地、持续地完成从决策到实现决策的过程。1980 年迈克尔·波特的《竞争战略》一书的问世，可谓把战略管理的理论研究推向了高峰，其中的许多思想被认为是战略管理思想。1985 年波特在《竞争优势》一书中，提出了价值链的概念。波特的价值链理论认为，任何一个组织均可以被看作由一系列相关的基本行为组成。这些活动包括五项基本活动和四项支持活动，五项基本活动是内部物流、基本运作、外部物流、市场营销和销售以及服务；四项支持活动是采购、技术开发、人力资源管理和企业的基础设施。波特的价值链是面向职能部门的，资源在企业的流动过程就是企业的各部门不断对其增加价值的过程。价值链为企业获得竞争优势提供了一种非常有用的成本分析工具。价值链理论对供应链管理理论的发展起到了非常积极的推动作用，供应链可以被看作是价值链向企业外部的延伸。企业要关注自身的竞争优势，必须关注自己内部的价值链；企业要使自己所处的整个供应链获得竞争优势，则必须关注在整个供应链中的价值增加过程。供应链管理和价值链管理都是一种战略管理的思想和方法。

20 世纪 90 年代，急剧变化的市场环境，使得企业逐渐认识到，仅靠自身的竞争优势已经无法获得领先地位。企业不得不考虑到自身的核心能力和资源与供应链上其他成员的核心能力和资源的集成，并将建立战略联盟作为自己获得领导地位的战略工具。这一趋势推动了供应链战略管理思想的发展。因此，供应链管理是战略管理理论的延伸和发展。如图 1－10 所示。

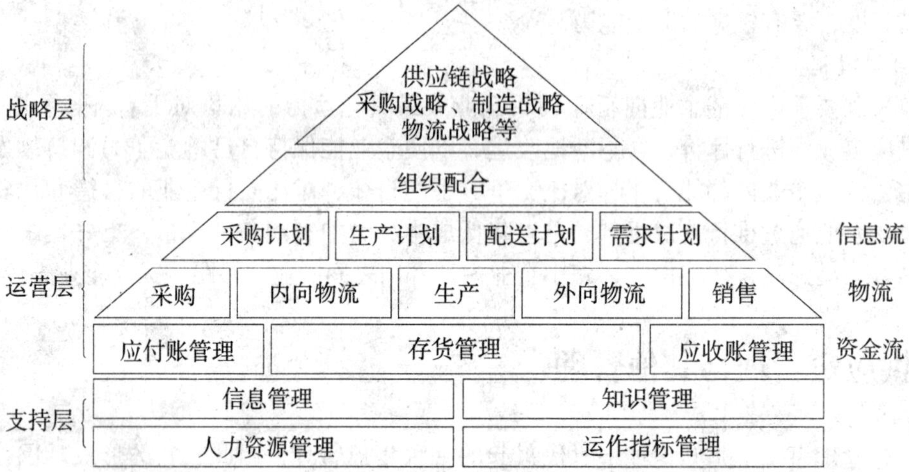

图 1－10　供应链管理与物流

1.3.2　供应链管理与业务流程重组

20 世纪 80 年代，随着人们受教育水平的日益提高，随着信息技术越来越广泛地被应用于企业管理，三四十年代形成的企业组织愈来愈不适应新的、竞争日益激烈的环境，管理学界因而提出要在企业的管理制度、流程、组织、文化、技术等方面进行创新。美国企业从 80 年代起开始了大规模的“企业重组革命”；日本企业也于 90 年代开始了所谓的“第二次管理革命”。这十几年间，企业管理经历着前所未有的、类似脱胎换骨的变革。1993 年由迈克尔·海默（M. Hammer）博士和詹姆斯·昌佩（J. Champy）合著的《再造企业——管理革命的宣言书》，构建了企业再造理论的框架。他们认为现代企业普遍存在着“大企业病”。面对日新月异的变化和激烈的竞争，要改善企业的运营状况与效率，必须进行“脱胎换骨式的革命”，只有这样才能迎接生存和发展的挑战。企业再造的首要任务是业务流程重组（BPR），它是企业获得竞争优势与生存方式的首要途径。

业务流程重组对传统的以劳动分工为基础的管理思想提出了挑战，认为企业只有对现有流程进行分析，去掉那些非增值流程，才能重新获得生命力。然而在20世纪90年代初，盛行一时的业务流程重组并没能取得预想的效果。企业发现许多内部流程都依赖于外部流程，仅对内部流程进行重组取得的效果是不显著的，如果没有贸易伙伴的合作，对企业外部流程和跨企业流程进行重组，业务流程重组只能取得渐进的效果。于是企业开始关注供应链的整个流程，开始与贸易伙伴合作对整个供应链流程进行重组，这为供应链管理思想的产生和发展起到了促进作用。可以认为，供应链流程重组是业务流程重组从企业内部流程重组向跨企业间流程重组的发展。

1.3.3 供应链管理与营销管理

自20世纪50年代开始，在全球范围内展开了以信息技术、计算机、微电子技术、激光技术、生物工程、空间技术、海洋工程、新材料和新能源以及系统工程等方法作为技术群体的革命。世界性的技术革命带来的社会全面发展，为政府、工业企业和各行各业制定规则和决策，带来了一个与过去截然不同的崭新局面。由于社会生产力的空前提高，经济的迅速增长，市场形势发生了重大变化：一方面商品供应大大增加，新产品不断涌现，买方市场全面形成；另一方面由于西方政府采取了一系列刺激需求的政策，使市场需求在量和质两方面都大为增加。居民的购买力水平和文化水平提高了，对商品的要求也相应提高，挑选产品时也越来越严格，现代市场营销观念以及一整套现代经营战略方法应运而生，营销管理的理论和方法得到空前的发展。目前，以顾客为中心的现代营销观念，已经逐步取代了以生产和产品为中心的营销观念。谁能在最短的时间内，以最小的成本满足顾客的需求，谁就能获得较大的竞争优势。持续不断地满足客户价值已成为当今营销管理的主要目标，这一点与供应链管理的目标是一致的。90年代初发展起来的供应链管理方法（ECR）关注的焦点则是优化产品组合、优化促销、优化新产品介绍，这与营销管理的任务是一致的。事实上，供应链管理概念的提出、发展和完善，与市场营销环境有着非常密切的关系。从市场营销的角度看，供应链管理运作是一种有效的对营销渠道的管理。在供应链中，原材料经生产、销售到顾客使用产品，在这个复杂的过程中既有增值过程又有非增值过程。增值过程包括组装、加工等过程活动；非增值过程包括普通的货物运输过程等。据统计，价值增加过程只占时间的5%，其余95%的时间属于非增值过程。当技术改造可用来取得竞争优势时，通过对增值过程的改造，可以使企业在一定时间内获利。但当各个企业都掌握了关键技术时，企业的竞争力则体现在95%的非增值过程上。当今社会，产品在技术上的差别越来越小，围绕产品的竞争已经从产品本身转向产品的服务，以顾客为中心的营销战略需要准确地理解顾客的价值，方能取得竞争优势。而持续地满足顾客价值，则需要供应链上成员的共同努力。

20世纪90年代初期，美国市场营销专家提出了整体市场营销（total marketing）理论。它是在经历了生产观念、产品观念、推销观念、市场营销观念和社会市场营销观念之后提出的一种新的营销理论。该理论突破了以最终顾客市场营销为中心的传统的市场营销理论的概念，提出从长远利益出发，公司的市场营销活动应包括其内外部环境的所有重要行为者，他们是供应商、分销商、最终顾客、同盟者、竞争者和职员等。整体市场营销促使我们对原有的竞争模式进行思考。例如，对供应商市场进行营销时，传统营销理论的做法是把供应商放在对立面，刺激和促使以价格竞争为中心的竞争市场形成。整体市场营销则强调与那些成绩卓著的优秀供应商建立长期稳定的合作关系。整体市场营销理论还认为，在当今开放的市场中，企业的营销活动必须是在追求共同利益的基础上去实现其目标。因此，不但要重视供应链上关联企业的市场营销，而且要对竞争对手展开市场营销研究。通过加强与竞争者之间的了解和沟通，力求能够影响竞争者的行为方式，使竞争态势朝有利的方向发展，避免恶性竞争，共同构建有序的市场竞争环境。

基于上述分析，整体市场营销与供应链管理的出发点是一致的，因此，市场营销理论的发展对供应链管理思想的产生起了重要的推动作用。

1.3.4 供应链管理与物流管理

许多学者将供应链管理视为物流一体化管理的一部分或代名词，其原因是供应链管理与物流管理有着十分密切的关系。供应链管理是从物流管理发展而来的，但是供应链管理已经超出了物流管理的范围。David F. R 将供应链管理的演化分为四个阶段：第一阶段是仓储与运输；第二阶段是总成本管理；第三阶段是物流一体化管理；第四阶段是供应链管理。如图1－11所示。

阶段1：1960s	阶段2：1970—1980年	阶段3：1980—1990年	阶段4：1990s以后
仓储和运输	总成本管理	物流一体化	供应链管理
动作性能	管理关注点：优化运作成本和顾客服务	管理关注点：战术/战略物流计划	管理关注点：整个供应链
功能分散	功能集合	物流功能集成	伙伴关系、虚拟组织

图1－11 供应链管理的发展

物流一体化管理将企业内部的物流活动和战略同供应链上贸易伙伴的物流活动和战略进行集成，以增进整个渠道的顾客服务和降低总成本，而供应链管理的核心是通过供应链上贸易伙伴的密切合作来获得潜在竞争优势。物流是为满足顾客需求，对来源点到使用点的货物、服务及相关信息的有效率与有效益的活动和储存，进行计划、执行与控制的供应链过程的一部分，可见物流管理的战略导向是顾客需求，物流是供应链过程的一部分。物流一体化将物流视为获取最大的内部战略优势的资源，而供应链管理则以物流运作的一体化为基础，来创建"虚拟组织"，它超过渠道界限，将所有的核心竞争能力联结在一起，以便使所有的供应渠道都来探求竞争优势的未知领域。供应链管理与物流一体化的区别可以从以下三个方面加以说明：

（1）供应链管理是物流运作管理的扩展。供应链管理要求企业从仅关注优化物流活动，转到关注优化所有的企业职能，包括需求管理、市场营销和销售、制造、财务和物流，将这些活动紧密地集成起来，以实现在产品设计、制造、分销、顾客服务、成本管理以及增值服务等方面的重大突破。鉴于成本控制对市场的成功仍很关键，物流绩效将逐渐根据整个企业的 JIT 和快速反应目标做评估。这种内部的定位要求高层管理将企业的战略计划和组织结构的关注点放在他们的物流职能的能力上。

（2）供应链管理是物流一体化管理的延伸。供应链管理将存在于公司外部的竞争优势机会包含在内，关注外部集成和跨企业的业务职能，通过重塑他们与他们的代理商、顾客和第三方联盟之间的关系，来实现生产率的提高和竞争空间的扩大。通过信息技术和通信技术的应用，将整个供应链连接在一起，企业将他们自己和他们的贸易伙伴视为一个扩展企业，从而形成一种创造市场价值的全新方法。

（3）供应链管理是物流管理的新战略。供应链管理的运作方面关注传统的物流运作任务，如加速供应链库存的流动，与贸易伙伴一起优化内部职能，并且提供一种在整个供应链上持续降低成本以提高生产率的机制。然而供应链管理的关键要素、真正力量在于它的战略方面。供应链管理对企业的外部定位和扩展网络能力将使公司建立一个共同市场和开拓其竞争视野，构造一个变革性渠道联盟，以寻找在产品和服务方面的重大突破，并且管理复杂的渠道关系，使企业能主导市场方向，开拓有关的新业务，寻找关键性的新机会。

通过以上的讨论，我们可以看到，供应链管理的产生有着深刻的经济学和管理学动因。它与战略管理、业务流程重组、营销管理及物流管理等有着十分密切的内在联系。供应链管理的产生是许多管理学的思想和方法相互渗透、相互融合的结果。可以在许多管理学科中找到供应链管理的雏形，它位于物流管理、业务流程重组、战略管理及营销管理等学科发展的交汇点上；但供应链管理绝不是这些管理学的内容的叠加，它需要从一个全新的角度考察和理解。

1.3.5 供应链管理与传统企业管理模式的比较

供应链管理是一种全新的管理理念及方法，其核心就是强调运用集成的思想和理念指导企业的管理行为实践。也就是说，传统管理方式以分工理论为基础，而供应链管理则突出一体化的整合思想，二者的出发点显然是迥异的。由于集成贯穿了供应链管理活动的全局和整个过程，因而各项管理对象、资源要素，可以实现全方位、全范围和全阶段的优化，激发单项优势之间的聚变放大作用，从而最终促进整个管理活动效率的提高。

由于供应链管理是在知识经济时代诞生的一种新型管理模式，它所面临的管理环境与以往相比截然不同，因此，与工业化鼎盛时期产生发展的传统的企业管理理论相比，供应链管理在研究、处理问题的方法上有很大不同。传统的企业管理重视劳动分工与专业化，技术与管理的界限分明；供应链管理则重视系统的集成，如设计、制造、销售过程的集成，技术、管理与人的集成等。传统的企业管理着重研究企业内部人、物料和设备技术等各项资源的合理配置和有效利用；供应链管理则不单注重对企业内部各类资源有效利用，还注重把企业内部条件与外部环境结合起来，对企业外部可用资源也进行有效的利用。传统的企业管理着重研究人与机器、人与环境的关系，目的在于改善劳动条件，提高体力劳动的工作效率；供应链管理则更加注重人的智力因素与精神因素的作用，强调通过组织结构、工作方式的改变，发挥人的主动性、积极性和创造性，建立一个人机和谐、综合集成的系统。传统的企业管理方法重物流、轻信息，重过程分解、轻系统优化，而供应链管理则正好弥补了这些缺陷。

1.3.6 供应链管理面临的问题

尽管供应链管理中技术和财务方面的支撑是非常重要的，但不是实施供应链管理的主要障碍。国外的经验表明，实施供应链管理的主要障碍来自组织内部和贸易伙伴间的协调。

这些组织内部的障碍既与企业文化有关，又与各部门的职能划分有关。传统的垂直型组织结构使得每一个职能部门都能独立完成自己的任务且独立评估。而供应链管理的变革却是跨越职能界限的，因此，传统的组织结构给供应链管理造成了主要障碍。现有的对绩效的评估系统是实施供应链管理的另一个主要障碍，因为每个人都习惯于关注系统中单一组件的效率，而没有人去考虑整体的效益。例如，运输部门追求低运输费用，采购部门愿意增加订量以减少单价，销售部门希望高库存以减少缺货损失。这些部门自身的利益追求与供应链的整体利益常常发生冲突。建立优化的供应链，需在贸易伙伴间建立信任、诚实和开放的关系，贸易伙伴间的障碍主要是供应链中的各成员不愿意与他人共享信息，也不愿意牺牲自己的利益去争取供应链的最大利益，如生产商与零售商。从目标上讲，他们是一致的，那就是扩大销售利益，加速资金周转。但长期以来，由于市场和观念等因素的影响，零售商往往忽视与供应商改善关系，甚至处于“欠款进货”的恶性循环之中。从表面上看，零售商的资金使用和周转没有受到影响，且为此沾沾自喜。事实上，这种运作方式大大损害了零售商与供应商的关系，损坏了整体供应链的运作效率。对零售商而言，最直接的表现就是进货成本居高不下。

由此可见，供应链管理需要一个新的评估系统。为使整个供应链的效益最大，有时需要牺牲某一个贸易伙伴的利益，或者某一个职能部门的利益。新的评估系统应能对每个贸易伙伴、每个职能部门在优化供应链中所起的作用作出正确评估，在此基础上分配优化供应链带来的利益。

1.4 案例分析

7－11：一家便利连锁店

7－11（7－Eleven）公司在200多个国家开设有17 000多个分店，是世界上最大的便利连锁店。它在日本有7 000多家分店，在美国有近5 000多家分店。1974年，第一家7－11便利店在日本开张，它在日本的发展非常出色。7－11公司是东京仓储购物中心列出的最赢利的公司之一。它的销售额持续大规模增长，同时与销售相关的库存水平不断降低。7－11公司在日本的成功，主要归功于其供应链的设计与管理。该公司成功的主要原因是，它努力寻求竞争战略与供应链区位、运输、库存和信息战略之间的契合。

7－11公司遵循的一项主要区位战略是，在目标区域开设新的分店，以便形成或提高其分布密度。例如在日本，一个郡（相当于美国一个县）就有两家7－11连锁店。无论如何，7－11的分布密度很高，每个分布有该连锁店的郡都开设好几家分店。7－11连锁店在美国的分布，1994年以前并不集中，1994—1997年间，公司关闭了几家分布相对孤立的分店。现在，公司主要在连锁店已经拥有较高分布密度的地区建立分店。这一战略与其在日本国内的区位战略一脉相承，这一重要区位战略使公司在仓储和运输的整合中受益匪浅。

在日本，新鲜食品在7－11公司的销售额中占很大比例。绝大多数新鲜食品是在其他地点加工后再运到商店的。在日本，如果食品需要在晚饭时送达顾客，商店就要在同一天上午的10点发出订单。每个商店每天至少应该安排三次新鲜食品送货时间，这样，库存食品才能由供应早餐改为供应午餐，再改为供应晚餐。所有分店都通过电子信息与总店、配送中心和供应商保持联系。所有分店的订单都传给供应商，由他们包装印有储存条件说明的批量产品并运到配送中心。在配送中心，将所有来自不同供应商的产品（按保存温度进行分类）进行重组并运到各连锁店。每一辆送货卡车都为一家以上的分店送货，并尽可能在非高峰时间抵达商店。日本的7－11公司努力避免由卖方直接供货给商店，相反，所有进货都通过7－11的配送中心并在此集中，然后再运到商店。需要指出的是，布局战略有助于推进这种供应战略。

在美国，7－11公司正采用一种类似的方法。他们将新鲜食品引入连锁店。7－11公司曾经决定避免现场加工制作，而是让供应商为其加工新鲜食品，然后在当日内送到商店。在美国，7－11公司致力于用综合配送中心来复制日本模式，由配送中心接收供应商的产品并运送到商店。美国7－11经营方式的改进反映了这项战略的成功之处。

无论在日本还是在美国，7－11公司都对零售信息系统投入大量资金和人力，收集和分析扫描数据，得出分析结果，作为商店订货、分类和销售的依据。7－11公司采用该信息系统找出周转慢的商品，分析新产品的业绩。信息系统在7－11公司实现微观供需平衡中发挥了重要作用。

思考题

1. 什么因素影响公司作出开设和关闭连锁店的决策？

2. 为什么7－11公司不现场制作新鲜食品，而是制作好再运到连锁店？

3. 为什么7－11公司不鼓励由供货方直接向连锁店供货，而是致力于将所有产品交由综合配送中心再运到连锁店？

4. 配送中心如何分布？每个配送中心为多少个分店提供服务？如何将分店指定给配送中心？

5. 为什么7－11公司按照存储温度要求来组织新鲜食品运输？

6. 7－11公司收集什么样的销售数据？分店管理者可以得到哪些信息，并作为订货和销售决策的依据？如何构建信息系统？

【本章小结】

供应链管理作为一种现代企业竞争战略，产生于20世纪90年代初，它是企业管理理论与实践发展到一定阶段的必然结果。

本章首先介绍了企业管理的发展历史、20世纪90年代以来企业经营管理面临的问题与挑战、传统企业管理模式及其缺陷、供应链管理概念和模式的演变与发展。目的是给读者提供一个有关供应链管理产生、演变和基本概念的清晰轮廓。同时在本章中详细介绍了供应链管理的概念、不同结构的模型、特征。通过本章的学习，可以建立供应链管理的结构概念。本章还介绍了供应链管理与其他管理思想的区别，从而从整体上了解供应链管理的整体概念和要素体系。

【关键术语和概念】

供应链　供应链管理　特征　目标　类型　战略管理　营销管理　“拉式”供应链

【思考与练习】

1. 相对于供应链管理模式，传统管理模式有哪些缺点?
2. 什么是供应链管理?供应链管理研究的主要内容有哪些?
3. 供应链管理模式和传统的管理模式有哪些区别?
4. 企业管理模式经历了哪些阶段?各阶段的主要特点有哪些?
5. 供应链管理的发展经历了哪几个阶段?
6. 什么是供应链?供应链分为哪些类型?试给出供应链的结构模型。
7. 试比较和区分供应链管理的推动式运作方式和拉动式运作方式。

【补充阅读】

何明柯．重新认识物流及其供应链．中国物资流通，2001（3）：10

第 2 章　供应链管理基础理论

◎本章学习要点

1. 供应链管理驱动力
2. 供应链总成本管理
3. 核心竞争力
4. 业务外包
5. 战略联盟关系

◎本章学习内容

1. 供应链管理的策略方向
2. 业务外包策略
3. 战略伙伴关系

◎案例分析
◎本章小结
◎关键术语和概念
◎思考与练习
◎补充阅读

对于供应链管理来说，解决传统方式带来的问题的途径之一，是将供应链一体化。一个一体化的供应链被有组织地连接，并和从原材料到向顾客按时交货的信息流相协调。合作伙伴型的业务关系在所有供应链成员之中建立，促进了供应链活动的协调。

类似地，对公司内部的采购、制造、营销和物流等供应链过程，采取跨越公司职能部门的平行管理，将多余的交接工作、垂直管理的弊病、不确定性和延误降到最少。整个供应链通过可预见的、真正的需求以及供应、运输中的信息连接，并以此信息协调所有供应链伙伴的活动。

一体化的、协调的供应链“超级组织”具有高度的反应力，能迅速支持一个伙伴公司的快速发展，实现所有供应链伙伴分享业务计划、预测信息、POS 数据、库存信息、进货情况以及有关协调货流的信息有效管理。

2.1 供应链管理的策略方向

公司的营销策略定义了公司企图通过其产品和服务来满足的一组顾客需求。为了执行公司的营销策略，从新产品开发，经生产、分销到服务，以及财务、会计、信息、人事等辅助职能都要发生作用，每个职能部门必须制定各自相应的策略。从价值链的观点来看，供应链策略指明了生产、分销和服务所要做好的工作。供应链策略包括传统的供应商策略、生产策略和物流策略，供应链中有关库存、运输、生产设施和信息传递的决策都是供应链策略的一部分。

2.1.1 实现营销战略配备

任何公司要获得供应链管理的成功，其供应链策略和营销策略必须吻合。战略吻合策略意味着营销战略及供应链策略具有相同的目标，营销战略所要满足的客户优先和供应链策略所要建立的供应链能力之间要保持一致。实现营销战略吻合是供应链设计阶段所要考虑的一个关键问题。

以 Dell 公司的计算机竞争策略为例，Dell 的竞争策略是以合理的价格提供多品种的客户化产品，顾客能从上千种可能的 PC 配置中作出选择，就供应链策略而言，PC 制造商可以有所选择。例如，公司可以有一个有效的供应链，通过限制种类和利用经济规模，把能力集中在生产低成本的 PC 上。在另一端，公司可以有一个高度柔性和快速响应的供应链，专注于生产种类繁多的产品，在这种情况下，其产品成本会比有效供应链中的成本更高。第一种供应链策略是可行的，然而却都不吻合 Dell 的营销策略。一个强调柔性和响应速度的供应链策略才能与 Dell 提供大量客户化产品的竞争策略更好地吻合。这种营销战略吻合的思想也延伸到 Dell 其他职能的策略中，例如，它的新产品开发策略应当注重设计易于客户化的产品，包括设计多种产品的共同平台和使用通用零部件。

为了取得营销战略吻合，一个公司必须保证它的供应链具有支持其满足既定目标市场的能力。要做到这一点，有三个基本步骤：①了解顾客。公司了解每个既定顾客的需求，这些需求有助于公司制定期望成本和服务要求。②了解供应链。供应链类型很多，每一种都被设计来很好地执行不同的任务，公司必须懂得它的供应链将被设计来完成什么样的工作。③实现营销战略配备。如果供应链运作与期望的顾客需求之间存在不吻合，公司或是重构供应链来支持营销战略，或是更改营销战略。

2.1.2 供应链驱动

供应链策略的目的是打破效率和响应的平衡以便取得与营销战略的吻合。要达到这一目标，公司要利用四个主要的供应链驱动手段：库存、运输、设施和信息。对每个驱动手段必须在效率和响应之间作出取舍，四个驱动的联合作用决定了整个供应链的响应和效率。

多数公司都是先从营销策略开始，然后决定其供应链策略。营销策略决定了供应链应当以怎样的效率和响应进行运作，供应链必须利用供应链驱动来达到供应链策略所规定的性能水平。当然，这种从上至下的方式也不是绝对的，在许多情况下，对四种驱动的研究或许能指出有必要改变供应链策略甚至营销战略或策略。如图 2－1 所示。

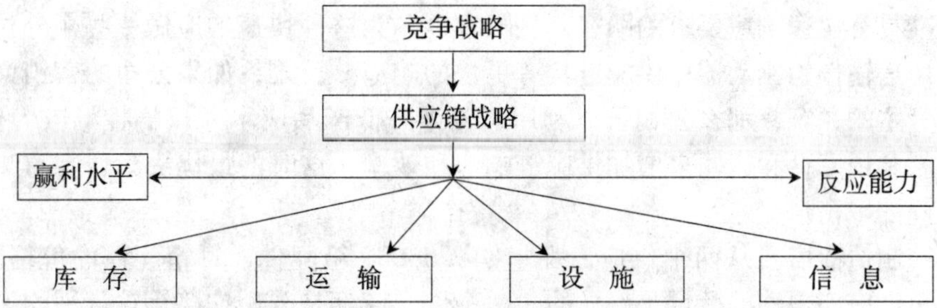

图 2－1 供应链决策制定的框架结构

1. **库存**

库存是指供应链中的所有原材料、在制品和成品。库存是一个重要的供应链驱动，因为改变库存政策能大大地改变供应链效率和响应。

供应链中存在库存是因为供应和需求的不匹配。库存在供应链中的一个重要作用就是满足当顾客想要时随时有货这样的需求，库存在供应链中所起的另一个重要作用是通过利用生产和销售过程中的经济规模来减少成本。库存分布在整个供应链中，从供应商、制造商、分销商和零售商所保持的原材料、在制品到成品，库存是供应链中成本的主要来源，它对供应链响应有巨大影响。

库存对供应链中的物流时间也有显著影响，物流时间是指从物料进入供应链到物料流出供应链所花费的时间。另外，库存对供应链产出——产品销售给终端客户的速率，也有显著影响。在供应链中，库存和物流时间是同义的。因为减少供应链物流时间能产生很大效益，因此，企业应当采取措施，在不增加成本或不降低响应的同时，减少必要的库存。

库存对支持公司竞争策略的供应链能力起着重要作用，如果一个公司的竞争策略要求很高的响应水平，那么公司可以通过定位大量库存靠近用户来取得这种响应。相反，公司也可以利用库存使自己变得更有效率，例如通过集中存货来减少库存，这种策略支持低成本制造商的竞争战略。库存决策就是要在增加库存获得响应和减少库存获得效率之间作出选择，利用库存作为驱动来取得营销策略所瞄准的响应和效率水平。

例如，浙江某品牌手机在生产策略上通常采取的是大规模生产方式，以求得规模效益，由于相对竞争对手而言，新款式手机的研发能力较为薄弱，2005 年开始出现了销售危机，结果该品牌手机大量库存，价值高达 10 亿人民币。电子产品具有明显的时尚性特点，库存时间愈长则贬值风险愈大。几年前在电视上狂轰滥炸的广告宣传，至今已销声匿迹，电视荧屏上鲜见该品牌手机的踪迹了。

2. **运输**

运输是把供应链中的库存从一点移到另一点。运输可以采取多种模式和途径的组合形式，每一种都有自己的性能特点。运输选择对供应链响应和效率有很大影响，运输的一个基本决策就是要在运送指定产品的成本（效率）和产品运输的速度（响应）之间作出选择。

运输就是在供应链各组织之间移动产品，它同其他供应链驱动一样，对供应链响应和效率有很大影响。更快的运输方式（即各种运输模式和不同的运输数量）容许供应链响应更快，但却降低了效率。此外，一个公司将要使用的运输类型也会影响对供应链中库存水平和设施位置的决策。

运输在营销策略中的作用显著地体现在公司考虑最终客户需求的特点上。如果公司的营销策略是瞄准具有快速响应要求的顾客，且顾客也愿为这种快速响应做一些额外付出，那么公司可以利用运输作为驱动器使供应链具有更快的响应。反之，如果公司的营销策略定位于以考虑价格为主的顾客，那么公司可以利用运输来降低产品成本（以牺牲响应为代价）。公司也可以同时利用库存和运输来增加供应链响应和效率，这时的最优决策通常意味着在两者之间找到正确的平衡。

例如，一制造商需要从两个供应商那里购买1 000箱配件，每箱配件的价格是100元。目前，从两个供应商采购的数量是一样的，两个供应商都是采用铁路运输，平均运输时间也相同。但如果其中一个供应商能将平均交付时间缩短，那么每缩短一天，制造商会将采购订单的5%转移给这个供应商（因为提前期缩短，制造商的零部件的库存降低）。如果不考虑运输成本，供应商每卖出一箱配件可以获得20%的利润。

3. 设施

设施是指供应链网络中库存存放、装配或制造的地方，工厂和仓库是两种主要的设施类型。无论哪种类型的设施，有关定位、能力以及设施柔性的决策对供应链性能都有很大的影响。

在一个设施中，库存或是转化到另一种状态（制造），或是在传到下一级前被存放。设施及相应的执行能力是供应链响应和效率性能的关键驱动器。例如，当一个产品只在一个地方制造或存放，公司就可以获得经济规模。集中增加了效率，然而这种集中带来的成本减少是以牺牲响应为代价的，尤其当公司的许多顾客远离生产设施的时候。反之，把设施建立在靠近顾客的地方将增加必要的设施数量，加快了响应，但降低了效率。设施决策能帮助公司调整供应链，吻合其销售策略目标。

例如，某超市在广东东莞建立了一座仓库，选择该地点是因为供应商集中，运输成本最低。随后的研究考虑了库存合并对运输成本的影响，结果表明仓库的最佳位置在广州。更加全面地进行分析后得出的成本差异如此巨大，为此，公司卖掉了一部分仓库，将库存转移到广州。

4. 信息

信息包含整个供应链中有关库存、运输、设施和顾客的所有数据和分析。由于信息能直接影响其他驱动，所以它是供应链性能改进的最大的潜在驱动器，信息为公司取得响应更快、效率更高的供应链提供了机会。

信息作为主要的供应链驱动，由于没有一定的物理形式而可能被忽略。事实上，信息对供应链中的每一个环节在许多方面都有深层的影响。信息作为供应链各组织之间的连接，允许各组织协调运作，从而获得最大的供应链赢利。信息对供应链各组织内部的日常运营也至关重要。例如，生产计划系统使用有关需求的信息来制订计划，保证工厂以有效的方式生产产品；仓库管理系统为管理人员提供仓库的库存信息，这些信息可用来决定是否补充新的订单。

条形码技术是沃尔玛（Wal-Mart）这样的大公司控制采购成本和库存成本的关键。据估计，通过条码和射频技术改进供应链运作管理，沃尔玛（Wal-Mart）每年能够节约上亿美元的费用。

2.1.3 供应链总成本管理

一般来说，供应链成本由以下部分构成：

1. 供应链总运营成本

供应链总运营成本包括供应链通讯成本、供应链库存费用及各节点企业外部运输总费用。供应链通讯成本包括各节点企业之间的通讯费用，如 EDI、因特网的建设和使用费用、供应链信息系统开发和维护费用等。供应链库存费用包括各节点企业的制品库存和成品库存费用，各节点企业外部运输总费用是在所有节点企业之间运输的费用总和。

2. 供应链核心企业产品成本

供应链核心企业产品成本是供应链管理水平的综合体现。根据核心企业产品在市场上的价格确定该产品的目标成本，再向上游追溯到各供应商，确定出相应的原材料、配套件的目标成本。只有当目标成本小于市场价格时，各个企业才能获得利润，供应链才能得到发展。

3. 供应链管理总成本

供应链管理总成本包括采购成本、订单管理成本、库存持有成本、与供应链相关的财务和计划成本，以及供应链管理信息系统成本。有研究机构指出，订单管理成本和物料采购成本大约占供应链总成本的1/3，订单管理成本与面向客户的供应链端相关，而物料采购成本则与面向供应商的一端相关，这些成本表现在属于不同组织的供应链系统之间的接口点。在供应链中，与订单管理和物料采购成本几乎同等重要的是库存持有成本，该项成本大约占供应链总成本的20%，其中包括损坏、贬值和运营资金的机会成本。随着信息技术的应用，信息的效用不断增加，而库存的效用不断减少，通过利用信息来代替库存可以使企业的库存减少到能够保持运作的基本水平，通过信息网络把企业之间的信息流连接在一起，减少了人为影响的不连续性，从而大大减少了企业在采购和客户服务中的人工投入。

控制供应链成本的根本方法是整合供应链，即对供应链管理进行彻底革新，提高信息化水平。企业为了在激烈的竞争中求得生存，就不能不对信息技术进行投资。企业信息化的资金投入将构成供应链管理成本的很大一部分，因此，企业应根据实际需要和可能对供应链成本进行有效的管理。

2.2 业务外包策略

2.2.1 核心竞争能力理论

核心竞争能力是企业赢得竞争的基础和关键，是企业的立足之本，尤其对于供应链管理来说，核心竞争能力更是必不可少的，因此，加强企业核心竞争能力是企业实施供应链管理最为重要的支撑条件。

1. 企业的核心竞争能力理论的起源与发展

企业核心竞争能力理论源于现代企业理论的局限性。现代企业理论认为，企业作为一种行政协调机制，或是一种契约组织，强调的都是交易过程中的各种“规则”，忽视了企业作为社会经济组织所具有的独特的“生产”特性。以这一理论做指导，有些西方经济学家对企业决策机制、供应机制、生产机制和销售机制等都不再考虑生产成本，而仅仅关注交易成本，背离了现实，无法有效解释现实企业实践中的一些重要现象。

企业核心竞争能力理论的迅速兴起与战略理论的发展也密切相关。在管理科学的发展历程中，18世纪中后期到19世纪末期是经验管理；20世纪初至40年代信奉科学管理，20世纪40年代至60年代风行行为科学；20世纪70年代崇尚战略管理。到20世纪80年代初，迈克尔·波特的竞争战略理论成为战略管理理论的主流。这一理论的核心是波特提出的“五种竞争力（进入威胁、替代威胁、买方砍价能力、供方砍价能力和现有竞争对手的竞争）”（见图2－2），三种基本战略（成本领先、标新立异和目标集成）以及价值链分析等。波特的竞争战略理论通过对产业演进的说明和各种基本产业环境的分析，得出不同的战略决策，这一理论在全球范围内产生了深远的影响。但是波特的理论没能突破把企业视为“黑箱”的局限，它实际上以产业作为研究对象，并没有很好地站在企业的角度分析企业竞争战略的制定和实施，不能有效地指导企业的实践。

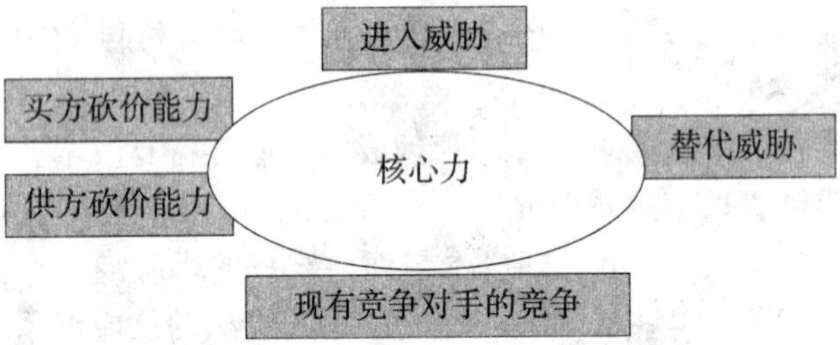

图2－2　波特“五力”理论

“五力”理论应用案例：

超越计算机公司是伴随IT行业发展而发展起来的一家大型IT技术企业，产品涉及信息技术领域内几乎所有的产品，其主流产品包括笔记本、桌面PC、打印机、服务器、通讯交换设备等多领域信息技术产品，目前在北京和广东东莞建有两个生产基地。公司的业务范围：台式计算机，年销量100万台；笔记本，年销量15万台；打印机，年销售量大约24万台；公司年营业额100亿元。产品销售覆盖区域包括全国除台湾、香港以外的所有省区市。其中，华北、华东、华南地区的销售量，占据全部销量的70%。

在行业起步初期，IT产品达到很高的毛利水平。那时信息技术产业的平均毛利水平都在50%～100%之间。高速增长的市场以及丰厚的毛利，吸引了更多的资本流入这个行业。但伴随着技术的发展和成熟，信息技术行业从高回报、高增长逐步过渡为如今的高增长、低回报阶段。以打印机产品为例，根据某调查机构的调查，国内打印机市场2004年主要产品的平均价格水平下降了25%。高端彩色激光打印机价格也下降到4 000元以内的主流价位，平均下降30%。

超越计算机公司面临经营上的巨大挑战。

根据波特的竞争理论，公司李军总经理组织人员对竞争环境进行了分析。

◆ 新的竞争对手的加入

据调查，仅2005年第一季度，中国的IT市场总体规模达到578.7亿元，其中硬件占76%。面对如此巨大的市场，不仅越来越多的新公司加入这个充满机遇的市场，而且随着中国市场的全面开放以及IT产品零关税，国外所有大型IT公司都逐步参与到中国市场的竞争中来。

国内打印机市场，除了有惠普、三星、联想、爱普生和佳能以外，原来不参与打印机市场的戴尔也在2004年度正式进入竞争市场。

◆ 替代品的威胁

表现为产品的同质化。不同公司之间技术差异非常小，不同品牌的IT产品，除了在细微功能、外观上存在差异以外，其余的关键性指标、规格几乎完全相同。客户可以轻易更换品牌而不需要付出附加更换成本，品牌忠诚度不足。

◆ 购买者的还价

显而易见，终端客户的理性，零售渠道的竞争日趋激烈，都造成厂家无法自主决定产品的最终价格，而更多地依赖市场的认可和平衡，因此，来自这方面的压力一直是不可回避的。

◆ 采购还价能力

降低采购成本，是众多厂家解决压力的一个途径，但是由于规模的限制，在采购端可以压缩的空间毕竟非常有限。

◆ 同行竞争

在市场容量相对固定，而竞争对手越来越多的情况下，同行之间为了生存而不得不相互打压，企业之间的竞争越来越残酷，很难形成行业垄断而造就价格联盟。

面对如此大的压力，公司内部有两种意见：一是扩大规模，把公司这块蛋糕做大，通过适当的负债经营取得更大的效益，而且可以增强与供应商的讨价能力。另一种意见是首先要缩减成本，特别是运作成本。成本的降低，不但可以使公司的利润增加，还可以使市场份额增加，并且降低成本的费用比扩大规模的费用要小得多。李军就是持第二种意见的代表人物。

20世纪80年代后期，风行一时的业务流程再造曾一度降低人们对战略的关注，有些人开始怀疑战略计划的作用。到了90年代，加里·哈默尔和C. K. 普拉哈拉德的战略理论标志着管理战略的复兴。他们认为，战略是学习和发现的过程，是一个多面体。他们提议公司少说“战略”或“计划”，多谈“战略化”，企业应关注自身的“核心竞争能力”，他们给核心竞争能力下的定义是“一门博采众长的学问，尤其是如何协调各种生产技巧，如何汇合各条技术分流”。他们号召企业把企业视为核心能力的组合，而不是经营单位的组合。加里·哈默尔和C. K. 普拉哈拉德提出的核心竞争能力为90年代战略理论的发展作出了很大的贡献。

进入20世纪90年代以来，关于企业竞争力的研究开始逐渐转移到企业核心竞争能力领域，因为从长远考虑，企业竞争优势来源于用比竞争对手更低的成本、更快的速度去发展自身的能力，来源于能够产生更大的、具有强大竞争力的核心能力。由于任何企业所拥有的资源都是有限的，它不可能在所有的业务领域都获得竞争优势，因而必须将有限的资源集中在核心业务上。

核心竞争能力有三个方面的基本特性。

（1）构成要素的互补性。尽管对于不同的企业来说，核心竞争能力诸要素所起作用的重要程度可能有所不同，在企业的不同发展阶段或不同的外部条件下，各种要素所起作用的显著程度也可能不同，但从总体上看，构成核心竞争能力的诸要素是相互关联、相互影响、相互促进、相互渗透、相互制约的，企业核心竞争能力是这些要素综合作用的体现。

（2）能力特性竞争的独特性。每一个成功的企业的核心竞争能力都具有自己的特点，不容易被潜在的竞争对手模仿，而任何一个企业也都不能靠简单地模仿其他企业，建立和发展自己的核心竞争能力。企业一旦形成了自己的核心竞争能力，就可能在某一领域获得竞争优势，不断地推出创新成果，极大地促进自身的发展。依靠自身的核心竞争能力，企业还可以通过技术创新将经营领域扩展到不同的行业。例如，佳能公司利用在光学镜片、成像技术和微处理控制技术方面的核心竞争能力，成功地进入了复印机、激光打印机、照相机、成像扫描机、传真机等20多个领域的市场。

（3）作用的二重性。一方面，核心竞争能力作为供应链管理的资源基础和支持系统，当它适应竞争环境和企业发展战略的要求时，能有效地促进创新和企业发展；另一方面，作为竞争优势基础的企业核心竞争能力必须适应企业外部环境的技术、市场和社会条件的变化，如果企业核心竞争能力不能适应外部环境的变化，原来对企业创新与发展起积极作用的核心竞争能力就会成为阻碍企业创新与发展的消极因素。核心竞争能力的这种消极作用来源于核心能力刚性。核心竞争能力是企业在发展过程中基于长期的经验积累形成的一种制度化的体系，具有相对的稳定性。当外部环境发生变化时，稳定性很容易表现为某种抗拒变化的惰性，这种惰性就是核心能力刚性。供应链管理活动会给原有的系统带来某些变革，因此，必须对此予以关注。由于企业核心竞争能力正是企业在其发展历史上所作的一系列创新决策和长期创新实践的衍生物，因此，不断进行技术上和组织上的创新，是消除核心竞争能力刚性的最有效的办法。

2. 核心竞争能力的形成

培养企业核心竞争能力，是在统筹全局的基础上，进行“善战者，胜于易胜之地”，以达到纲举目张的目的的运作过程，应着重从以下几方面入手。

（1）锁定目标。要想培养独特的核心竞争能力，企业必须明确自身努力的方向和目标，只有目标、方向明确，企业的资源配置、使用才能做到有的放矢，加速核心竞争优势的培养壮大。企业核心竞争能力是一种独特的竞争优势。每一个企业都有不同的条件和情况，因此它所设置的目标方向也是不同的。一般来说，选择核心竞争能力的目标定位，主要应考虑以下一些因素：①自身资源状况，以往的知识储备；②行业现状及特点；③竞争对手的实力状态及对比情况；④关联领域的影响；⑤潜在竞争者及替代者的演变前景。由于核心竞争能力的形成所花的代价较大，且具有一定的刚性，会影响企业较长时期的经营运作，因此，企业在选择核心竞争能力培养方向时都较慎重，常常将目标锁定在最能影响行业发展前景的领域，以使企业掌握更大的竞争主动权。

（2）集中资源。集中资源就是将资源集中于企业选定的一项或某几项目标业务领域，以发挥最大资源效用，增强特定的竞争优势，形成核心竞争能力。在市场竞争日益激烈、创新成本与风险越来越大的当今时代，任何一个企业很难在所有业务活动中都成为世界上最杰出的。事实上，相对于复杂多变的外部环境而言，任何企业的资源都是有限的，只有将资源集中起来，形成合力，才有可能在目标领域取得突破，建立核心竞争能力。即使是当今世界著名的许多大企业，也大都将资源重点集中于某些关键性业务工作，以求在特定领域达到领先对手的目的。例如，美国的微软公司，日本的本田公司、索尼公司等著名企业，就分别集中资源致力于软件开发、复杂的芯片设计、小型发动机设计和微型电机系统开发工作，从而在各自的行业里取得了明显的竞争优势。对于我国企业来说，由于实力普遍较差，且可利用资源也有限，因此，更应该将有限的财力资源集中于适合自身条件的关键领域，建立独特的竞争优势。

（3）动态学习。坚持动态持续地学习，提高知识技能的积累和储备，是培养和增强核心竞争能力的关键。企业员工及组织所拥有的知识技能是重要的无形资产，是核心竞争能力中的主要因素。这种知识与技能包含两个层次：①员工个人的知识技能水平与结构。②企业员工的整体素质与知识技能结构。知识技能既包括现代科学技术知识与管理知识，也包括操作技能与实践经验。企业要建立与发展知识技能优势，必须在人力资源开发与管理中将知识技能的学习、扩散、积累与更新放在重要位置上。体现竞争能力的知识技能要具有领先水平，往往需要本企业的员工通过创新实践去发现与创造。

因此，在实践中创造性地“干中学”，是全面提高职工素质，建立本企业的知识技能优势的一种不可替代的学习方式。在科技飞速发展、知识更新周期大大缩短、企业外部环境不断变化的情况下，职工个人和企业原有的知识都会在不断变化中落伍，必须进行持续动态的学习，不断地更新、重组知识技能要素与结构，保持动态地学习，才能维持和增强企业的核心竞争能力，动态持续的学习进程不仅有利于增强组织“学习如何学习”的能力，而且可以获得更大的学习曲线利益。

2.2.2 业务外包

1. 业务外包的含义

供应链管理战略需要不断地培养企业的核心竞争能力，强调根据企业的自身特点，专门从事某一领域、某一专门业务，在某一点形成自己的核心竞争能力，这必然要求企业将其他非核心竞争力业务外包给其他企业，即所谓的业务外包。如图 2－3 所示。

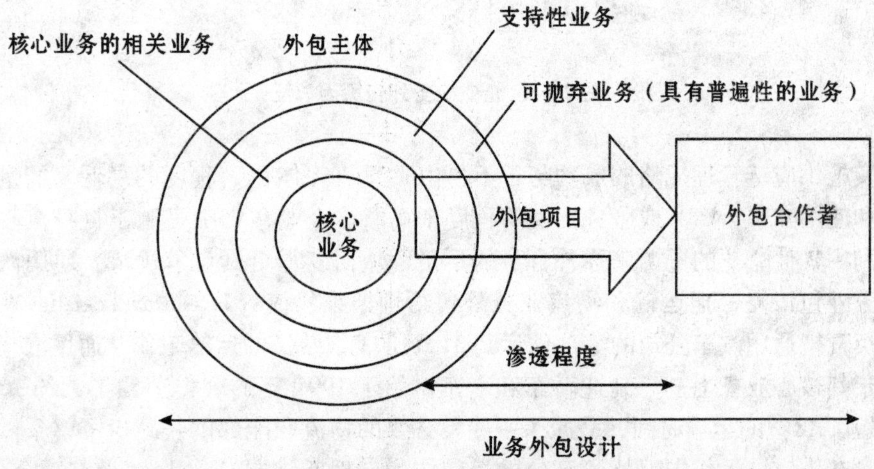

图 2－3　业务外包原理图

传统的“垂直一体化”模式已经不能适应目前技术更新快、投资成本高、竞争全球化的市场环境。现代企业应更注重高价值生产模式，更强调速度、专门知识、灵活性和革新。与传统的“垂直一体化”控制和完成所有业务的做法相比，实行业务外包的企业更强调集中企业资源于经过仔细挑选的少数具有竞争力的核心业务，也就是集中在那些使它们真正区别于竞争对手的技能和知识上，而把其他一些虽然重要但不是核心的业务职能，外包给世界范围内的“专家”企业，并与这些企业保持紧密合作的关系，从而使自己企业的整个运作提高到世界级水平，而所需要的费用则与目前的开支相等或有所减少，甚至还可以省去一些巨额投资。更重要的是，实行业务外包的公司出现财务麻烦的可能性仅为没有实行业务外包公司的 1/3。把多家公司的优秀人才集中起来为我所用，正是业务外包的核心，其结果是使现代商业机构发生了根本性的变化。企业内向配置的核心业务与外向配置的业务紧密相连，形成供应链。企业运作与管理也由“控制导向”转为“关系导向”。图2-4所示为外包原因。

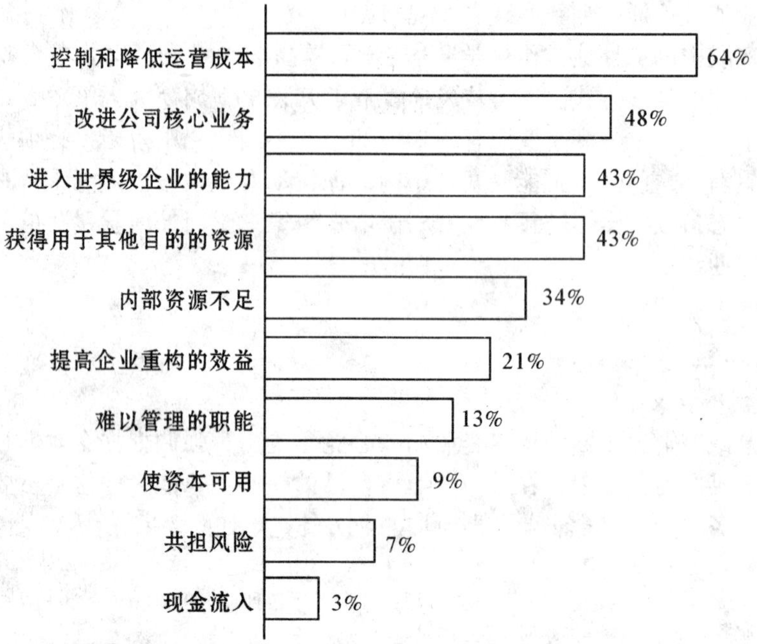

图2-4　企业业务外包原因总汇

企业实施供应链管理战略的成功与否不再由“垂直一体化”程度的高低来衡量，而是由企业积聚和使用知识为产品或服务增值的程度来衡量。企业在集中资源于自身核心业务的同时，通过利用其他企业的资源来弥补自身的不足，从而变得更具竞争优势。通用汽车公司通过采用业务外包策略，把运输和物流业务外包给理斯维物流（Leaseway Logistics）公司。理斯维公司负责把通用汽车公司的零部件运到31个北美组装厂的运输工作，通用汽车公司则集中力量用于其核心业务上——制造轿车和卡车。始于1991年的合作节约了大约10%的运输成本，缩短了18%的运输时间，裁减了一些不必要的物流职能部门，减少了整条供应链上的库存，并且在供应链运作中保持了高效的反应能力。理斯维在Cleveland设有一个分销中心，处理交叉复杂的运输路线，通过电子技术排列它与各通用汽车公司的北美工厂的路线。这样可以动态地跟踪装运情况，并且根据实际需求实现JIT方式的运输。理斯维的物流系统可以保证运输路线组合的柔性化。如果一个供应商的装运落后于计划，理斯维可以迅速地调整运输路线的组合。理斯维采用的“精细可视路线”技术，保证了通用汽车公司的生产线上的低库存水平。

2. 供应链管理条件下业务外包的主要方式

（1）临时服务委托。

企业用最少的雇佣工，最有效地完成规定的日常工作量，而在有辅助性服务需要的时候，雇佣临时工去处理。因为临时工对失业的担心或报酬的重视，使他们对委托工作认真负责，从而提高工作效率。临时性服务的优势在于企业需要有特殊技能的人员而不需长期拥有固定员工，这在企业有超额工作时尤为显著。临时服务委托可以缩减过量的经常性开支，降低固定成本，同时提高劳动投入的柔性，提高生产率。

（2）子网。

为了占有市场并加强激励，许多企业将“控制导向”、“纵向一体化”的企业组织分为独立的业务部门或公司，形成母公司的子网公司。从理论上而言，这些独立的部门或公司几乎完全脱离母公司运作，因而有可能变得更加有柔性、效率性和创新性。同时，因为减少了“纵向一体化”环境下官僚作风的影响，他们能更快地对快速变化的市场环境作出反应。

（3）与竞争者合作。

与竞争者合作使得两个竞争者把自己的资源投入到共同的任务（诸如共同的开发研究）中，这样不仅可以使企业分散开发新产品的风险，同时，也使企业可以获得比单个企业更高的创造性和柔性。尤其在高科技领域，要获得竞争优势，企业就必须尽可能小而有柔性，并尽可能与其他企业建立合作关系。

（4）除核心业务之外的完全业务外包。

企业中的某些业务对于竞争来说是至关重要的，这些可能包括创造性产品的设计、专利生产技术和发明或对顾客的关注。这些业务不能外包出去，因为它们可以形成企业的独特性。而有些业务属于常规的工作，可以转移到更容易或廉价的地点进行。

业务外包的另一种方式是转包合同。在通讯行业，新产品寿命基本上不超过1年，一些企业就是靠转包合同而不是靠自己开发新产品在竞争中立于不败之地。企业的转包合同每年都在变换，它们有专门的机构负责寻找能为其服务增值的企业，从而使企业能提供最先进的服务。例如，有的企业的通讯软件包都是由其他企业完成的，而其本身所要做的（也就是核心业务）是将所有通讯软件包集成在一起为客户提供最优质的服务。

3. 业务外包的问题

成功的业务外包策略可以帮助企业降低成本，提高业务能力，改善质量，提高利润率和生产率。但是这种方法并不能彻底解决企业的问题，相反这些业务职能可能在企业外部变得更加难以控制。在这时候，企业必须花时间找到问题的症结所在。

外包带来了更多的机会，但是它同时也带来了一些问题，如控制权分散和丧失，商业秘密泄露，要受长期合同的牵制，存在转换成本，内部员工的抵触，供应容易受到限制，行业技能的依赖性，缺乏外包评价经济量化的基准，存在意外费用或额外负担，增加了新型的风险、安全性等。主要战略性问题在于以下三个方面：

（1）丧失了关键的技能或发展了错误的技能。很多企业过去外包的是细小组件的生产，并告诉供应商如何按照企业所需质量标准生产这些组件。

（2）在交叉职能上技能的丧失。不同职能中的技术人员之间的相互作用常常能够碰撞产生新的思想火花或灵感。业务外包会使这种交叉职能的“头脑风暴”丧失殆尽。企业应该有意识地让雇员不断紧密地与外界供应商专家保持联系，那么，这些雇员的知识基础比起自己生产时要高得多。

（3）丧失对供应商的控制。当供应商要同时应付几家买主企业，而供应商的重要客户不是该买主的话，就会出现某种不协调。此时良好的沟通和合作十分重要，既要与供应商的上层管理人员在政策上进行讨价还价和谅解，又要与供应商的下层人员保持紧密的私人关系，亲善友好。

另外，业务外包一般可以减少企业对业务的监控，但它同时可能增加企业责任外移的可能性。企业必须不断监控外包企业的行为并与之建立稳定长期的联系。

另一个问题来自职工本身，随着更多业务的外包，他们会担心失去工作。如果他们知道自己的工作被外包只是时间问题的话，就可能会使剩下职工的职业道德和业绩下降，因为他们会失去对企业的信心，失去努力工作的动力，导致更低的业绩水平和生产率。

再一个原因就是遇到不可预知的情况，过分强调短期效益，最终没有选择好合作伙伴。许多业务外包的失败不仅是因为忽略了以上问题的存在，同时也是因为没有正确地将合适业务进行外向资源配置。

全球业务外包也有它的复杂性、风险和挑战。国际运输方面可能遇到地区方面的限制，订单和再订货可能遇到配额的限制，汇率变动及货币的不同也会影响付款的正常运作。因此全球业务外包需要有关人员具备专业的国际贸易知识，包括国际物流、外汇、国际贸易实务、国外供应商评估等方面的知识。

企业应该从战略上，而不是以短期的或权宜的方式来决定是否外包，哪些业务要外包，应该客观评估外包的风险和利益，确认当需要外包时能够控制致命的风险，比如关键性技术的潜在丧失；同时必须进行成本/利润分析，确认在长期情况下这种外包是否有利，由此决定是否应该采取外包策略，企业还应该确认通过外包能够控制企业发展未来的方向。

业务外包失败案例：

广州某移动公司曾为手机计费外包问题而烦恼。起初，该公司请一IT公司帮助设计一软件系统来计算用户每月的费用。计费系统设计好后，移动公司在使用过程中发现操作复杂，于是干脆委托IT公司来收费。2004年某日，IT公司将办公地点迁移至另一地点，无奈计费系统复杂，一时无人取代，该移动通讯公司只得将财务部门随迁至IT公司新的办公地点。

4. 业务外包的主要项目

业务外包的主要项目是：合作者能够比本企业做得更好的；合作者能够以更低的费用完成的；合作者能够以更快的速度完成的；合作者能在销售方面取得更大成功的；需要在不同文化的国家和地区进行的；需要特殊能力的，如获取政府基金；需要昂贵资源，但可能出现新型资源使其突然贬值的；投资回报率较低的；通过共同开发能创造产品创新、技术创新和管理创新机会的；能利用彼此的核心能力的；合作后可以减少重复和浪费的，等等。2006年某机构调查我国业务外包的具体情况，如下图2－5所示。

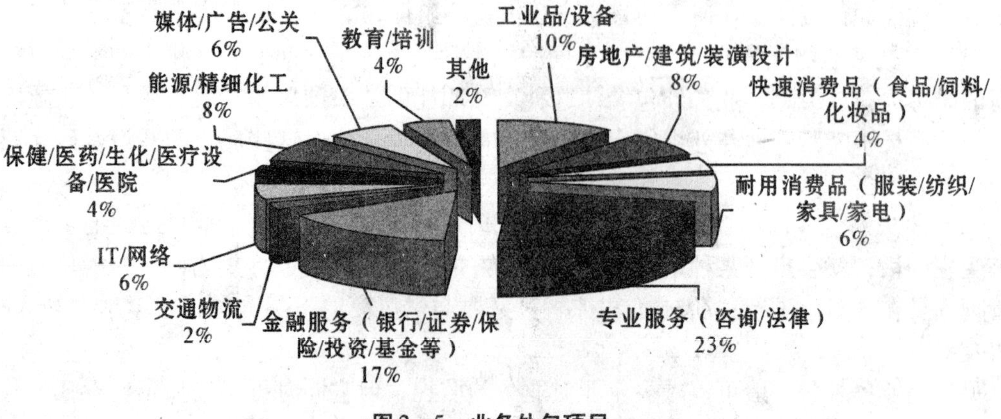

图2－5　业务外包项目

据美国《财富》杂志报道，目前全世界年收入在5 000万美元以上的公司，都普遍开展了业务外包。邓百氏公司的《1998年全球业务外包研究报告》表明，全球年营业额在5 000万美元以上的公司在1998年业务外包的开支上升值7%，比利时1997年业务外包的总开支增加近2 350亿美元。

尽管业务外包的速度在迅速加快，但没有迹象表明现在已经达到顶峰。迄今为止，全球的所有业务外包活动，约有60%集中在美国。

据新华社华盛顿2006年10月31日电，专门从事市场调查的美国环球观察公司10月31日发表报告称，美国企业将技术工作外包给低工资国家的做法，将给今年的美国经济带来687亿美元的财富。调查报告说，虽然美国的部分工作转向印度等低工资国家，但今年全球对信息服务和软件的需求仍为美国创造了25.7万个新工作机会。总体上看，对美国来说“新增工作机会比失去的多”。

环球观察公司的分析家认为，到2010年，业务外包将给美国增加1 474亿美元净产值。美国信息技术协会主席哈里斯·米勒认为，对美国工人和美国经济而言，全球性业务外包的作用绝对是积极的。

2.3 战略伙伴关系

范例：本田公司与它的伙伴

美国本田公司从工作出发，于1996年开始选择Donnelly为它生产全部的内玻璃，当时Donnelly的核心竞争能力就是生产车内玻璃，随着合作的加深，相互的关系越来越密切（部分原因是相同的企业文化价值观），本田公司开始建议Donnelly公司生产外玻璃，这不是Donnelly的强项，在本田公司的帮助下Donnelly建立了一个新厂生产本田的外玻璃。他们的交易额达到一年500万美元，到1997年达到6 000万美元。在俄亥俄州生产的汽车是本田公司在美国销量最好、品牌忠诚度最高的汽车。事实上，它在美国生产的汽车已经部分返销日本。本田公司与Donnelly公司合作成功的原因是什么?

2.3.1 战略伙伴关系的产生过程及原因

建立战略伙伴关系是供应链管理战略实施的第三个支持条件。从历史上看，企业关系发展大致经过了三个阶段：传统的企业关系阶段（1960—1970年）、物流关系阶段（1970—1980年）、合作伙伴关系阶段（1990年至今）。在传统的观念中，企业之间的关系是“买—卖”关系。企业的管理理念就是以生产为中心，企业间很少沟通与合作，更谈不上企业间的战略联盟与合作。在JIT和TQM等思想的推动下，从传统的以生产为中心的企业关系模式开始向物流关系模式转化。为了达到生产的均衡化和物流同步化，企业的各部门间以及企业之间开始合作与沟通。但这种基于物流关系的合作，仅仅处于运作层或技术层。随着科技的飞速发展和市场竞争的日益激烈，企业物流合作关系已不能适应。企业需要从战略的高度来考虑企业之间的合作，于是产生了战略伙伴关系的企业模型。

供应链管理战略强调供应链企业之间的密切合作，这与传统的买方与卖方的对手关系不同，有两个原因推动战略伙伴关系的产生。一是全球化：尽管供应链战略伙伴关系并不是万能的，但它重塑在全球范围内的业务伙伴的知识、原料以及市场资源方面的能力可以使企业更容易地进入未来的市场。例如，产品的设计者、生产者、分销者和营销者通过信息技术和通信技术可以建立门到门的网络系统，形成全球化的联盟。二是信息化：信息基础设施的不断增加，促进了全球范围内市场的形成。信息技术的广泛应用，增加了人们对以时间为基础的竞争战略的注意力，迫使企业不得不形成联盟，通过重塑供应链中的核心竞争能力获得并保持市场优势，以减少与产品开发、生产和销售等有关的风险。

2.3.2 供应链战略伙伴关系选择的原则

供应链战略伙伴关系可以定义为供应商与制造商之间，在一定时期内的共享信息、共担风险、共同获利的协议关系。

实施供应链合作就意味着新产品/技术的共同开发，数据和信息的交换，市场机会共享和风险共担。在供应链合作关系环境下，制造商选择供应商不再是只考虑价格，而是更注重选择能与其在优质服务、技术革新、产品设计等方面进行良好合作的供应商。供应商为制造企业的生产经营供应各种生产要素（原材料、能源、机器设备、零部件、工具、技术和劳务服务等），供应者所提供要素的数量、质量、价格，直接影响到制造企业生产效率的高低、成本的高低和产品质量的优劣。因此，制造商与供应商的合作关系应着眼于以下几个方面：①让供应商了解企业的生产程序和生产能力，使供应商能够清楚地知道企业需要产品或原材料的期限、质量和数量。②向供应商提供自己的经营计划、经营策略及相应的措施，使供应商明确了解企业的希望，以使自己能随时达到企业要求的目标。③制造商与供应商要明确双方的责任，并各自向对方负责，使双方明确共同的利益所在，并为此而团结一致，以达到双赢的目的。

具有战略合作伙伴关系的企业体现了企业内外资源集成与优化利用的思想。基于这种企业运作环境的产品制造过程，从产品的研究开发到投放市场，周期大大地缩短了，而且顾客导向化程度更高，模块化、简单化产品、标准化组件的生产模式使企业在多变的市场中柔性和敏捷性显著增强，虚拟制造与动态联盟加强了业务外包这种策略的利用。企业集成即从原来的内部业务流程重组上升到企业间的协作，这是一种较高级别的企业集成模式。在这种企业关系中，市场竞争策略最明显的变化就是基于时间的竞争和价值让渡管理，或基于价值的供应链管理。

在新的竞争环境下，供应链合作关系研究强调直接的、长期的合作，强调共同努力实现共有的计划和解决共同的问题，强调相互之间的信任与合作。这与传统的关系模式有着很大的区别。

2.3.3 合作伙伴综合评价、选择的步骤

供应链合作伙伴关系的风险在于：一个伙伴的失败或不合作可能导致整个供应链处于非有效运作状态，造成巨大的损失。所以，对合作伙伴的选择，应该是分步骤地、综合地考虑多种因素的综合评价过程。合作伙伴的综合评价、选择可以归纳为以下七个步骤，企业必须确定各个步骤的开始时间，每一个步骤对企业来说都是动态的，并且每一个步骤对于企业来说都是一次改善业务的过程。

1. 分析市场需求和竞争环境，以及合作关系建立的必要性

市场需求是企业一切活动的驱动源。分析市场需求的目的在于找到针对哪些产品市场开

发供应链合作关系才有效，必须知道现在的产品需求是什么，产品的类型和特征是什么，确认用户的需求，确认建立供应链合作关系的必要性。如果已建立供应链合作关系，则根据需求的变化确认供应链合作关系变化的必要性，从而确认合作伙伴评价选择的必要性。同时分析现有合作伙伴的现状，分析、总结企业存在的问题。

2. 确立合作伙伴选择目标

企业必须明确需要什么样的合作伙伴，合作伙伴评价程序如何实施，信息流程如何运作，谁负责等问题，必须建立实质性的和实际的目标。其中降低成本是主要目标之一，合作伙伴评价、选择不仅仅只是一个简单的评价、选择过程，它本身也是企业自身和企业与企业之间的一次业务流程重构过程，实施得好，它本身就可带来一系列的利益。

3. 制定合作伙伴评价标准

合作伙伴综合评价的指标体系是企业对合作伙伴进行综合评价的依据和标准，是反映企业本身和环境所构成的复杂系统不同属性的指标，也是按隶属关系、层次结构有序组成的集合。应根据系统全面性、简明科学性、稳定可比性、灵活可操作性的原则，建立集成化供应链管理环境下合作伙伴的综合评价指标体系。不同行业企业、产品需求或不同环境下的合作伙伴评价应是不一样的，但不外乎都涉及合作伙伴的业绩、设备管理、人力资源开发、质量控制、成本控制、技术开发、用户满意度、交货协议等可能影响供应链合作关系的因素。

4. 建立评价组织

企业必须建立一个小组以控制和实施合作伙伴评价。组员以采购、质量、生产、工程等与供应链合作关系密切的部门的成员为主，组员必须有团队合作精神，具有一定的专业技能。评价小组必须同时得到制造商企业和合作伙伴企业最高领导层的支持。

5. 合作伙伴参与

一旦企业决定进行合作伙伴评价，评价小组必须与初步选定的合作伙伴取得联系，以确认它们愿意与企业建立供应链合作关系，并尽可能早地让合作伙伴参与到评价设计的过程中。

6. 评价合作伙伴

评价合作伙伴的一个主要工作是调查、收集有关合作伙伴的供应链合作关系，如果没有合适的合作伙伴可选，则返回步骤 2 重新开始评价选择。

7. 实施供应链合作关系

在实施供应链合作关系的过程中，市场需求将不断变化，可以根据实际情况的需要及时修改合作伙伴评价标准，或重新开始合作伙伴评价选择。在重新选择合作伙伴的时候，应给予旧合作伙伴足够的时间适应变化。

2.3.4 建立有效的战略联盟

1. 战略联盟的形式

战略联盟是供应链合作伙伴关系的一种形式，通常企业建立供应链合作伙伴关系有四种选择。

（1）内部行动。一家企业可以利用内部可得的资源与专业知识来完成活动。假如这项活动是企业核心竞争能力之一，这可能是完成活动的最好方式。大多数的企业比较重视这种方式，因为它们能够有效地实施控制。然而，内部方式具有不可忽视的局限性，因为市场以及企业在人力资源、组织和控制等方面的能力都具有较大的不确定性，当外部竞争环境发生重要变化时，这种内生型的发展由于缺乏对外界变化的关注和适应能力，而导致企业低效成长甚至陷入经营“陷阱”。

（2）并购。如果一家企业内部并没有专业知识或专门的资源，可以通过并购另一家已有的企业来实现，这种方式曾在欧美许多公司盛行。这无疑使企业能有效地控制该职能，但这可能存在一些问题。首先，获得一个成功的企业是相当困难与昂贵的，往往需要大量的资金和较高的成本；其次，两个企业文化背景的不同会带来冲突，被收购的企业在同化过程中可能失去有效性；再次，也许被收购的企业先前与收购方的竞争对手存在交易，现在就可能失去这笔生意。以并购来从其他企业获得资源的方法应更多地权衡利弊，因为无论它是一种注重核心技术的并购，还是作为多角化策略的一部分，据统计结果显示，失败的比率往往大大超过成功的比率。

（3）短线交易。这是商业交易中最普通的一种。一个企业需要特定的产品或服务，如运送一车的货物，维修保养车辆，设计或安装一套物流管理的软件，购买或租赁产品或服务。一般来说，短线交易是最有效和最合适的考虑。当然，要使供应商的目标与策略和买主的完全吻合就比较难。通常，这种短线交易执行的是特定的任务，但不会带来长期的战略优势。

（4）战略联盟。战略联盟是两个或多个经济实体，为了实现特定的战略目标而采取的任何以股权或非股权形式的共担风险、共享利益的联合行动。

2. 战略联盟作为供应链合作伙伴关系的特点

联盟不同于企业间的并购行为。并购意味着投入大量资金，全盘接纳对方企业的各种业务，操作复杂，风险很大。联盟企业之间很少为了控制或监督对方履行义务而交换股份，“合则聚，不合则散”一直贯穿于联盟行动的始终。同时，战略联盟不是一般的其他形式的企业或组织间的联盟，战略联盟必须是联盟双方站在公司整体战略审视公司及伙伴现在及未来的发展，而达成的具有战略意义的联盟。横扫世界特立独行的“三剑客”——麦当劳、可口可乐和迪斯尼一直缠缠绵绵在一起，形影不离，它们的合作涉及联合使用商标协议、联合开拓市场、联合开发新项目等领域。但这种合作并不稳定，各联盟企业随时都可能分道扬镳，一切视利润而定。

采取企业间联盟的方式是应付竞争的一种有力手段。在发达国家，同一行业中出现企业相互联盟的案例俯拾皆是，而且联盟的形式也多种多样：有在产品技术开发、制定标准方面合作的，有互相注资彼此参股的，甚至还有通过兼并合二为一的。应该强调，这类联盟的目的很明确，为的是降低成本，更大地开拓市场，以“竞争中的合作”来获取双赢或多赢的结果，并为市场提供更好的产品。联盟的出发点和结果，都围绕着市场，突出消费者的需求和利益。这就是战略联盟——在合作中竞争。

例如，在20世纪80年代中期，摩托罗拉开始进入日本的移动电话市场时，由于日本市场存在大量正式与非正式的贸易壁垒，使得摩托罗拉举步维艰，到1987年，它与东芝联盟制造微处理器，并由东芝提供市场营销帮助，此举大大提高了摩托罗拉与日本谈判的地位，最终获准进入日本的移动通信市场，成功地克服日本市场的进入壁垒。而通用汽车公司和福特汽车公司也宣布投入数百亿美元的巨资，以建立覆盖全球的庞大的计算机采购网络。这一网络系统可以在全球范围内及时找到价格最低、质量最好、离生产基地最近的供应商，从而使其采购成本大大降低，甚至日本丰田汽车公司也考虑加盟通用、福特汽车公司的集中采购网络。

战略联盟并不强调伙伴之间的全面相容性，它所重视的是相互之间某些经营资源的共同利用，对相容性的要求是部分的、有选择的。根据不同的选择，可以组成各种不同类型的合作联盟，具有灵活、快速和经济的特点。正因为如此，许多联盟都可能只是一种临时性安排，任何一方只要达到目的，便可在任何时候单方面中止合作，并与原联盟伙伴展开激烈竞争。同时，当若干个企业战略联盟建立后，这些联盟之间也会形成新的竞争关系，这样，原本单个企业之间的竞争就会发展为不同企业组团或不同供应链条之间的竞争。因此，战略联盟的出现只会改变竞争的形式，使竞争更加理性和良性，但并不会消灭竞争，甚至有可能使竞争更趋激烈。

作为一种企业发展战略，战略联盟和其他战略一样，有成功的诱惑，也有失败的风险。这就要求企业谨慎选择供应链合作联盟伙伴，灵活应对各种变化，避免联盟与供应链目标和战略相冲突，最终达到通过战略联盟改善市场环境、增强竞争实力的目的。

3. 建立有效的战略联盟

有效的战略联盟在建立过程中要特别注意以下三个阶段的实施步骤。

（1）挑选合适的联盟伙伴阶段。企业在联合与合作之前，首先要树立明确的战略并据此来寻找或接受能帮助实现战略意图、弥补战略缺口的合作伙伴。这是一项艰巨的任务，它需要高级管理层了解双方在一定时间里的目的和战略。一个合适的联盟伙伴的基本条件是：能够带来本企业所渴望的技术、技能、知识风险分担和进入新市场的机会等优势。还要注意，文化上相容、相似的企业比有较大文化差异的企业更适合成为本企业的合作伙伴。

（2）联盟的设计和谈判阶段。成功的联盟不仅是以交叉许可安排、联合开发、合资经营和股权共享等联盟方式为基础的初始合作协议，还包括对厂址选择、成本分摊和市场份额获得等通常的细节以及对知识创新、技术协同等方法进行设计。企业的高级管理层还应就联盟的共同目标与主要的中层经理和技术专家进行沟通。另外，由于联盟伙伴之间往往存在着既合作又竞争的双重关系，双方应对联合与合作的具体过程和结果进行谨慎细心的谈判，抛弃偏见，求同存异，增强信任。

（3）联盟的实施和控制阶段。战略联盟的最终目的是通过联盟提高企业自身的竞争能力。联盟内的企业应该把通过联盟向对方学习作为一项战略任务，最大限度地尽快将联盟的成果转化为自己的竞争优势。联盟往往需要双方进行双向信息流动，每个参加联盟的企业都应该贡献出必要的信息与对方分享，从而提高联盟的成功率。同时企业要合理控制信息流动，保护自身的竞争优势，防止对方得到自身应予以保护的关键信息，作出有损自己的行为，因为联盟伙伴极有可能成为将来的主要竞争对手。

2.3.5 战略伙伴关系与传统企业关系

在过去，竞争环境是独立的公司提供标准化的产品并追求较低的单位生产成本。如今，对顾客服务、低价格、快速配送和高度客户化的货物的要求，迫使公司不得不形成各种联盟，以保持市场优势。有些通过利用伙伴的能力来创建规模经济，从而避免增加成本。另一些则寻求合并技术、设计和市场机能，以获得专门的竞争力并快速进入市场。还有一些则与竞争对手形成暂时联盟以求得暂时的优势。例如，IBM 公司与苹果公司、Motorola 公司合作共同开发和销售 Power PC 芯片和操作系统，以结束 DOS - Mac 软件的独占地位。

另外，还有一些利用业务伙伴免费的能力来完成垂直一体化或范围经济。不论用什么方法，伙伴关系有一个共同的目的：快速集合特定的技巧和技术来设计、生产配送产品并提供相关服务，以获得决定性的竞争优势。在当今的市场环境中，企业只有从战略的高度来看待供应链伙伴关系，方能保证供应链管理战略的成功实施。战略伙伴关系与传统企业关系的区别见下表。

传统企业关系与战略伙伴关系的比较

传统企业关系	战略伙伴关系
以交易为基础	以联盟为基础
短期关系	长期关系
供应商数目多	供应商数目少
对手关系	合作关系
价格交配	增值服务
供应商投资少	供应商和买方投资高
较少的信息共享	广泛的信息共享
公司独立	联合决策，相互依赖
各自职能领域相互作用小	买方和供应商职能领域相互作用大

2.4 案例分析

广州本田——战略领先铸就基业长青

“当我离开的时候，我希望看到的广州本田是一个可持续发展的、有竞争力的、完整意义上的企业。”如果没有时间和背景介绍的话，这很容易让人误以为是一句离别寄语。实际上，这是付守杰在出任广州本田执行副总经理时给自己定下的目标。

商海沉浮，潮涨潮落。在市场竞争日益激烈的汽车市场上，每一家汽车企业都在为自己的生存和发展而战。即便是去年利润率居全行业第一位的广州本田也不例外。只不过，与不少两只眼睛只盯着市场份额的竞争对手不同，今天的广州本田，考虑得更多的是如何立足长远，基业长青。

“广州本田发展到今天，不再是一个只局限于追求销量和规模的生产企业了，而应该是一个具备完整功能的全面发展的有竞争力的汽车企业，特征更加完整化。”付守杰强调的是广州本田作为一个汽车企业的完整形象：有竞争力，可持续发展，对社会负责。

以发展消除怀疑

可以说，广州本田就是在各种怀疑的眼光中发展起来的。

1997 年，法国人带着 1 法郎黯然地离开了广州，亏损近 30 亿元的广州标致轰然倒下。第二年，广州本田在广州标致的废墟上诞生。而对于广州本田会不会成为“广州标致第二”的怀疑，也从此如影随形。持怀疑论调者几乎从广州标致项目失败后就有了一个基本结论：

广东人只会做贸易，不会搞工业。

广州本田成立初期的情况似乎也给了他们的怀疑以佐证。以 11.6 亿元买下广州标致旧工厂，再用 5 亿多元进行改造，这就是广州本田的全部首期投资。在汽车这个资金高度密集的行业，相比当时国内同行动辄上百亿元的投资，广州本田确实显得过于寒酸，以至于当时业界有一种论调：广州本田这是急功近利的短期行为，本田与标致一样，不舍得下本钱，只想捞一把就走人。

但广州本田接下来的发展让持这种论调的人彻底地闭上了嘴。从1999年的3万辆到2006年的36万辆，广州本田的产能规模在8年的时间里跨越了5个台阶。在产销量方面，广州本田也是一路高歌猛进，已被业界称道的“广本速度”，在国内汽车企业中第四个跨入了累计产销量超过100万辆的行列。

广州本田的这种“小投入，快产出，滚动发展”的模式，也为我国的汽车工业闯出了一条全新的发展路子。在此之前，国内建一个轿车厂，每万辆的投资约需1.5亿美元，建设周期需3至5年，投资回收期至少要7年。而广州本田只用了16亿人民币，9个月的时间就建成了年产3万辆的生产规模，每万辆投资当量标准节约了60%以上的资金，建设周期比一般缩短了2/3。

广州本田的成功，在一定程度上正是认真吸取了广州标致失败教训的结果。当年广州标致的失败，有两大原因不容忽视：一是产品单一、老化，十几年如一日地只生产一款标致505；二是不重视营销网络，渠道混乱，售后服务跟不上。

针对车型问题，广州本田在国内汽车企业中率先提出“起步就与世界同步”的原则，车型与国外车型同步，将本田最新、最先进的技术及时地引进中国市场。1999年广州本田刚开始生产时，引进的就是1998年刚刚在美国市场推出的新版雅阁，2003年又实现了同步换代。此后，广州本田在引进奥德赛、飞度、思迪等车型时都坚持做到了这一点。

针对营销网络的问题，广州本田在国内率先推行4S营销理念，将整车销售、售后服务、零部件供应和信息反馈等功能整合在一起，打造了国内第一个以4S店为主体的汽车销售服务网络。在此基础上，广州本田又在国内率先举办售后服务双周活动和售后服务技术技能竞赛，将国内汽车企业的营销网络建设水平推到了新的高度。

从战略上实施突破

2007年7月，广州本田宣布成立广州本田汽车研究开发有限公司，并将发展属于广州本田的合资企业自有品牌。研发、品牌，这是目前国内合资汽车企业价值链上普遍缺失的两大环节，广州本田率先向这两个方面发起了冲击。

“现有的合资企业，在很大程度上只能称之为制造工厂而不是完整意义上的企业。”付守杰表示，合资企业没有属于自己的品牌，也没有自己的研发能力，其价值链是残缺的，而且所缺的正是附加价值高的部分。放眼汽车产业的国际分工，立足于中国本土市场补齐价值链的缺环，合资企业才能成为真正有市场竞争力的企业。

同时，广州本田还透露，他们自己的发动机项目已经通过了国家审批。此前，由于历史原因，广州本田一直没有自己的发动机项目，这一次，广州本田终于把价值链上的主要缺环一举补齐了。

通过完善价值链，从制造工厂变成真正意义上的企业，这就是广州本田实现自我突破与提升的核心战略。如果说，提高企业运营效率还只是跟竞争对手在数量上比拼企业实力，那么，广州本田完善价值链的战略则实现了质的突破。

“我们的战略领先，就是要在质上超越竞争对手。”围绕企业运营与企业战略，付守杰侃侃而谈，“任何一个企业，它要想创造卓越绩效无非是做好两个关键，一个是企业的运营，一个是企业的战略”。“中国的企业普遍重视管理，普遍采用世界上通行的管理工具，使竞争日渐趋同，如果我们忽略了战略，可能每个企业都不会有太大的上升空间。”

付守杰将广州本田企业战略与企业运营归纳为三个层面：运筹帷幄，未雨绸缪，立足长远。所谓的运筹帷幄，就是要在战略层面统筹安排好企业未来发展的产品、技术、人才等方面的布局，妙算为先。未雨绸缪则是正视自己的短处，通过加强内部管理来提高自身的运营效率，未谋胜先谋败。立足长远就是树立对社会负责的企业价值观，不要总是计较眼前的得失，要从企业的长远发展来考虑问题，只有企业被社会认可，才有长期的效益，员工才有长期的发展保障。如果说合资支撑了广州本田近10年的高速发展，那么，成立本土研发公司及打造合资企业自主品牌的成功与否，将是广州本田未来10年能否继续维持高速发展的关键支撑。在成立9年来积累的基础上，新的战略让广州本田站在了新的高度，又一次引领了国内汽车业的发展潮流。

“坚持战略领先，这是广州本田得以快速发展的重要原因。产品、定价、渠道策略都可以被模仿复制，甚至我们提出的战略本身也可以被跟进。不过，总有一些东西是别人复制不了的。”付守杰所说的战略领先，实质上是一种企业能力，每当出现严重的同质化竞争时，这种能力总能指引企业找到新的突破点，实现差异化竞争。

——《商学院》杂志，2007年第11期

【本章小结】

对于供应链管理来说，解决传统方式带来的问题的途径之一，是将供应链一体化。一个一体化的供应链被有组织地连接，并和从原材料到向顾客按时交货的信息流相协调。合作伙伴型的业务关系在所有供应链成员之中建立，促进了供应链活动的协调。

设计和运行一个有效的供应链对于每一个制造企业都是至关重要的。怎样将制造商、供应商和分销商有机地集成起来，使之成为相互关联的整体，是供应链管理系统设计要解决的主要问题。

供应链管理的关键在于供应链各节点企业之间的连接和合作，以及相互之间在设计、生产、竞争策略等方面良好的协调。合作伙伴的评价选择是供应链合作关系运行的基础。供应链合作伙伴关系应该是一种新的战略联盟关系。

供应链管理强调的是把主要精力放在企业的关键业务上，充分发挥其优势，根据企业的自身特点，专门从事某一领域、某一专门业务，在某一点形成自己的核心竞争力，同时与全球范围内合适的企业建立战略合作关系，将企业的非核心业务外包给其他企业或由合作企业完成。

【关键术语和概念】

营销战略　配备　驱动要素　核心能力　竞争力　业务外包　战略伙伴关系

【思考与练习】

1. 取得营销战略的配备步骤有哪些？
2. 如何选择供应链合作伙伴？
3. 企业为什么要实施业务外包？
4. 要成功地实施外包，通常需要经过哪几个阶段？

【补充阅读】

张海成．供应链管理技术与办法．北京：清华大学出版社，2002

第3章　供应链的构建与设计

⊙本章学习要点

1. 供应链的链状模型和网状模型
2. 集成供应链设计策略
3. 基于产品的供应链设计策略
4. 供应链设计步骤及基本原则

⊙本章学习内容

1. 供应链结构模型
2. 供应链的设计策略与方法
3. 基于产品的供应链设计
4. 供应链设计原则

⊙案例分析

⊙本章小结

⊙关键术语和概念

⊙思考与练习

⊙补充阅读

为了提高供应链管理的绩效，除了必须有一个高效的运行机制外，建立一个高效精简的供应链，也是极为重要的一环。虽说供应链的构成不是一成不变的，但是在实际经营中，不可能像改变办公室的桌子那样随意改变供应链上的节点企业，从另一个角度来说，供应链也具有一定的稳定性。因此，作为供应链管理的一个重要环节，无论是理论研究人员还是企业实际管理人员，都非常重视供应链的构建与优化问题。本章围绕这个主题，详细讨论供应链的构建问题，探讨供应链设计的相关策略、设计原则及其设计步骤。

3.1　供应链结构模型

范例：不一样的供应链

溢达公司是香港地区最大的服装生产企业之一，经营休闲服装及专业用品，产品范围包括：功能性休闲服装、休闲鞋、帽、袜和包等。该公司为实现公司的战略目标，实施“产供销”一条龙的经营模式。比如，为了控制上游原材料（棉花）采购主动权，该公司2003年在新疆购置上万亩棉田，组建了溢达公司的棉花生产基地。除此之外，溢达公司还建立了棉纱厂、织布厂、染印厂，生产休闲服装、休闲鞋、帽、袜和包等的生产基地。另外，溢达公司在产品流通方面，采取建立品牌专卖店的策略，在全国一二级城市都铺设了销售店面，目前基本上建立了一个完整的销售网络。

问：溢达服装公司的供应链是否有效？

3.1.1 链状模型

根据前面供应链的定义，我们给出一个简单的供应链结构模型（见图3－1），称为模型Ⅰ。在模型Ⅰ中，产品的最初来源是自然界，如矿山、油田、橡胶园等，经过供应商、制造商和分销商三级传递，最终去向是用户。被用户消费掉的最终产品仍回到自然界，完成物质循环（如图3－2中的虚线）。

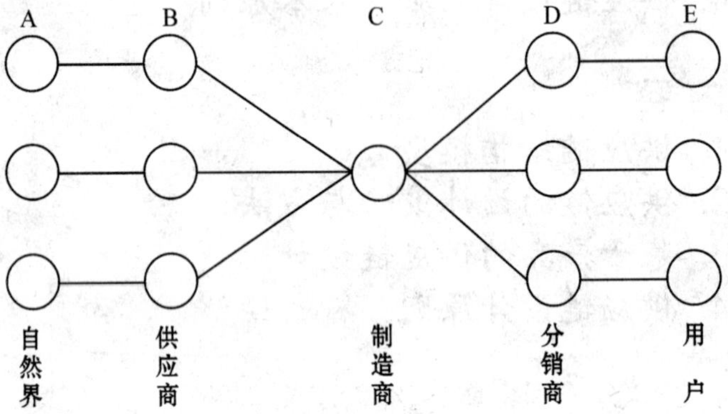

图3－1　供应链的结构模型Ⅰ

模型Ⅰ是一个简单的静态模型，只反映了供应链的基本组成和轮廓，若将其进一步简化便成了链状模型Ⅱ（见图3－2）。从供应链研究的便利角度，把自然界和用户放在模型中没有太大的作用。因此，在模型Ⅱ中，把模型Ⅰ中的厂商都抽象成一个个的节点，并用字母或数字来表示。节点以一定的方式和顺序联结成一串，构成一条理论中的供应链。在模型Ⅱ中，若假定C为制造商，则B为供应商，D为分销商；同样，若假定B为制造商，则A为供应商，C为分销商。在模型Ⅱ中，产品的最初来源（自然界）、最终去向（用户）以及产品的物质循环过程都被抽象掉了，只注重供应链中间过程的研究。

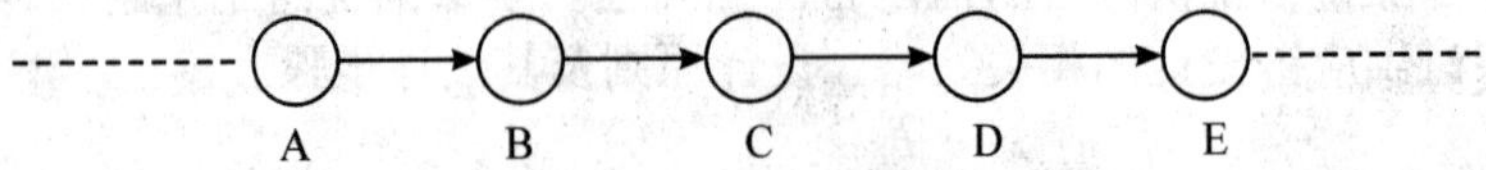

图3－2　供应链的结构模型Ⅱ

1. 供应链的方向

在供应链上除了有物流和信息流外，还存在着资金流。在正常情况下，物流的方向一般都是从供应商流向制造商，再流向分销商。在供应链的研究中，我们也按照物流的方向来定义供应链的方向，以确定供应商、制造商和分销商之间的顺序关系。模型Ⅱ中的箭头方向即表示供应链的物流方向。

2. **供应链的级**

在模型Ⅱ中，定义C为制造商时，可以相应地认为B为一级供应商，A为二级供应商，而且还可递归地定义三级供应商、四级供应商……同样，可以认为D为一级分销商，E为二级分销商，并递归地定义三级分销商，四级分销商……一般来讲，一个企业应尽可能考虑多级供应商或分销商，这样有利于从整体上了解供应链的运行状态。

3.1.2 网状模型

现实中的产品供应关系是非常复杂的，一个厂家一般会与多个厂家相互联系，也就是说，在模型Ⅱ中，C的供应商可能不止一家，而是有B_1，B_2，…B_n等n家，分销商也可能有D_1，D_2…D_m等m家。动态地考虑，C也可能有C_1，C_2…C_K等K家，这样模型Ⅱ就转变为一个网状模型，即供应链的结构模型Ⅲ（见图3－3）。在理论上，网状模型可以涵盖世界上所有厂家，把所有厂家都看作是其上面的一个节点，并认为这些节点之间存在着联系。网状模型对供应关系的描述性很强，适合于从宏观上把握供应关系。

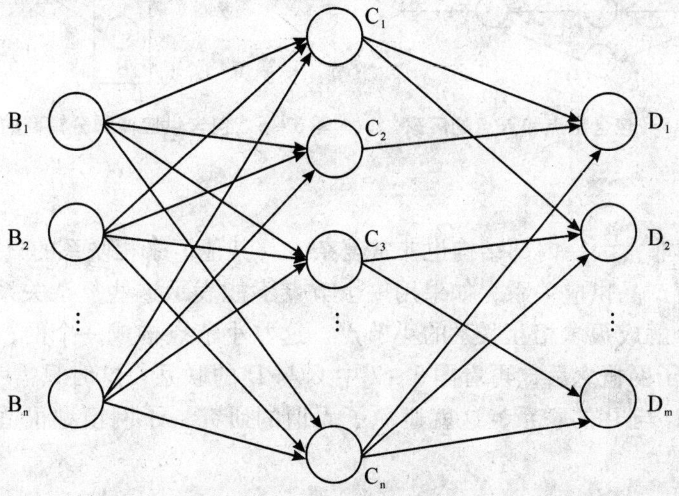

图3－3　供应链的结构模型Ⅲ

1. **入点和出点**

在网状模型中，物流作有向流动，从一个节点流向另一个节点。这些物流从某些节点补充流入，从某些节点分流流出。我们把这些物流进入的节点称为入点，把物流流出的节点称为出点。入点相当于矿山、油田、橡胶园等原始材料提供商，出点相当于用户。图3－4中A节点为入点，F节点为出点。有的厂家既为入点又为出点，为了简化网链的表示，将代表这个厂家的节点一分为二，变成两个节点：一个为入点，一个为出点，并用实线将其框起来（见图3－5），如A_1为入点，A_2为出点。同样地，如有的厂家对于另一厂家既为供应商又为分销商，也可将这个厂家一分为二，甚至一分为三或更多，变成两个节点：一个节点表示供应商，一个节点表示分销商，也用实线将其框起来（见图3-6），B_1 是 C 的供应商，B_2 是 C 的分销商。

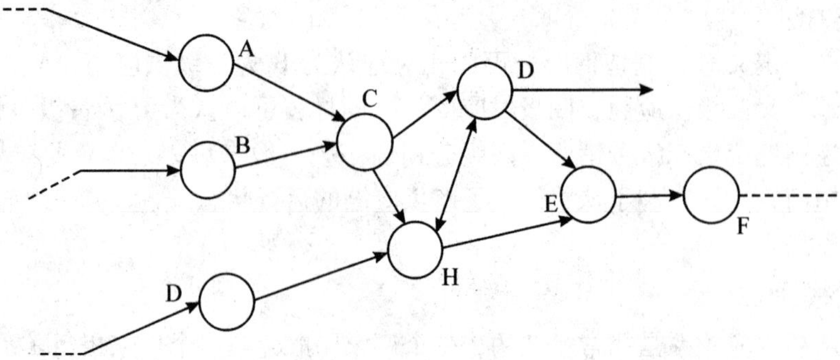

图3-4　入点和出点

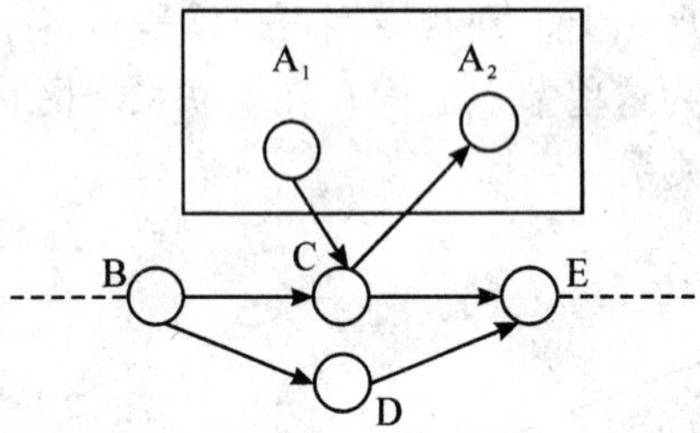

图3-5　包含出点和入点的厂家

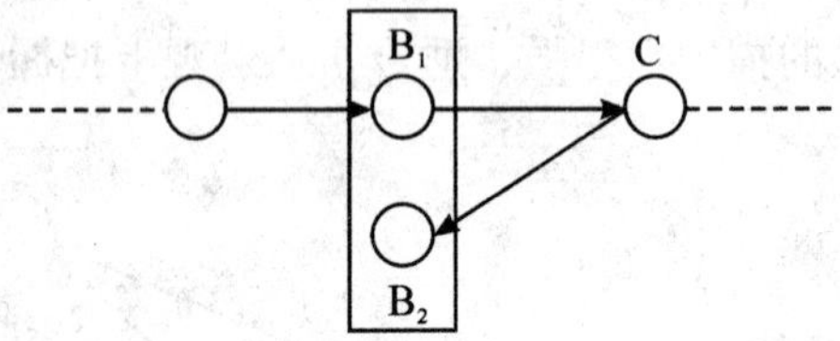

图3-6　包含供应商和分销商的厂家

2. 子网

有些厂家规模非常大，内部结构也非常复杂，与其他厂家相联系的只是其中一个部门，而且内部也存在着产品供应关系，如果用一个节点不能表示这些复杂关系，我们就将表示这个厂家的节点分解成很多相互联系的小节点，这些小节点构成一个网，称之为子网（见图3-7）。在引入子网概念后，再看图3-7中 C 与 D 的联系，这时只需考虑 C_2 与 D 的联系，而不要考虑 C_3 与 D 的联系，这就避免了无谓的研究。子网模型很适合于描述企业集团的组织结构。

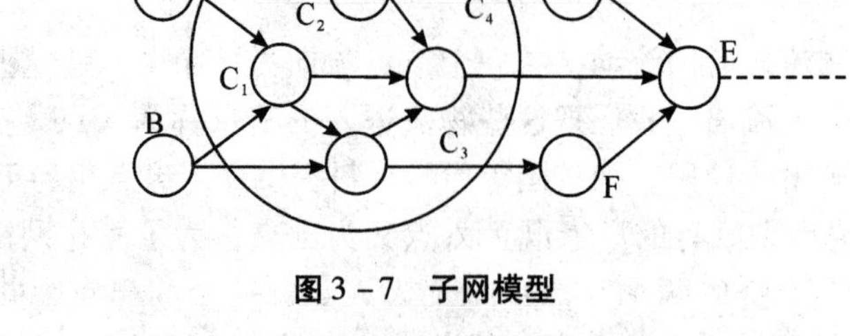

图3-7　子网模型

3.2 供应链的设计策略与方法

设计和运行一个有效的供应链对于每一个制造企业都是至关重要的，因为它可以提高企业对用户的服务水平，达到成本和服务之间的有效平衡；使企业具有更高的柔性，以提高对客户需求的反应能力和速度，开拓进入新的市场，提高企业竞争力；降低库存，提高企业的工作效率。但是也可能因为供应链设计不当而导致浪费和失败，因此，正确设计供应链是实施供应链管理的基础。

3.2.1 基于成本核算的供应链设计策略

如何设计供应链，如何选择节点，是供应链管理的基础。这里，我们提出通过成本优算法来进行供应链的设计。为了便于供应链成本的分析，可作如下假定：

假定1：节点企业以 $i=1, 2, 3, \cdots, n$ 表示（其中供应链层次以 $a=1, 2, 3, \cdots, A$ 表示，一个层次上节点企业的序号以 $b=1, 2, 3, \cdots, B$ 表示，所以一个节点 i 可以表示为 AB），如图3－8所示。

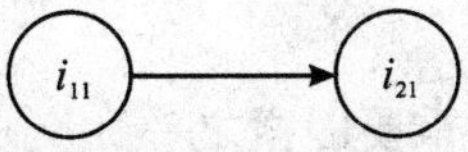

图3－8　节点示意图

假定2：物料单位成本随着累积单位产量的增加和经验曲线的作用而降低。成品、零部件、产品设计和质量工程的改善都可能导致单位物料成本的降低。

假定3：假定一个节点企业的生产转化时间在下一个节点企业的年初。

假定4：当一个节点企业在年初开始生产时，上一节点企业的工时和原材料成本根据一定的技术指数转化为此节点企业的初值。

假定5：全球供应链管理中，围绕核心企业核算成本，汇率、通货膨胀率等转换为核心企业所在国家的标准。

1. 供应链成本结构及其函数

供应链成本主要包括：物料成本、劳动成本、运输成本、设备成本和其他变动成本等。其成本函数分别介绍如下：

（1）物料成本函数。

从假定2可知，物料成本随累积产量的增加而降低，供应链的总物料成本为

$$M_{it} = m_i \ (im)_{it} \int_0^{n_t} n^{f_i} \mathrm{d}n$$

式中 M_{it}——i 节点企业在 t 年生产 n_t 产品的总物料成本（时间转化为当地时间）；

m_i——i 节点企业的第一个部件的物料成本（时间坐标轴的开始点）；

$(im)_{it}$——i 节点企业 t 年物料成本的通货膨胀率；

n_t——第 t 年内的累计产量；

$f_i = \lg(F_i)/\lg(2)$；

F_i——物料成本经验曲线指数，$0 \leqslant F_i \leqslant 1$；

n——累计单位产量，$n = 1, 2, 3, \cdots, n_t$。

（2）劳动力成本函数。

供应链的节点企业可能分布在本国的不同地方，也可能分布在世界各地，各地的劳动力价值、成本无法统一衡量，可以直接以工时为基础计算供应链的劳动力成本。公式为

$$L_{it} = l_i (il)_{it} \gamma_{it} \int_0^{n_t} n^{gi} \, \mathrm{d}n$$

式中L_{it}——i 节点企业在第 t 年（时间转化为当地时间）生产 n_t 件产品的总劳动成本；

l_i——i 节点企业的单位时间劳动成本；

$(il)_{it}$——i 节点企业 t 年的单位工时的通货膨胀率；

n_t——第 t 年内的累计产量；

$g_i = \lg(G_i)/\lg(2)$；

G_i——劳动力学习经验曲线指数，$0 \leqslant G_i \leqslant 1$；

n——累计单位产量，$n = l, 2, 3, \cdots, n_t$。

（3）运输成本函数。

运输成本是影响供应链总成本的重要因素之一，交货频率和经济运输批量都决定着运输成本的大小。假定从节点 i 到节点 m 的单位成本为 S_{im}，i 节点企业 t 年运输的通货膨胀率为 $(is)_{it}$，m 节点在第 t 年的累计需求为 d_{mt}，所以供应链的总运输成本为 T_{it}，计算公式为

$$T_{it} = \sum_{m=1}^{M} S_{im} (is)_{it} \mathrm{d}_{mt}$$

（4）设备和其他变动成本函数。

假定 u_i、v_i 计分别代表 i 节点企业的一个单位的设备和其他变动成本（管理费用等），其通货膨胀率指数分别为 $(iu)_{it}$和 $(iv)_{it}$，在 t 年 i 节点企业生产 n_i 单位产品的总的设备和变动成本 U_{it}为

$$U_{it} = [u_i (iu)_{it} + v_i (iv)_{it}] n_i$$

（5）供应链的总成本函数。

以上成本都是针对一定时间轴上可能的 i 节点企业的组合，在时间 T 内相关的节点 i 组成一个节点组合序列，用 k 表示，所有可能的节点组合序列用 k 表示，对于每一个节点组合序列 k，供应链的总成本 $TC(k)$ 表示为

$$TC(k) = \sum_{t=1}^{T} \{ \sum_{i \in k} (M_{it} + L_{it} + T_{it} + U_{it}) e_{it} (pv)_{it} \}$$

式中e_{it}——汇率（i 节点企业对核心企业的汇率）；

$(pv)_{it}$——i 节点企业在 t 年的现值折扣率；

k——一个节点组合序列。

而一个节点组合序列的平均单位成本 $CAU(k)$ 用公式表示为

$$CAU(k)=TC(k)/N_T$$

式中 N_T——第 T 年内的累计产量。

2. 供应链设计的优化成本算法

从节点组合序列中可以选出多个节点企业组合，比如：分布在4个层次（$A=4$）的2个（$B=2$）工厂，在5年（$T=5$）的时间轴上，总共有 k $(2\times4)^5$ 个节点组合序列。我们可以通过对供应链总成本的优化核算来找出最优的节点企业组合，设计出低成本的供应链。在设计过程中，需要评估所有可能的组合序列，以达到最优化的设计。

具体的方法是将多时段问题转化为网络设计，网络设计层次定义为 $t=1,2,3\cdots,T$，在第 t 层次，可能的组合序列是 $i=AB$，在每一个层次 t，每个节点企业的总累积成本 C_{it} 表示为

$$C_{it}=\left\{\begin{aligned}&m_i\ (im)_{it}\left[\left(n_t^{1+f_i}\right)/\left(1+f_i\right)\right]+l_i\ (il)_{it}y_{it}\left[\left(n_t^{1+g_i}\right)/\left(1+g_i\right)\right]\\&+\sum_{m=1}^{M}S_{im}\ (is)_{it}d_{mt}+\left[u_i\ (iu)_{it}+v_i\ (iv)_{it}\right]n_i\end{aligned}\right\}e_{it}\ (pv)_{it}+C_{i,t-1}$$

$(i=1,2,3,\cdots,(AB);\ t=1,2,3,\cdots,T)$

此公式表示了从第1年到第 t 年（包括第 t 年）的节点 i 的总累积成本。

供应链设计成本优化的算法流程如图3-9所示。

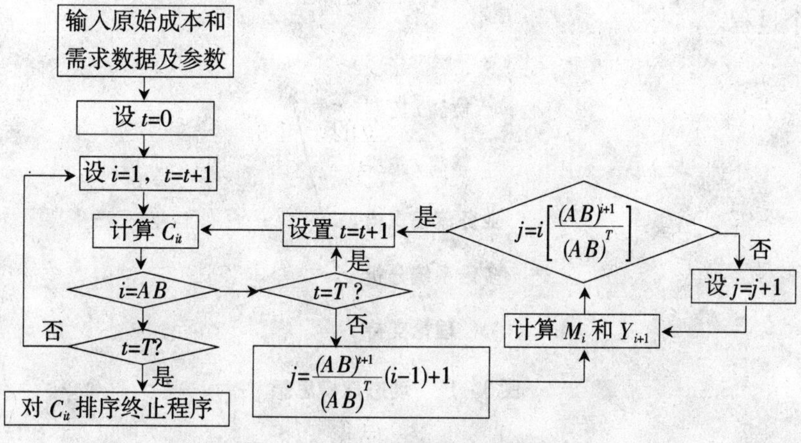

图3-9 成本优化算法流程图

在输入初始数据以后，计算第1年第 i 个节点的成本，当累加成本的节点数不超过 $(AB)^T$，程序要判断是否达到时间段的末年，如果，$t<T$，j 节点第 $t+1$ 年和第一个单位的物料成本和劳动工时取决于从第 i 节点到第 j 节点的所有可能的生产转换；如果 $t=T$，那只有最后一个节点的成本要计算。当所有的节点第 t 年的累积成本计算完以后，程序需重新设置 i 和计算第 $t+1$ 年的累积成本。当 $t=T$ 时，最后对节点组合的累积成本进行排序、优化的供应链

节点组合序列就是排序后的选择。

3.2.2　基于多代理的集成供应链设计方法

1. 基于多代理的集成供应链模式

随着信息技术的发展，供应链不再是由人、组织简单组成的实体，而是以信息处理为核心，以计算机网络为工具的人与信息组织集成的超智能体。基于多代理的集成供应链模式（见图3－10）是涵盖两个世界三维集成模式，即实体世界的人与人、组织与组织集成和软体世界信息集成（横向集成），以及实体与软体世界的人机集成（纵向集成）。

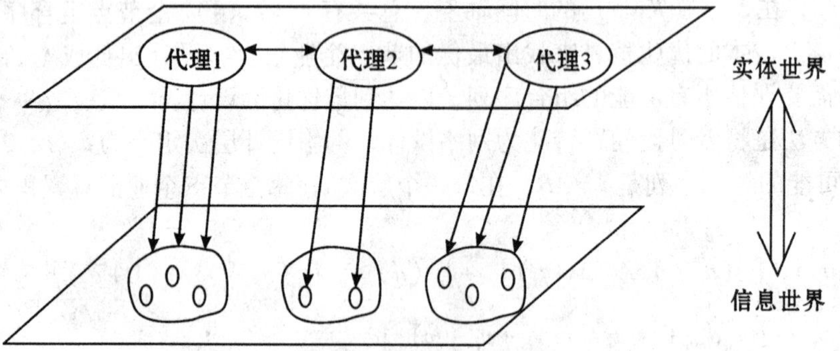

图3－10　基于多代理的集成供应链模式

2. 动态建模基本思想

动态建模基本思想（见图3－11）。动态建模需要多种理论方法的支持，其基本流程为多维系统分析——业务流程重构——建模——精简/集成——协调/控制，在建模中并行工程思想贯穿于整个过程。

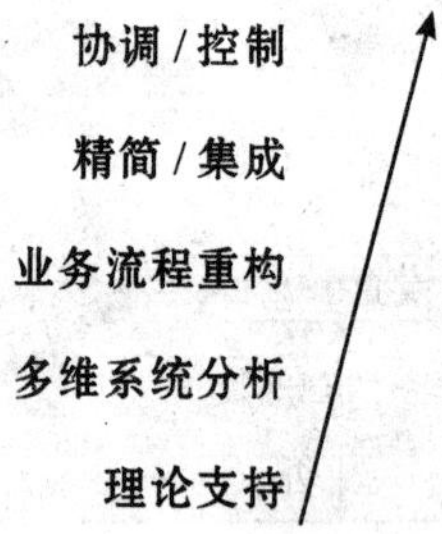

图3－11　动态建模思想

3. 建模方法

用于基于多代理集成供应链的建模方法主要有基于信息流的建模方法、基于过程优化的建模方法、基于案例分析的建模方法以及基于商业规则的建模方法。

过程优化思想（BPR）在建模中得到应用，并且BPR支持工具被列为BPR研究的一个重要内容。过程优化最关键的是过程诊断，即过程存在问题的识别，可采用基于神经网络的企业过程诊断法、基于物元理论的系统诊断法以及变化矩阵法。集成化动态建模过程如图

3－12 所示。

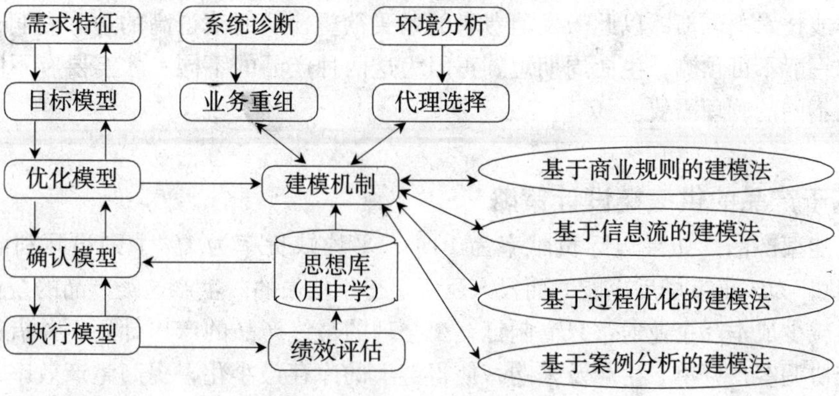

图 3－12　集成化动态建模过程

3.3　基于产品的供应链设计

供应链的设计首先要明白用户对企业产品的需求是什么，产品寿命、需求预测、产品多样性、提前期和服务的市场标准等都是影响供应链设计的重要因素。所谓设计出与产品特性一致的供应链，也就是所谓的基于产品的供应链设计策略（PBSCD）。

3.3.1　产品的类型与功能特征

一般来说，产品可分为两大类：功能型产品与创新型产品。

功能型产品是指满足基本功能需要的产品，有较为稳定且可预测的市场需求，生命周期较长，不经常更新换代，竞争激烈，边际利润较低，如一般的日用品。

创新型产品则指增加了特殊功能的产品，或技术与外观上具有创新性的产品，这类产品往往具有较高的边际利润，需求可能无法准确预测，生命周期短，在市场上易被竞争者模仿，从而竞争优势降低，导致边际利润下滑，如时尚品、名贵轿车等。两者的差别如表 3－1 所示。

表 3－1　功能型产品与创新型产品

关键指标	功能型产品	创新型产品
产品生命周期	多于 2 年	3 个月～1 年
边际贡献率	5%～20%	20%～60%
产品多样性	低	高
平均预测失误率	10%	40%～100%
平均缺货率	1%～2%	10%～40%
季末平均打折百分比	0	10%～25%
按订单制造需要的提前期	6 个月～1 年	1 天～2 周

由表 3－1 可以看出，功能型产品一般用于满足用户的基本需求，变化很少，具有稳定的、可预测的需求和较长的生命周期，但它们的边际利润较低。为了避免低边际利润，许多企业在式样或技术上创新，以此激发消费者的购买欲望，从而获得高的边际利润，这种创新产品的需求一般不可预测，生命周期短。正因为这两种产品的不同，才需要有不同类型的供应链去满足不同的管理需要。

3.3.2 基于产品的供应链设计策略

对于功能型产品，如果边际贡献率为 10%，平均缺货率为 1%，则边际利润损失仅为 0.1%。因此，为改善市场反应能力而投入巨资是得不偿失的。生产这类产品的企业，主要目标在于尽量减少成本。企业通常只需制订一个合理的最终产品的产出计划，并借助相应的管理信息系统协调客户订单、生产及采购，使得链上的库存最小化，提高生产效率，缩短提前期，从而增强竞争力。如宝洁公司的许多产品属于功能型产品，公司采取了供应商管理存货和天天低价的策略，使库存维持在较低水平，降低了成本，公司和顾客都从中受益。

对于创新型产品，如果边际贡献率为 40%，平均缺货率为 25%，则边际利润损失为 10%。所以，对此类产品就需要有高度灵活的供应链，对多变的市场作出迅速的反应，投资改善供应链的市场反应能力也就成为必要之举。例如，欧美、日本等不少发达国家和地区把创新型产品放在本土生产，虽然有可能增加劳动力成本，但通过对市场的快速反应而获得的利润足以抵消这种不利影响。

在确定了产品和供应链的类型之后，可利用图 3－13 的供应链设计与产品类型策略矩阵，为企业选择理想的供应链策略。

	功能型产品	创新型产品
有效性供应链	配备	不配备
反应性供应链	不配备	配备

图 3－13　供应链设计与产品类型策略矩阵

利用该矩阵，企业就可以判断其供应链类型与其产品类型是否很好地匹配。矩阵的 4 个方格代表了 4 种可能的产品与供应链的组合。匹配的组合应是：功能型产品对应有效性供应链，创新型产品对应反应性供应链，即图中左上方与右下方内的组合。

右下方代表采取反应性供应链提供创新型产品。生产创新型产品的企业，其在反应性供应链上的投资回报率要比在有效性供应链上的投资回报率高得多。企业在增强其供应链的市场反应性上，每增加 1 元投资，就会取得大于 1 元的市场调节成本的下降。若企业采用反应性供应链来生产功能型产品（左下方），情况就截然不同了，若对其市场反应性供应链增加投资，减少的损失极为有限，得不偿失。

右上方的情况很常见（企业用有效性供应链提供创新型产品），由于创新型产品可观的边际利润，尽管竞争日益激烈，越来越多的企业还是不断从生产功能型产品转向生产创新型产品，但其供应链并未发生改变。如一些个人计算机厂商，在提供新产品时，由于采用原来的有效性供应链，过于注重成本，追求库存最小化和较低的采购价格，忽视供货速度和灵活性，担心增加成本而不愿缩短提前期，从而造成交货速度太慢，不能及时响应日益变化的市场需求，缺货损失甚为可观，更糟的是被竞争对手抢先占领了市场，造成无可估量的损失。

如何改进右上方这种状况呢？一种方法是向左平移，将创新型产品变为功能型产品；另一种方法是向下垂直移动，实现从有效性供应链向市场反应性供应链的转变。而正确的移动方向取决于创新型产品所产生的边际利润是否足以抵消采用市场反应性供应链所增加的成本。

对于用有效性供应链来提供功能型产品的情况，可采取如下措施：①削减企业内部成本。②不断加强企业与供应商、分销商之间的协作，从而有效降低整条链上的成本。③降低销售价格，这是建立在有效控制成本的基础之上的。但一般不轻易采用，需要根据市场竞争情况而定。

由于创新型产品具有需求不确定的特征，因此在用市场反应性供应链来提供创新型产品时，应采用如下策略：①通过使不同产品拥有尽可能多的通用件来增强某些模块的可预测性，从而减少需求的不确定性。②通过缩短提前期与增加供应链的柔性，企业就能按照订单生产，及时响应市场需求，在尽可能短的时间内提供顾客所需的个性化的产品。③当需求的不确定性已被尽可能降低或避免后，可以用安全库存或充足的生产能力来规避其剩余的不确定性，这样当市场需求旺盛时，企业就能尽快地提供创新型产品，从而减少缺货损失。

总之，在为企业寻找理想的供应链之前，必须先确定企业产品的类型和企业供应链的类型，并使两者合理匹配，从而实现企业产品和供应链的有效组合。

3.3.3 产品生命周期的供应链策略

对于一种产品来说，特别是功能型产品，从其生产、投放市场直到过时淘汰，一般都要经历几个典型的生命阶段，即引入、成长、成熟、衰退四个阶段。在产品生命周期的各个阶段，产品具有明显区别于其他阶段的特征，对供应链的要求也各不相同。因而对同一产品在生命周期的不同阶段，要注意控制内容和侧重点，采取相应的供应链策略。如表 3－2 所示。

表 3－2　产品生命周期各阶段的供应链策略

产品生命周期	特　点	供应链策略
引入期	·无法准确预测需求量 ·大量的促销活动 ·零售商可能在提供销售补贴的情况下才同意储备新产品 ·订货频率不稳定且批量小 ·产品未被市场认同而夭折的比例较高	·供应商参与新产品的设计开发 ·在产品投放市场前制定完善的供应链支持计划 ·原材料、零部件的小批量采购 ·高频率、小批量的发货 ·保证高度的产品可得性和物流灵活性 ·避免缺货发生 ·避免生产环节和供应链末端的大量储存 ·完全追踪系统，及时消除安全隐患或追问问题产品 ·供应链各环节信息共享
成长期	·市场需求稳定增长 ·营销渠道简单、明确 ·竞争性产品开始进入市场	·批量生产，较大批量发货，较多存货，以降低供应链成本 ·作出战略性的顾客服务承诺以进一步吸引顾客 ·确定主要顾客并提供高水平服务 ·通过供应链各方的协作增强竞争力 ·服务与成本的合理化

（续上表）

产品生命周期	特　点	供应链策略
成熟期	·竞争加剧 ·销售增长放缓 ·一旦缺货，将被竞争性产品所代替 ·市场需求相对稳定，市场预期较为准确	·建立配送中心 ·建立网络式销售渠道 ·利用第三方物流公司降低供应链成本并为顾客增加价值 ·通过延期制造、消费点制造来改善服务 ·减少成品库存
衰退期	·市场需求急剧下降 ·价格下降	·对是否提供配送支持及支持力度进行评价 ·对供应链进行调整以适应市场的变化，如供应商、分销商、零售商等数量的调整及关系的调整等

3.3.4　基于产品的供应链设计

基于产品的供应链设计步骤如图3－14所示。

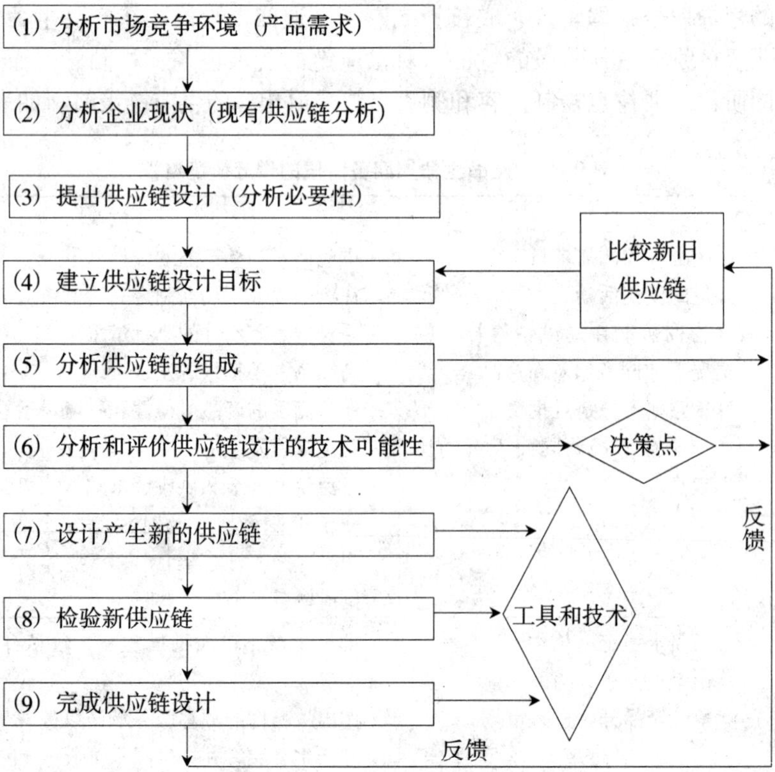

图3－14　供应链设计的步骤模型

第一步是分析市场竞争环境。目的在于找到针对哪些产品市场开发供应链才有效，为此，必须知道现在的产品需求是什么，产品的类型和特征是什么。分析市场特征要向卖主、用户和竞争者进行调查，提出诸如“用户想要什么?”、“他们在市场中的份量有多大?”之类的问题，以确认用户的需求和因卖主、用户、竞争者产生的压力。这一步骤的输出是每一产品按重要性排列的市场特征，同时对于市场的不确定性要有分析和评价。

第二步是总结、分析企业现状。主要分析企业供需管理的现状（如果企业已经有供应链管理，则分析供应链的现状），这一个步骤的目的不在于评价供应链设计策略的重要性和合适性，而是着重于研究供应链开发的方向，分析、找到、总结企业存在的问题及影响供应链设计的阻力等因素。

第三步是针对存在的问题提出供应链设计项目，分析其必要性。

第四步是根据基于产品的供应链设计策略提出供应链设计的目标。主要目标在于获得高用户服务水平和低库存投资、低单位成本两个目标之间的平衡（这两个目标往往有冲突），同时还应包括以下目标：① 进入新市场。②开发新产品。③开发新分销渠道。④改善售后服务水平。⑤提高用户满意程度。⑥降低成本。⑦通过降低库存提高工作效率等。

第五步是分析供应链的组成，提出组成供应链的基本框架。供应链中的成员组成分析主要包括制造工厂、设备、工艺和供应商、制造商、分销商、零售商及用户的选择及其定位，以及确定选择与评价的标准。

第六步是分析和评价供应链设计的技术可能性。这不仅仅是某种策略或改善技术的推荐清单，而且也是开发和实现供应链管理的第一步，它在可行性分析的基础上，结合本企业的实际情况为开发供应链提出技术选择建议和支持。这也是一个决策的过程，如果认为方案可行，就可进行下一步的设计；如果不可行，就要重新进行设计。

第七步是设计产生新的供应链，主要解决以下问题：①供应链的成员组成（供应商、设备、工厂、分销中心的选择与定位、计划与控制）。②原材料的来源问题（包括供应商、流量、价格、运输等问题）。③生产设计（需求预测、生产什么产品、生产能力、供应给哪些分销中心、价格、生产计划、生产作业计划和跟踪控制、库存管理等问题）。④分销任务与能力设计（产品服务于哪些市场、运输、价格等问题）。⑤信息管理系统设计。⑥物流管理系统设计等。

在供应链设计中，要广泛地应用到许多工具和技术，包括归纳法、集体解决问题，流程图、模拟和设计软件等。

第八步是检验供应链。供应链设计完成以后，应通过一定的方法、技术进行测试检验或试运行，如不行，返回第四步重新进行设计；如果没有什么问题，就可实施供应链管理了，即第九步供应链设计完成。

我们以戴尔计算机公司为例来分析。戴尔公司的竞争战略所瞄准的顾客群强调拥有最新款式的 PC 机，以满足其个性化需要。而且，这些顾客要求公司在数日内把 PC 机送到他们的手中。假设 PC 机的款式很多，创新水平很高，戴尔公司的顾客需求就具有高度的不确定性。戴尔可以选择设计一条高赢利水平的供应链，或一条应变自如的供应链。高赢利的供应链可以利用廉价但并不快捷的运输工具及生产的经济规模。如果戴尔公司作出这两种选择，它将难以满足其顾客对快速送达多品种、个性化产品的要求。然而，建立一条具有较高反应能力的供应链，戴尔便能够满足顾客需要。因此，反应能力强的供应链战略最适合于满足戴尔公司目标顾客群的需要。

3.4 供应链设计原则

在供应链的设计过程中，我们认为应遵循一些基本的原则，以保证供应链的设计和重建能满足供应链管理思想得以实施和贯彻的要求。

3.4.1 自顶向下和自底向上相结合的设计原则

在系统建模设计中，存在两种设计方法，即自顶向下和自底向上的方法。

自顶向下的方法是从全局走向局部的方法，自底向上的方法是从局部走向全局的方法；自上而下是系统分解的过程，而自下而上则是一种集成的过程。在设计一个供应链系统时，往往是先由主管高层作出战略规划与决策，规划与决策的依据来自市场需求和企业发展规划，然后由下层部门实施决策，因此供应链的设计是自顶向下和自底向上的综合。

3.4.2 简洁性原则

简洁性是供应链的一个重要原则，为了能使供应链具有灵活快速响应市场的能力，供应链的每个节点都应是简洁的、具有活力的、能实现业务流程的快速组合。比如供应商的选择就应以少而精为原则，通过和少数的供应商建立战略伙伴关系，降低采购成本，推动实施 JIT 采购法和准时生产。生产系统的设计更是应以精细思想为指导，努力实现从精细的制造模式到精细的供应链这一目标。

3.4.3 集优原则

供应链的各个节点选择应遵循强强联合的原则，实现资源外用的目的，每个企业只集中精力致力于各自核心的业务过程，就像一个独立的制造单元，这些所谓单元化企业具有自我组织、自我优化、面向目标、动态运行和充满活力的特点，能够实现供应链业务的快速重组。

3.4.4 协调性原则

供应链业绩好坏取决于供应链合作伙伴关系是否和谐，因此建立战略伙伴关系的合作企业关系模型是实现供应链最佳效能的保证。席酉民教授认为和谐是描述系统是否具有充分发挥系统成员和子系统的能动性、创造性及系统与环境的总体协调性。只有和谐而协调的系统才能发挥最佳的效能。

3.4.5 动态性（不确定性）原则

不确定性在供应链中随处可见，许多学者在研究供应链运作效率时都提到不确定性问题。由于不确定性的存在，导致需求信息的扭曲。因此要预见各种不确定因素对供应链运作的影响，减少信息传递过程中的信息延迟和失真。降低安全库存总是和服务水平的提高相矛盾。增加透明性，减少不必要的中间环节，提高预测的精度和时效性对降低不确定性都是极为重要的。

3.4.6 创新性原则

创新设计是系统设计的重要原则，没有创新性思维，就不可能有创新的管理模式，因此在供应链的设计过程中，创新性是很重要的一个原则。要产生一个创新的系统，就要敢于打破各种陈旧的思维框框，用新的角度、新的视野审视原有的管理模式和体系，进行大胆的创新设计。进行创新设计，要注意几点：一是创新必须在企业总体目标和战略的指导下进行，并与战略目标保持一致：二是要从市场需求的角度出发，综合运用企业的能力和优势：三是发挥企业各类人员的创造性，集思广益，并与其他企业共同协作，发挥供应链整体优势；四是建立科学的供应链和项目评价体系及组织管理系统，进行技术经济分析和可行性论证。

3.4.7 战略性原则

供应链的建模应具有战略性观点，通过战略性观点考虑减少不确定影响。从供应链的战略管理的角度考虑，我们认为供应链建模的战略性原则还体现在供应链发展的长远规划和预见性，供应链的系统结构发展应和企业的战略规划保持一致，并在企业战略的指导下进行。

3.5 案例分析

戴尔电脑公司的供应链

戴尔公司成立于1984年，直到1992年它才成长为一个年营业额达120亿美元的公司。自1993年以来，戴尔的收入年增长率高达65%。预计未来5年其收入年增长率将超过30%。自1993年以来，戴尔公司的股价也巨幅上扬，戴尔的成功很大程度上归功于其供应链管理。

戴尔公司的基本供应链模式是面向顾客的直销。戴尔公司的供应链只有3个阶段：顾客、制造商和供应商。如图3－15所示。

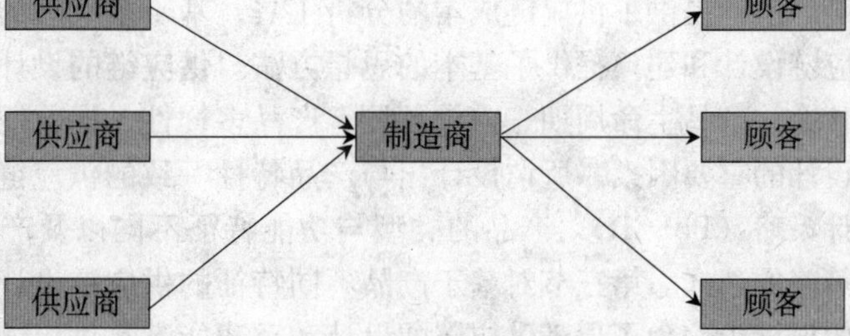

图3－15　戴尔公司的供应链

从运营的角度看，库存出清周期是戴尔公司密切关注的一个关键性运营指标。计算机的每个零部件都附有一个批号（代码），以标明生产日期。戴尔只保存10天的库存，相反，其通过零售网络来销售产品的竞争对手们，却需要保存80～100天的库存。如果英特尔公司采用一个新件，戴尔公司由于库存较少而能够以比竞争对手更快的速度将含有这种零部件的机器推向市场。如果产品价格突然下降，正如1998年上半年所发生的，戴尔库存少，损失就比竞争对手少。对于有些产品如索尼牌显示器而言，戴尔根本就不做库存。运输公司可以方便地从戴尔位于奥斯汀的工厂装上适当数量的计算机，在墨西哥的索尼工厂装上一定数量的显示器，按照顾客订单将它们进行组装，将成品送达顾客。这个过程使戴尔公司节省了与显示器保存有关的时间和费用。

频繁的信息交流促进了戴尔供应链的成功。戴尔公司根据需求现状向供应商提供第一手资料。供应商能方便地掌握戴尔工厂的零部件库存状况及日常生产需要。戴尔公司建立面向顾客的主页，以便其主要供应商能察看需求预测及其他顾客敏感的信息，帮助供应商发掘好的创意以满足顾客需求，并使生产进度与戴尔公司更好地配合。戴尔公司的生产主要集中在5个生产中心：得克萨斯的奥斯汀、巴西、中国、爱尔兰、马来西亚。由于每个生产中心的需求规模都较大、较稳定，供应商因而有能力经常更新零部件库存，以使戴尔公司零部件库存维持在低水平上。在一些案例中，戴尔公司只在其工厂中保存几个小时的零部件库存量。

戴尔公司的低水平库存还有助于确保大批产品的质量。一种新产品刚一问世，供应商的工程师便被派往工厂。如果顾客提出问题，厂家便立刻停止生产，并在第一时间修正设计缺陷。由于库存中没有最终产品，将生产出来的质量有缺陷的商品量降到最低。

戴尔公司还从第三方供应商处寻求服务和支持。为了确保高质量的服务，戴尔公司安排服务人员在客户要求的零部件送到时也抵达顾客处。信息流与原材料流的协调减低了高服务质量所需的成本。

戴尔公司还高效率地管理其现金流。平均地讲，通过密切跟踪和管理应收款和应付款，它可以在向供应商支付货款之前5天，从顾客处收回现金。

思考题：

1. 戴尔公司是如何设计供应链的？它有哪些优势？
2. 你对直销是怎样看待的？是赞成还是反对？为什么？

【本章小结】

供应链的结构模型可分为链状模型和网状模型，链状模型可看作是结构最简单的网状模型。如何设计供应链、如何选择节点，是供应链管理的基础。第二节介绍的供应链成本函数和优化算法为供应链的设计提供了供应链成本的分析工具，基于多代理的集成供应链设计方法为结构复杂的供应链设计和建模提供了基本的思想方法。供应链的设计首先要明白用户对企业产品的需求是什么，产品生命周期、需求预测、产品多样性、提前期和服务的市场标准等都是影响供应链设计的重要因素。所谓设计出与产品特性一致的供应链，也就是所谓的基于产品的供应链设计策略（PBSCD）。产品的类型与功能特征不同以及产品的生命周期不同都影响供应链设计策略的选择。第三节对基于产品不同特征的供应链设计策略和步骤作了简要介绍。在供应链的设计中，为了保证供应链的设计和重建能满足供应链管理思想的实施和贯彻的要求，对应遵循的基本原则在第四节作了介绍。

【关键术语和概念】

供应链　结构模型　链状模型　网状模型　产品生命周期　需求预测　产品多样性　提前期　市场标准

【思考与练习】

1. 用图说明什么是供应链的链状模型和网状模型。
2. 功能型产品与创新型产品有什么区别？分别与什么类型的供应链相匹配？
3. 简述基于产品的供应链的设计步骤。
4. 简述供应链设计原则。

【补充阅读】

1. 阎子刚．供应链管理．北京：机械工业出版社，2006
2. 马士华．供应链管理．北京：高等教育出版社，2003

第 4 章　供应链的组织管理

⊙本章学习要点

1. 传统组织产生的原因及特征
2. 传统组织面临的挑战
3. 虚拟组织的要求
4. 供应链新型生产模式
5. 企业文化整合

⊙本章学习内容

1. 传统企业组织及挑战
2. 供应链管理的组织结构
3. 供应链管理的人力资源
4. 供应链管理的企业文化

⊙案例分析
⊙本章小结
⊙关键术语和概念
⊙思考与练习
⊙补充阅读

供应链管理思想的产生和发展，对产品的开发、制造、仓储和销售方式，企业的组织方法，效绩衡量办法和激励机制等产生了非常重大的影响。人们已经逐渐放弃了一个单独企业可以独自获取并保持竞争优势的传统观念，开始组建虚拟企业，并高度重视供应链伙伴关系。几乎统治整整一个世纪的组织模式、公司的运作方法、管理者与工人的关系结构和业绩衡量办法等，已不能适应供应链管理的要求。供应链管理的成功实施，需要有效的组织结构、人力资源以及文化作保障。本章将着重从供应链管理的组织结构支撑、人力资源支撑以及文化支撑等方面，来探讨供应链管理的组织支撑体系。

4.1 传统企业组织及挑战

范例：惠普公司

成功地精简一个公司行政机构，其难度常被比喻为教会一只大象跳舞。但是，惠普公司（Hewlett - Packard）刚退休的首席执行官约翰·杨（JohnA. Young），却赢得妙计制胜的声誉。

1990 年初，杨开始认识到公司的行政机构是在如何拖延决策的。他听说，公司在开发一组高速计算机工作站时，因为在技术决策问题上无休止地开会，结果使开发进程延期 1 年多。惠普公司原先为促进各工作小组之间的沟通和更好地评估各项决策而设立了 38 个内部委员会，不仅增加了成本，还限制了创新和延缓了决策。比如，仅仅为给公司开发出的第一代计算机软件取个名字，竟用了 9 个委员会，近 100 个人讨论了 7 个月时间。

杨随即着手改革公司结构，以解决这一问题。他取消了公司的委员会机构设置，并采取措施实现组织扁平化。他将计算机业务划分为自治的两个集团：一个集团经营通过代理商销售的个人微机、打印机和其他产品业务；另一集团负责向大客户推销计算机工作站和小型机，他还将公司集中的销售力量一分为二，使每个计算机集团拥有自己的销售和营销队伍。

结果是令人鼓舞的。一位现在只要与 3 个委员会而不是 38 个委员会打交道的总经理这样评论说："我们正在做更多的生意，正在以更少的人将产品更快地送出去。"数据也证实了杨重组机构的成功：从 1991 至 1992 年间，惠普公司的季度利润增加了 49%。

在本案例中惠普公司遇到了什么问题？

4.1.1 传统直线制组织所面临的问题

美国学者保罗·S. 麦耶斯在《知识管理与组织设计》一书中认为，世界不再需要直线制组织结构。当代的各种挑战需要有生气、充满智慧的组织。直线制组织对那些带有早期工业革命特征的某些重复性工作曾是有效的，但现在不怎么有效了，因为其规则和程序常常与要求工人进一步增加组织智慧的那些原则背道而驰。这些原则包括有责任确定和指导自己工作，有责任与别人协调，以及从上司的权力向"顾客"的权力转移。

随着快速的技术变革和全球竞争的加剧，传统组织所面临的问题逐渐显露出来。第一，表现在传统的组织依赖于固定的工业结构。大规模生产时代，市场被看成由永不改变的行业组成，如汽车工业、保健行业、零售业等。每个行业是一个封闭的系统，竞争对手之间为争夺区域性市场领先地位展开相互竞争。第二，表现在职能边界的存在影响了流程变革。为迎接老练竞争对手的挑战和满足全球顾客的需求，必须具备建立反应性系统所必需的创造企业内和跨企业变革性突破的能力。而传统的建立在僵化的业务职能层次上的组织结构，阻碍了企业这一能力的发挥。传统的组织倾向于关注与小范围内的业务职能领域有关的地区性的业绩考核和分块式的改进。第五，表现在传统的组织依赖垂直（纵向）和水平（横向）的一体化。传统的组织试图通过将不同的业务部分集成在一起，来保持对整个供应渠道的控制。其目的是保持灵活性和行业的独立性，并维持产品和流程的竞争能力。第四，表现在传统的组织关注规模和范围经济。传统组织结构是为获得规模和范围经济而构造的，这可能通过垂直一体化和集中式层次管理来实现。其目的是确保低单位成本的标准化产品和服务在大众化市场出售。第三，表现在传统组织不能保证与顾客的接触点只有一个。传统组织将顾客服务划分为几个方面。营销和销售关注与划分市场、谈判有关的交易前的活动。生产和分销的责任则是实现时间、地点和配送效用，而售后服务则留给独立的顾客服务、培训和保修部门来完成。

目前，全球竞争、细分市场、短产品生命周期、不断缩减的开发周期、爆胀的产品线、大规模定制，都使得许多公司不得不开始对它们的组织结构重新设计，以求得在市场中的竞争优势。

4.1.2 业务流程重组对组织结构的影响

传统的组织被划分成一系列的管理层次。在金字塔结构的顶部是最高管理者——公司的领导。他负责制定企业的战略，掌握业务方向，并且给各部门经理提出工作的目标。在金字塔的下一个层次是公司战术层经理，他们的责任是将公司的战略转换成详细的部门目标和所需的预算。在金字塔的底部是公司的作业经理，他们指导下属的工作人员完成日常的任务。

尽管这种直线制（层次式）组织有许多缺点，并且有被废除的趋势，但这种组织作为一种组织的基本模式已经存在了差不多一个世纪。这种组织适应了工业时代的生产特点，满足了大规模生产和分销标准化产品的需求。尽管这种组织结构有很多优势，但到了20世纪80年代，不论它在公司的执行者、职员和工人的头脑中如何根深蒂固，在急速变化发展的市场压力下还是开始动摇了。

组织模式的选择与环境密切相关，在相对稳定的环境中，传统的机械式组织非常有效，但在快速变化的环境中，应该选择有机式（organic）组织。许多企业为了重新获得活力，在传统的组织模式下进行许多改革尝试。如建立任务小组（task forces），将缩减成本、增加灵活性、缩短周期、增进质量和服务水平的任务交给任务小组完成。又如，公司建立计算机管理信息系统以增加横向沟通，雇用管理顾问，对管理者和工人进行质量管理技术培训等。不幸的是，不论这些公司在方法上如何应用新技术和技巧，它们以传统组织模式管理的公司与世界一流竞争对手的差距仍在继续拉大。直到80年代后期，它们才逐渐认识到问题的真正所在：它们所关注的是应用任务管理方法去解决流程中的问题。过去许多企业都关注改善单一问题，如劳动效率，而真正需要的是增进整个流程效率所需的活动。一旦公司认识到竞争优势与流程之间的本质联系时，它们就会明白，应用仅关注某一点的解决方案去致力于维护传统的以层级为基础的组织结构，是无法成功的。

在90年代早期，企业开始了以流程为中心的管理方法的实践。及时管理（JIT）与全面质量管理（TQM）应运而生。JIT和TQM概念有许多共同之处，其中一点非常重要，两者都将改进的关注点放在流程上。JIT与TQM联系密切。JIT以致力于持续改进企业内部和外部的流程为特征。它以一系列的质量管理技术为中心，其目的是重塑每个人的态度，并将公司中每个人的职能行为从狭窄的部门任务管理中引导出来，去深刻理解整个企业内的生产流程如何能得到持续的改进。

今天，我们所熟知的流程再造是另一个很重要的以流程为中心的管理方法。它要求“从根本上重新思考和重新再造业务流程以取得重大改进”。组织再造改变以往的对现有流程的改进，主张从底层开始对流程进行重建。业务流程再造学说遭到了许多人的反对。例如，英国学者科林·威廉（Colin Williames）和乔治·宾尼（Geoge Binney）在他们合著的《靠近未来》(1995)一书中，表示对再造学说不予考虑。成功的组织并不否定或尝试摧毁历史遗产，它们力图在历史遗产上进行建设。事实上许多声称实行重造的公司经常不过是进行简单的费用削减和规模缩减，而以重组理论充当幌子。许多人已经和将会发现“重造”并不实际，但这不能否定它的影响和它对观点、行为和方法的改变。

随着时间的推移，企业流程重组的内涵在不断变化，原来意义上的企业流程重组已经发生了重大变化。美国学者 Michael Loh 在《工作中的重组》一书中认为，现在企业的流程重组正在着眼于发展，而不是削减成本和精简规模。当今企业都在构想自己的未来，然后利用流程重组来制订实现理想的规划。它们在学习如何创造出更加具有适应性的流程，使之随经济环境的变化而随时调整。无论如何，重造思想对企业组织结构从传统的任务型向流程型发展产生了十分重大的影响。

基于流程原则的“有机组织”的建立，正是重造思想的具体体现。通过企业重建，改革企业的组织模式，就是要使企业由传统的科层制的“机械组织”向自我管理的“有机组织”转变。这种新的组织是以专家小组为中心的、扁平的和自我管理的体系。

供应链管理的实施需要在业务流程重组思想的指导下，对现有的组织结构重新设计，摆脱过去上层负担过重的职能式结构，转向以流程为中心的组织。事实上这种模式淘汰了纵向层级制度和老的部门边界，从纵向型（直线型）向横向型转变。如图 4－1 所示。

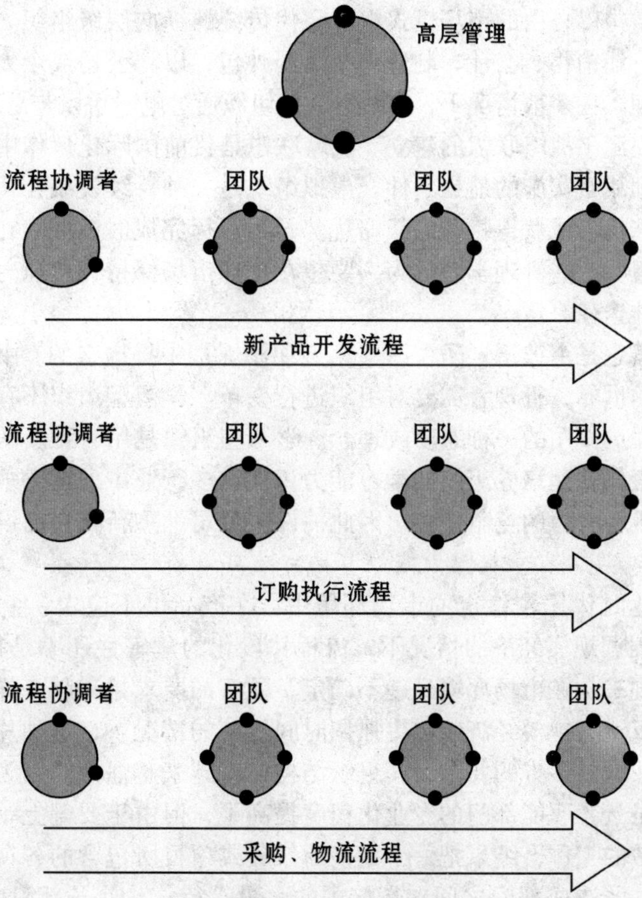

图 4－1　横向流程组织

这种组织结构具有如下特征：

（1）围绕工作流程而不是部门职能来建立结构。传统部门的边界被打破。例如，在克莱斯勒（Chrysler）公司，结构围绕新车型开发的核心流程来设计。

（2）纵向的层级组织扁平化。可能只在传统的支持性职能部门，如财务和人力资源部门存留少量高级管理者。

（3）管理的任务委托给更低的层级。多数职工在多职能、自我管理型团队中工作，这些团队围绕诸如新产品开发之类的流程而组织。比如 Kodak 公司，撤除了诸如行政管理、生产和研发副总裁之类的主管，取而代之的是自我管理型团队。公司拥有 100 多个这样的团队，为各种各样的流程或项目工作。

（4）顾客驱动了横向型公司。为了使横向设计奏效，流程必须以满足顾客需求为基础。这使得员工像和供应商联系一样，与顾客进行直接的经常的联系。有时，这些外部组织代表像训练有素的团队成员一样。

（5）自我管理型团体。自我管理型团队是横向组织的基本单位，也是自我指导团体，一般由 5～30 名员工组成。这些员工拥有不同的技能，轮换工作，生产整个产品或提供整个服务。

除了横向型组织以外，另外三个最新的发展趋势是：网络化组织、虚拟组织和学习型组织。

动态网络组织结构以自由的市场模式组合替代传统的纵向层级组织。公司自身保留关键活动，对其他职能，如销售、会计、制造进行资源外包，以将公司或个人分离开，由一个小的总部来协调或代理。在多数情况下，这些分立的组织通过电子手段与总部保持联系。

虚拟组织的建立源于战略联盟的建立。战略联盟是目前国际化运作中涉及的最时髦的方式，也是供应链管理战略实施的前提条件。虚拟组织是一种持续发展公司的集合，这些公司联合起来，利用特殊机会或获得特殊的战略优势，当目标完成时解散。在任一时间，一家公司可能参加多个联盟。一些管理学者认为，要想在全球市场保持竞争能力，转向联合或虚拟组织形式是一条最佳途径。

学习型组织的概念是由彼德·圣吉在《第五项修炼》中提出来的。书中提到为了帮助组织适应越来越纷乱的世界，管理者需要对组织进行变革。学习型组织不存在单一的模型，它是关于组织概念和雇员作用的一种态度或理念。学习型组织是用一种新的思维方式对组织进行思考。管理者的责任就是培养组织的学习能力。在许多行业中，比竞争对手学习和变化得更快的能力或许是唯一有力的竞争优势。因此，许多公司都重新将自己设计成所谓的学习型组织。

如果说在工业化时代比较稳定的市场环境中，在产品供不应求、企业员工作为“经济人”而存在和企业强调规模经济的情况下，流程片段化的危害性还不是很明显的话，那么，随着信息化时代的到来，在市场环境日趋不确定，顾客的要求越来越多样化，企业员工强调自我实现，企业不仅追求规模经济效益更强调时间经济的情况下，这种片断化的企业流程也就越来越难以使企业满足多方的要求，其组织结构显得越来越僵硬。因为一项任务要顺序地流经各职能部门，虽然各职能部门的专业化程度提高了，但由于要等上一个环节的工作完成后才能开始下一环节的工作，结果把一个完整的任务或项目所包含的各项作业在职能部门之间分解得支离破碎，既造成部门之间在衔接中的大量等待，又使各部门增加很多重复劳动，大大延长了完成任务所花费的时间。

4.2 供应链管理的组织结构

4.2.1 供应链管理战略对组织结构变革的要求

组织结构是帮助管理者实现其目标的手段。因为目标产生于组织的总战略，所以使战略与组织结构密切配合，是顺理成章的。特别是结构应当服从战略，如果管理者对组织的战略作了重大调整，那么就需要修改结构以适应和支持这一调整变革。

对战略与结构关系的研究始于阿尔费雷德·钱德勒（Alfred Chandler）。他对美国100家大公司进行了考察。在追踪了这些组织长达50年的发展历程，并广泛收集了如杜邦（DuPont）、通用汽车（General Motors）、新泽西标准石油（Stardard Oil of New Jersey）及西尔斯等公司的历史案例资料后，他得出结论说，公司战略的变化先行于并且导致组织结构的变化。具体地说，钱德勒发现组织通常起始于单一产品或产品线生产。简单的战略只需要一种简单、松散的结构形式来执行。这时决策可以集中在一个高层管理人员手中，组织的复杂性和正规化程度很低。当组织成长以后，它们的战略变得更有雄心，也更加复杂。

从单一的产品线开始，公司通常采取合并供货者或者直接销售产品给顾客等办法，在既定的产业内扩大他们的范围。以通用汽车为例，它不仅装配整车，同时还拥有制造空调装置、电气设备及其他汽车配件的企业。这种纵向一体化战略，使组织单位之间的相互依赖性增强，从而产生了对更加复杂的协调手段的要求。这可以通过重新设计结构，按照所开展的职能来构建专业化的组织单位来取得。后来公司进一步成长，进入产品多样化的经营阶段，这时的结构需要进行再次调整，以便取得高效率。这种产品多样化战略要求这样一种结构，它能够有效地配置资源，控制工作绩效并保持各单位间的协调。而组建多个独立的事业部，让每一个部门对一特定的产品负责，则能够更好地达到上级要求。总而言之，钱德勒建议，随着公司战略从单一产品向纵向一体化、再向多样化经营转变，管理者会将组织由功能性、统一性转变为松散的多事业部制。

当前，经济全球化和知识化已经成为时代发展的主题，企业所面临的市场竞争愈来愈激烈，供应链管理战略已成为企业获得并维持市场竞争优势的重要工具，企业的组织结构必须作相应的改变或调整，才能适应和支持供应链管理战略的实施。

4.2.2 供应链实现企业组织转型

供应链管理是一种全新的管理思想和方法。它的运作需要组织保障，面对全球化和信息化的冲击，传统的组织结构已不能适应供应链管理的要求。最新的组织发展，如横向组织、网络组织、虚拟组织以及学习型组织，为我们构建供应链管理的组织模式打下了良好的基础。面对供应链管理的要求，必须彻底实现组织转型。从整体上看，组织转型主要表现在两个方面：一是在要素水平上，呈现出精益化和智能化特征；二是在要素关系上，呈现敏捷化和柔性化特征。

（1）精益化。精益化已成为当今领先企业组织结构调整中的一个主流趋势。英文lean的含义就是“精瘦的”，即意味着去掉一切多余的累赘的东西，而只保留最有效、最精干的部分。对于企业组织结构来说，就是要将掣肘企业运营、影响企业战略目标实现的一切职能部门、人员、财力和物资等全部精简掉，集中于能为企业带来增值的组织结构的优化调整。精益化的组织结构，可以节约大量的人、财、物力，全面提高企业生产经营的效率和效益。精益化的核心在于精干，它是针对大规模生产型组织模式而提出的。随着市场环境的变化，适合于大规模生产的组织结构逐渐由成熟走向衰退，其暴露出的缺点和问题日渐明显，如庞大臃肿的组织结构、大量的辅助生产人员、多余的厂房设备和超量的库存储备等。要医治大规模生产方式的组织结构的“肥胖症”，就必须按照精益化的原则来“消肿减肥”，也就是在资源配置上要用精益的观点来分析企业的运营过程，将资源配置到有效的生产经营环节之中。企业的劳动有有效和无效之分。供应链管理理论认为，只有能增加价值和附加价值的活动才是有效的，不能增加附加价值的活动是无效活动，也是一种资源的浪费，在制品闲置等待、库存积压等就是资源浪费。供应链管理思想反映到组织结构中，就是要求彻底消除无效活动和浪费，使组织精干高效，最大限度地为企业谋取经济效益。

（2）智能化。智能化是指企业组织具有极强的学习能力，能够根据环境形势的要求不断扩大和更新原有内存，不断将企业内部和供应链中的竞争能力进行集中，以提高企业自身和整个供应链的生存竞争能力。由于供应链管理涉及大量内外部资源要素的有机协调，尤其是诸多技术、创意、知识等智能因素交织其中，只有具备极强学习能力的组织，才能适应其运作要求。

（3）敏捷化。在竞争激烈、变化加剧的环境形势下，只有按照以变应变的原则变革组织结构，增强组织对环境的快速响应能力，方能适应外部环境动荡不定的态势。供应链管理强调以速度取胜，追求速度经济效应的获取，基础就在于组织的敏捷性特点。

敏捷是指灵活、快速、高效的意思。要在一个不断变化、充满诸多未知因素的环境中生存和发展，组织的应变能力是必不可少的。作为企业来说，必须做到迅速响应市场需求的变化，及时生产及时销售，这样才能大大压缩产品的时间成本，抢先一步占领市场，获得利润。组织的敏捷性主要表现为企业具有敏锐的对市场需求信息的捕捉力，并能迅速调动企业内外一切可以利用的资源，以最快的速度满足市场需求的变化。具体来说，主要体现在两个方面：一方面，组织结构更加灵活。随着信息化程度的提高，企业经营生产程序发生了变化。许多工序已由原来传统的串行式改为并行式，即在打破工种和车间分工界限的基础上，按照零部件的流程，将研发、工程设计、工艺开发、生产制造及其他支持过程进行交叉运作，从而使产品开发从一开始就考虑到产品生命周期中的所有因素，包括质量、成本、速度和用户需求，极大地提高了企业经营效率，同时组织结构也呈现出极强的灵活性。另一方面，组织调配资源的速度更加快捷，能力更加强大。就是说，当企业察觉到市场出现的某种需求时，它能够迅速从本公司和其他企业选出各种优势力量，围绕市场需求组成流程团队，共同合作，以最快的速度推出适销对路的产品或服务。而一旦流程目标完成，这种团队便可以自行解体，各种资源又随之转移到其他的项目组织中去。总之，在市场日益多变的形势下，只有不断提高组织应变能力，增强敏捷性，才能使企业赢得市场先机，立于不败之地。

（4）柔性化。组织的柔性和敏捷性其实是相辅相成的，但是，“柔性”与“敏捷性”是有区别的，它还含有全能的味道，具有适应不同情况的能力。例如，雇员们的多才多艺可以完成多种不同的任务。敏捷性强调组织应变的高效灵活，柔性则强调转换的方便，且成本低廉。具有高柔性的企业组织，是指企业的组织结构对环境变化（市场需求、技术变革等）能够及时地、低成本地作出能动反应，即可以方便、灵活地进行组织本身的转换，以适应新的外界要求。组织柔性包括诸多方面的内容，如生产柔性、机器柔性、结构柔性、工艺柔性和人员柔性等。一般来说，柔性化就是指在保证经营合理的条件下，企业组织所具有的、相对于内外环境变化的适应性和可变性。这里又含有两层意思：①企业既具有相对于自身所处外部环境变化的应变转换能力，也具有相对于自身系统内部各种因素变化（如局部设备发生故障、空闲等待或生产流程出现排队拥挤等现象）的适应转换能力。②企业每进行一次组织的转换调整，其所花的时间较短，工作量较小，所需支付的成本费用也较低，符合经济上的合理性要求。否则，无论组织具有多强的可变性也不能称之为具有柔性。

4.2.3 建立面向流程的组织和供应链流程团队

供应链管理需要建立以流程为中心的组织，这与传统的以任务为中心的组织有很大的差别。过去，企业管理变化的方法是先将企业解冻，开发新的标准和程序，实施这些变化，然后再次将组织冻结起来。今天，变化的速度以及失去竞争优势的极大风险要求企业建立灵活的组织，以适应持续的变化，并利用供应链中任何地方的人员组成知识团队。

以流程为中心的组织的建立具有两个前提：第一个前提是人员具有完成多种任务的能力。这意味着每个人员具有同时执行多个流程的能力，当需要时可以非常容易地从参加一个流程切换到参加另一个流程。第二个前提是组织应该是由跨企业职能的多个团队组成的“虚拟组织”，并且具有将公司外供应链成员的人力资源包括在内的能力。这些关注多个流程、经常在地理上分散的团队的主要目标，是将那些来自市场的面向顾客的问题转化成实际的可以测量的产品、流程或服务战略。它们的目的是通过虚拟地集成供应渠道网络中的能力，快速和完全地将赢得顾客的机会转化成能够满足市场的解决方案。

以流程为中心的供应链管理的组织可以多种形式出现，如合作伙伴、合资、战略联盟、合作协议和外购合同或者是渠道流程团队，具体取决于所采取的竞争战略。但这些组织形式有几个相似的特征。首先，所有的以流程为中心的组织都有成熟的战略规划，这些规划反映了组织的战略目标和使命，它不仅提供明确的方向，而且也提供了公司的价值观和文化准则。另外，这些规划帮助确定组织的竞争眼光，所追求的运作目标以及将公司内外的职能集成在一起的关键联系。明确的公司战略使得对生产流程的需求明朗化，并保证完成流程目标所必需的跨职能和跨渠道的虚拟团队的建立。第二，所有的以流程为中心的组织必须存在所谓的“优秀中心”。建立虚拟流程团队的能力取决于是否可以得到一大批可靠的高技能的知识工人，他们具有快速适应变化并执行平行任务的能力，他们掌握最新的信息并能使用它们，他们还应具备合作精神，高效工作。尽管组织仍旧划分为传统的营销、销售、工程、制造、分销、财务以及人力资源等部门，但这些部门已不再被高墙所封闭，而可看成是可以由实际的流程团队调用的称为“优秀中心”的资源库。优秀中心不执行任务，任务的执行是流程团队的事。部门经理仍将在他们特定的职业范围内雇用、培训并培养人员。然而他们的作用将从任务所有者和老板向职业导师或教练转化，他们的任务是持续不断地发展公司的劳动力技能和能力资源库。供应链中的优秀中心则应由各供应链成员的优秀中心组成。建立供应链流程团队则可从供应链优秀中心调用人员。第三个关键的要素是每个企业和供应链系统具有围绕具体流程，调动并激活人力资源的能力。今天高速发展的信息和通信技术提供了联结内部和外部资源的能力，消除了过去团队成员对时间的依赖。团队可以通过应用诸如 e-mail、传真、计算机文件、分布式数据库、EDI 和其他网络系统的主机，“实时”地发挥功能。Internet 是团队网络化最有效的工具。Web 技术的应用不但能给流程团队提供新的发展相互关系的方法，而且可以提供得到多种知识和技能的途径，从而可以围绕网络的基础设施形成几乎不受限制的非正式团队。信息和通信技术工具通过存贮企业内部或整个供应链中的知识和解决问题的才能，增强优秀中心和多流程团队的实际工作能力。

以流程为中心的供应链团队网络是一个非常复杂的横跨渠道的组织。图4－1描述了供应链管理的组织形式。它与传统的公司结构完全不同。事实上，它不是一个组织结构图，而是一种试图表示多企业关注流程团队网络的各种组件模型。值得注意的是，金字塔组织中的传统陷阱——封闭的部门高墙、固定的层级以及权威的狭窄定义，在这个模型中消失得无影无踪。相反，该模型说明了每个企业团队是如何进行集中，通过企业层级和渠道层级工作流程的有效执行来激活协调供应链中的价值的。

4.2.4 几种典型的组织管理模式

直到20世纪90年代初期，才把物流管理扩展为供应链管理，因而其组织结构也经历了不同的发展阶段。唐纳德·鲍尔索克斯等人将企业组织结构变化与物流管理、供应链管理等联系起来，对美国企业物流管理组织的变化总结出了几种典型模式。

1. 传统物流管理组织结构

这种组织结构就是常说的按职能专业部门分工的组织形式，如图4－2所示。这时的部门划分主要表现为按专业划分。虽然有上级主管部门进行协调，但是由于各个部门总是从各自的利益出发，从部门主管开始就很难达成一致，更不用说下面的工作人员。这种现象意味着整个工作缺乏跨职能协调，从而导致重复和浪费，信息常被扭曲或延迟，权力界限和责任常常是模糊的。这时候还没有出现独立的物流管理功能，也没有独立的职能部门。

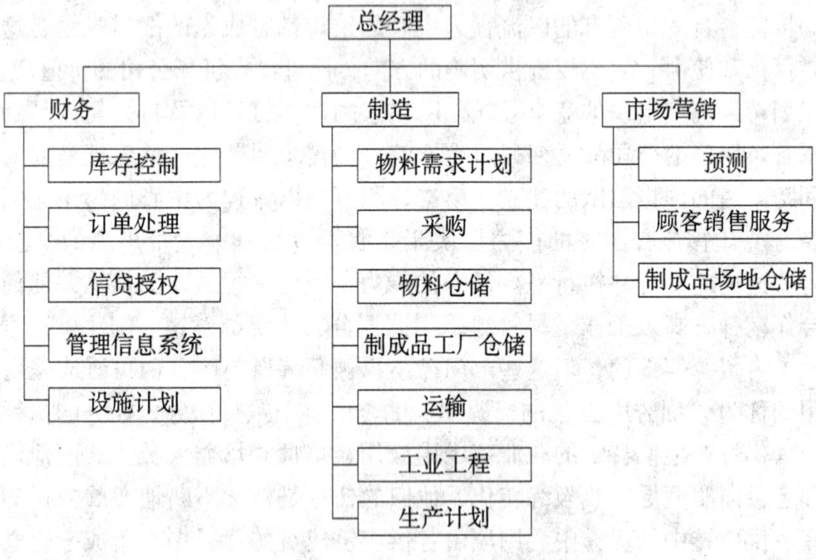

图4－2　传统型组织结构

2. 简单功能集合的物流组织形式

当人们初步认识到业务分割和分散化的组织带来的企业反应迟钝之后，即开始了对组织功能的合并和集合的尝试，这种变化出现在20世纪50年代，但是这时的功能集合只集中在少数核心业务上。例如，在市场营销领域，集中点通常围绕在客户服务周围。在制造领域，集中点通常发生在原材料或零部件采购阶段，大多数的部门并未改变，组织层次也未发生大的改变，因此其功能整合的效果有限。组织机构形式如图 4－3 所示。

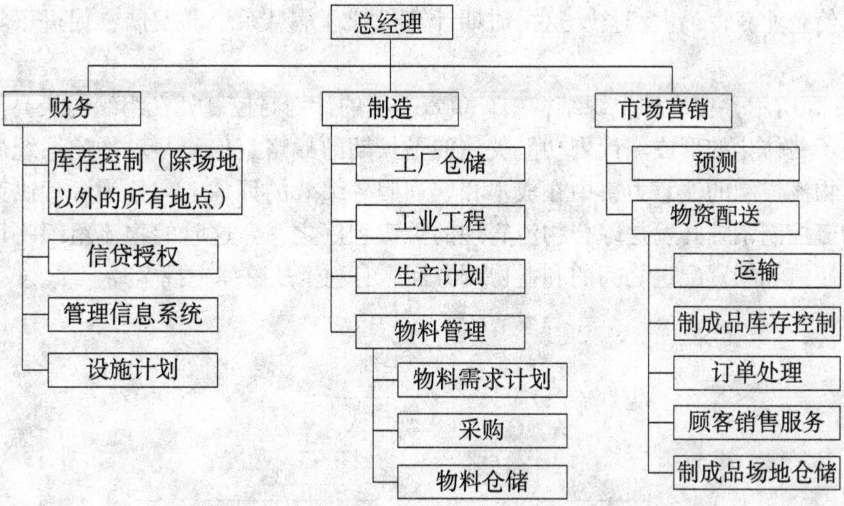

图 4－3　简单功能集合的物流组织结构

3. 物流功能独立的组织形式

20 世纪 60 年代末、70 年代初，物流管理的重要性受到了进一步重视，出现了物流管理功能独立的组织形式，如图 4－4 所示。此时将物资配送和物料管理的功能独立出来，在企业中的地位也提高了。尤其是随着市场需求量逐渐加大，企业为了更快地、成本更低地作出反应，纷纷建立面向零售业的物流配送中心，这也是造成物流管理部门相对独立和地位提升的原因之一。

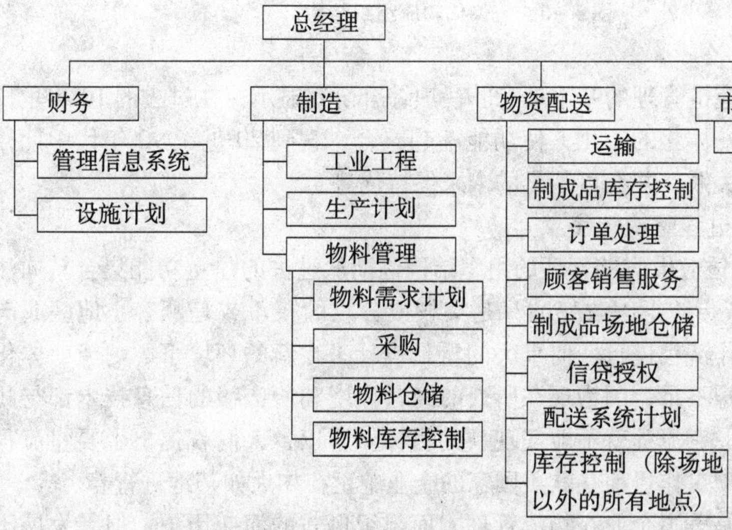

图 4－4　物流功能独立的组织结构

4. **一体化物流组织形式**

20 世纪 80 年代初期，物流一体化组织的雏形出现。这种组织结构试图在一个高层经理的领导下，统一所有的物流功能和运作，目的是对所有原材料和制成品的运输和存储进行战略管理，以使企业获得最大利益。这一时期计算机管理信息系统的发展，促进了物流一体化组织的形成。

如图 4 –5 所示，在这种组织结构中，负责总体的计划与控制处在组织的最高层次上，这种努力促进了一体化的形成。计划功能关注的是长期的战略定位，并对物流系统质量改进和重组负责。物流控制的注意力集中在成本和客户服务绩效的评估上，并为管理决策的制定提供信息。物流控制系统开发是综合物流管理的关键程序之一。这时的物流组织将厂商定位在进行采购、制造和物资配送之间的利益协调方面，有利于从整体把握全局。

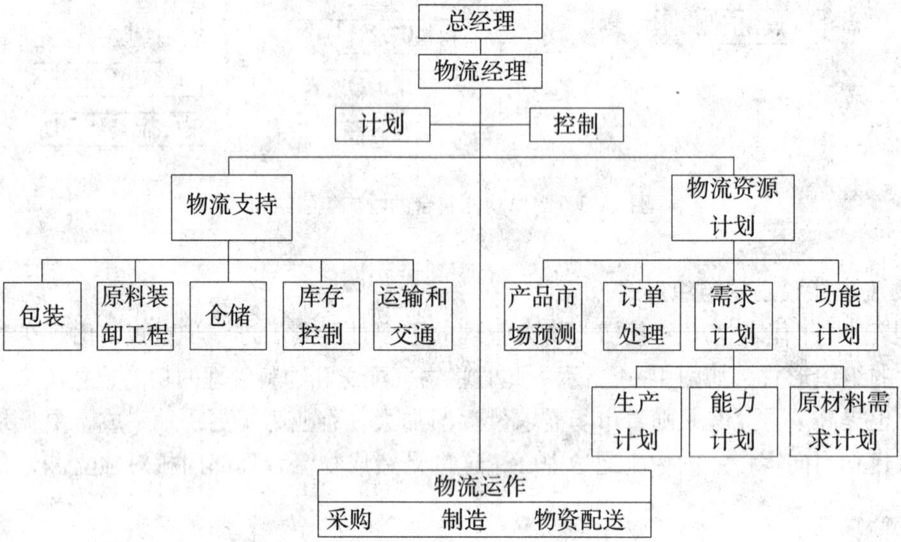

图 4 –5　一体化物流组织结构

实际上，这已是供应链管理的基本形态。一项综合研究显示，在过去的 10 年里，物流组织完成了从分隔到物流一体化的转化，使功能渐趋整合。直到 20 世纪 90 年代中期，物流组织已扩展到目前的联盟关系，并在可预见的未来保持优势。

5. **从功能一体化向过程重构转移**

自从 BPR 提出后，适应供应链管理的组织结构逐渐从过去的注重功能集合转向注重过程（或流程）的重构上来。传统组织改变的只是集权或分权的权重或是顾客、地区或产品之间的合作，而未对基本工作流程进行任何重大的重新设计。在新的环境下，功能一体化对企业获得优秀绩效的作用仍嫌不足，因为现在所处的经营环境和所依赖的信息技术都与几十年前大不一样，不彻底改变原有流程就不能实现新的目标。所以，人们就提出了要将流程的整合作为新的工作中心。这项工作目前在欧美国家的企业中正在如火如荼地进行着。

以上所介绍的虽然是美国企业在物流管理方面组织形式的演变历史，但其发展历程可以给予我们一定的启发，使我国企业在考虑组织结构和业务流程重构时，有一个比较和参考的对象。

4.2.5 实施新的管理模式时应注意的问题

要成功实施新的经营管理模式，需要遵循以下原则或在以下几方面引起注意：

（1）实现从职能管理到业务流程管理的转变。强调管理面向业务流程，将业务的审核与决策点定位于业务流程执行的地方，缩短信息沟通的渠道和时间，从而提高对顾客和市场的反应速度。

（2）注重整体流程最优的系统思想。要求理顺和优化业务流程，强调流程中每一个环节上的活动尽可能实现最大化增值，尽可能减少无效的或不增值的活动。并从整体流程全局最优（而不是局部最优）的目标出发，设计和优化流程中的各项活动，消除本位主义和利益分散主义。

（3）建立“扁平化”组织。要求先设计流程，然后依流程建立企业组织，尽量消除纯粹的中层“领导”。这不仅降低了管理费用和成本，更重要的是提高了组织的运转效率及对市场的反应速度。

（4）充分发挥每个人在整个业务流程中的作用。BPR 要求权力下放，将决策点定位于业务流程执行的地方，这要求业务处理流程上的人员素质整体提高并富有团队合作精神，将个人的成功与其所处流程的成功作为一个整体考虑，同时构建具有自学机制的有机组织。

（5）面向客户和供应商整合企业业务流程。当前时代的竞争不是单一企业与单一企业的竞争，而是一个企业的供应链（供应商、企业制造车间、分销商、客户等组成的一个关系紧密的供应链）与另一个企业供应链之间的竞争，这要求企业在实施 BPR 时不仅要考虑企业内部的业务处理流程，还要对客户、企业自身与供应商组成的整个供应链业务流程进行重新设计，并尽量实现企业与外部单点接触，这不仅有利于流程畅通，而且有利于提高内、外部顾客的满意度。

（6）利用 IT 手段协调业务分散与管理集中的矛盾。在手工管理方式下，由于受到人的管理能力局限性的约束，一般必须采用授权分工管理，而授权分工管理必然会在一定程度上导致决策分散化，影响决策的有效性。因此在设计和优化企业的业务的流程时，要尽可能利用 IT 手段实现信息的一次处理与共享使用机制，将串行工作流程改造为并行工作流程，协调业务分散与管理集中之间的矛盾。

总之，实施新的管理模式可以帮助企业在正确的时间、正确的地点，以最低的成本提供正确数量的合格原材料、零部件和产品。这是一种“共赢”的局面——供应商、生产商、销售商和顾客等可通过 Intranet/Extranet/Internet 整合成一体，使信息快速、准确地流动，从而使每一方都获得最大效益。企业实施新的经营管理模式后，可以提高企业整体经营决策水平，从而使企业能在激烈的市场竞争中把握机会，脱颖而出。

4.3 供应链管理的人力资源

人是一个组织的最重要的资产，而且越来越是这样。本章讨论了供应链管理的组织结构，本节将讨论供应链管理的人力资源体系，包括人力资源知识化和群体互补，充分利用企业外部的人力资源。

4.3.1 人力资源知识化和群体互补

在传统的金字塔式的组织结构中，并不是人员没有技能和知识，也不是他们缺少激励和动力。非常明显，过去公司固定的成本和劳动标准表明人们的工作非常努力，并且知道他们作用的本质。正如亚当·斯密所说的“看不见的手”在推动着经济的发展。真正的问题是在传统的组织中，不是个人在努力，而是组织在工作。在传统的层级式结构中有一个隐含的原则，那就是当他们同时向两个老板报告时，或执行多项平行的任务时，他们便不能有效地工作。事实上，传统的组织结构并不是让人们去完成一个整体流程，而是将这些流程分成多个工作单位，每个工作单位由一个经理负责，由他负责监督、控制和优化每个工作细节。在这种环境下，人员的任务是负责尽可能精确而且高效地完成传递到其所在部门的工作。每个人员的作用反映在流程的片段上。人们将按照共同的技能和工作活动的性质被分派到各个部门中，并接受培训以掌握他们所从事的工作的诀窍。工资和其他方面则与他们的具体工作分类和执行结果挂钩。管理者的职能是提前对部门规定活动范围的工作程序进行衡量、改进并加强。一旦任务完成，管理者有责任将工作平稳地传递到下一个部门，并报告本部门完成工作的效率、功效和成本。管理者和工人们关注和遵守本部门的规定并完成工作目标，对其他部门很少关心，对公司整体的工作则很少有人问津，更谈不上关注整个供应链的流程。

当公司最终认识到竞争力的来源并不在于改进部门化的任务，而在于改进基本核心业务的流程时，人们才致力于极大地改善企业和整个供应链的质量和职能流程，以任务为中心的组织才开始向以流程为中心的组织转化。这对人们的观念产生了很大的影响。持以流程为中心的观点者认为，将人员定位到流程的某一分段，不论他完成工作的效果有多好，也只能获得相对较少的收益。旧的管理理论认为，如果流程中的每一个分段都按照优化的标准去做，则整个流程就会得到最优化。这一最基本的假设建立在亚当·斯密分工理论的基础上。而以流程为中心的组织则必须废弃这一假定，从系统的观点来看待企业和整个供应链。在以流程为中心的组织中，人员的作用发生了很大的变化。

在传统的组织中，人员被部门化去高效地完成自己部门的任务，有时以牺牲其他部门的利益为代价获取自己部门的利益。而以流程为中心的组织中，人员的作用是高效地完成企业层级乃至供应链层次上的流程，保证整体优化。

总之，在传统的组织模式下，人们只要按照上级的要求高效地完成自己分配到的那一块任务就可以了，许多工作是重复性工作，有事先规定的标准和程序。但随着组织转型，工作性质在发生变化。如从非熟练工人到知识工作者，从重复性劳动到创造性劳动，从个人工作到团队工作，从职能性工作到项目工作，从单一技能到多重技能，从上级协调到同伴协调等。这对人员提出了更高的要求。这主要表现在两个方面：一是要求人力资源知识化；二是要求群体互补。

1. 人力资源知识化

在供应链管理环境下，人力资源的内涵要素也被彻底改写。传统意义上的人力资源，更多地侧重于劳动者的体力，也就是说，劳动生产率的提高主要依靠劳动者体力的改善。然而，由于竞争加剧，经济技术一体化趋势日益显著，仅仅依靠体力劳动来提高生产率的做法将成为历史。尤其是伴随知识经济社会的到来，人力资源的内涵将从过去的注重体力转变为突出人脑的智力及所掌握的知识。知识成为推动经济增长的主导因素，只有把知识应用于生产，不断推动技术创新，才能有效地、持续地提高劳动生产率。

事实上，人力资源的知识化已经成为一种固定的演化趋势，其原因是显而易见的。人作为知识的活的载体，具有不断学习、创造、储存和积累知识的能力，因而推动着人力资源的知识水平不断向更高层次进化。这一点从劳动人口的生产率指标上也可以得到证明。例如，1889 年至 1937 年，美国劳动人口的平均生产率年增长率为 1.9%。近年来，人力资源的知识化趋势更加突出，具体反映在体力劳动的重要性越来越小，而脑力劳动的重要性则日渐显著。今天在所有发达国家中，从事诸如产品制作或搬运等技术性要求低的工作的人在劳动力中所占的比重已大为降低。有人预计，到 2010 年，他们的比重只会占到 1/10 左右。与此同时，越来越多的“知识工人”以及“知识主管”却粉墨登场，开始占据人力资源中的主要位置。美国管理学家甚至预言：21 世纪将是知识工人为主的灰领阶层一统天下的时代。

随着知识更新的不断加快，人力资源的知识化趋势还反映在技能多样化方面。在传统经营管理模式中，通常一名生产一线的技工，只要熟练掌握本岗位的一门技术就称得上是合格技工。一家工厂、企业，往往一专一能者居多，多专多能者凤毛麟角。然而，在供应链管理模式下，生产、工艺流程灵活多变，这就要求每名操作成员掌握多种技能，做到十八般武艺样样精通，人力资源素质因而从“专门化”向“多能化”转变。

2. 群体互补

在如今知识更新日渐频繁、知识量极度膨胀的时代，不论一个人如何努力，想要掌握所有的知识技能，成为一名真正的“全能选手”无疑是相当困难的。因此，只有走合作互补之路才能适应竞争形势的需要。

群体互补的实质是智力、专业、技能的互补。现实中，由于受诸多因素的制约，人们往往只能在一方面或某几方面具有较深的造诣，成为某个领域的专家。然而，我们所面对的问题却越来越复杂，涉及的领域也越来越广泛，尤其是对供应链管理而言，管理要素、范围的跨度更大，有时甚至是两类性质完全不同的因素交织在一起，因此，单靠某一方面的专家，已无法有效地处理这类复杂的系统问题。此时，只有依靠不同领域各有所长的专家群体相互协作，共同作战，才有可能找出解决问题的有效办法。在高科技产业的发展过程中，这种群体互补的组织方式发挥了巨大的作用。这是因为，供应链管理不仅难度更大，而且涉及的因素更加纷繁复杂，只有将不同领域的技能专长结合起来，走融合之路，才能保证供应链管理的实现。

事实上，供应链流程团队正是群体互补在组织中的反映。由于团队具备灵活、高效的运转特点，它已成为当今西方企业界日渐流行的一种组织方式。所谓团队，就是打破职能部门的掣肘，将诸如销售、财务、设计、工程和生产等不同部门的人员集中起来，绕过原来的中间管理层次，直接面对顾客和向公司总体目标负责。这便于小组成员相互取长补短，了解对方工作，从总体上把握工作内容，从而以群体和协作优势赢得竞争主导地位。

在实施群体互补策略时，应注意以下几个要点：

（1）群体中每名成员有共同的目的和围绕共同目的而确定的共同目标。共同的目标是群体得以存在的基础，如“对客户咨询 24 小时内答复”、“通过加快资金周转使营业额上升 49%”等。目标越具体化，越有助于群体各成员加深对共同目的的理解，并在更高的水平上达成共识。

（2）各成员必须进行深入、密切地沟通与交流，在确定目标、制订和执行工作计划以及培训计划等方面取得一致意见，组织智力演进，形成“智力”群体而非“体力”群体。这是群体互补与一般工作小组的主要区别。群体互补更强调集体工作目的，这是群策群力为整体的使命和荣誉奋斗的集体观念。

（3）群体总体专业技能全面，规模适中。全部由技术工程师或全部由推销人员组成的团队，是难以完成新产品开发或缩短生产周期的任务的。群体要求成员必须具备一定的交往技能，如信息交流能力、对其他成员的激励能力等。群体互补的规模应适当，以免影响群体成员主动性、积极性的发挥。

4.3.2 充分利用企业外部人力资源

20 世纪 90 年代中期以后，行业领先者已不能仅仅通过关注质量、产品的上市时间及对顾客的反应能力来保持在市场中的优势地位，虽然那是 80 年代公司获得竞争优势的策略。当今日益复杂的全球商业环境要求公司不仅能把最基本的工作做好，而且能够通过持续不断重造自己以及它们的核心战略、能力和生产资源，来开发塑造市场的新方法。发现未来的机会需要宽广的视野，需要企业内部和供应链中许多群体的共同努力。那些按照职能或地区划分自己的企业不能聚集知识力量和变革性资源，而这是理解和影响形成未来市场的力量所必需的。

冲破传统组织模式的限制，需要组织成员能够积累才能、技能和识别机会的能力。传统的战略强调用现有的资源来实现预定的业务计划。相反，在以快速变化和产品短生命周期为标志的全球业务环境中，保持竞争力要求在企业内部做许多事情，如让每个人清楚地了解公司的政策和战略意图等。每个成员都需要明白自己在企业获得竞争力方面的关键作用，如创造令顾客满意的新源泉，提供更好的产品和服务。每个成员都可以制订自己的个人化的目标，用于支持公司的目标。他们一改往日对数字记分卡的关注，而转向能力的培养和应用，可以建立优势的管理工具，如全面质量管理、再造、系统建模以及团队工作方法，以便理解和持续地改进企业的流程。

尽管内部资源优势很重要，企业越来越认识到，只有充分利用企业所在供应链中共同的人力资源，才能获得市场竞争中的领先地位。这可以通过以下几点加以说明：

（1）随着企业越来越被视作围绕满足市场的关键流程的生产资源的集合，而不是财富的贮藏所，人员的知识和技能已成为比它们销售的产品更重要的供应链资源。事实上，可以说由企业提供的特定产品或服务的组合，是过去的技能和变革性思想的简单捆绑，而这些技能和变革是生产竞争能力所具备的。实际上，这些能力的价值并不在于过去的成就，而在于创造新的东西提供给市场，这些东西不仅能够使顾客受益，也可以使供应链伙伴受益。像 Motorola 提供的竞争能力（通信），微软提供的竞争能力（软件），3M 公司提供的竞争能力（黏合剂、衬基和其他材料），使得它们的供应链伙伴能够不断地使用，从而获得了更多的服务和产品机会。

（2）利用外部人力资源的能力使公司集团可以集中专业化的资源，探索新的机会或解决关键性问题，这是单个公司不可能做到的。事实上，可以说一个公司只有当它将自己的学习经验作为行动的起点时，才能取得成功。此时，企业在整个供应链中开发和积累经验，从而追求创新思维的能力，可以产生出全新的改进和变革性方法。通过联盟、合资、特许经营等方式，企业可以得到新的竞争能力和资源，然后使它们国际化，可以创造出新的人员技能和能力。相反，有些企业寻求输出它们的变革性竞争力，来争取未来竞争力的极大突破。例如，三星、佳能和夏普公司，将向惠普、Eastman、柯达、菲利浦等销售 OEM 件和成品，作为它们在图像、音像和平面屏幕等前沿研究方面的投资。不论是共担开发风险，利用资源，还是通过通信技术实现设计者与营销者的联网，其目的只有一个，不必非要在人员核心竞争力的打造方面投资，就可以取得未来变革的控制权。

（3）仅仅拥有资源或具有对几个地方资源集中的能力，其本身并不能保证成功，重塑供应链的竞争力需要具备将各种资源融合在一起的技能。对供应链中的能力进行集成以解决特定问题，可能得到将各种截然不同的观念和技术进行创造性融合的机会。除了对能力进行合成，企业必须能够通过与贸易伙伴签订合同来平衡它们拥有的或教得的能力。有战略远见的团队必须担负起持续不断地合成和平衡内部资源与供应链中竞争能力的责任。

供应链管理理念可以帮助公司获得关键的人员技能、才能和业务眼光。这可围绕共同的战略目标通过集成供应链伙伴的竞争能力来实现。在当今社会，那些具有进取精神的市场领先者，其战略雄心往往与自己的人力资源不平衡，而供应链管理为解决这一问题提供了一种前所未有的方法。

4.4 供应链管理的企业文化

供应链管理涉及不同资源和竞争能力的相互融合，在管理过程中，不可避免地会伴随着外来文化的输入。供应链是一个包含多重文化的系统整体，如果处理不当，便会造成不同文化之间的冲突和抵触，从而影响企业的经营效果。据日本所做的调查显示，文化的冲突已成为影响企业发展的重要因素。著名的日本电气公司的一位执行总裁甚至指出，对外来文化的抵触是制约公司业务发展的最主要障碍。因此，只有对供应链中企业的各种文化进行系统整合，增强它们之间的亲和度，才能有效地消除供应链各种文化间的摩擦及由此导致的系统内耗，提高供应链管理的效率。

4.4.1 文化定位

文化整合的实质是要消除因多重文化而导致的摩擦，突出企业文化特色，因此必须进行文化定位，以确定企业自身文化体系的基调。文化定位是指企业在设想、制定、执行供应链管理战略的过程中，应该合理选择企业的主体文化取向，使企业的一切活动和行为都遵循相应的文化价值标准，从而保证供应链管理过程中各种不同层面文化要素的兼容和匹配，增加供应链管理战略的适应性，促进供应链管理效率的提高。文化定位是企业战略决策行为过程的一项基础工作。文化定位得当，有助于在企业的经营过程中形成风格独特的文化氛围，激发企业内部的活力；同时，也可使外界环境对企业有更深的了解，起到提高企业形象感召力的作用，并最终营造出一种有利于供应链管理战略实施的，富有个性的文化环境，为企业赢得独特的竞争优势。国外许多著名的大企业都对其战略有明确的文化定位。例如，美国的 IBM 公司，它以不断推出新型高档计算机产品而著称于世，其公司形象具有强烈的开拓、创新的文化特征，以至于人们一看到“IBM”三个字母，便会联想到这是一家实力雄厚、富有进取心的高科技企业，并对其产品产生信赖感。而世界著名的运动鞋生产商耐克公司，则将离经叛道作为其独特的文化标志，它经常鼓励员工做一些貌似违反常规的事情，以此来发挥员工的创造性，并提高整个组织的生机和活力。

文化定位的重点是要通过正确的文化取向，确定企业长期经营活动的价值标准，并将企业的战略意图通过企业文化活动渗透到内部员工、供应链成员及外界公众的思想之中，从而唤起或强化社会对企业战略的认同。换言之，就是通过文化的包装，使企业战略的硬性指标要求软化，以让大众易于接受和理解。在文化定位的实际操作过程中，主要应把握以下几点：①文化定位应贯彻供应链管理战略的要求，即定位要以战略目标为指导，突出企业形象的特点。由于文化定位的最终目标是要借助正确的文化理念，保证企业供应链管理战略目标的实现，因此，定位当然应以满足战略要求为前提，并注意将各项战略意图贯彻到所确定的文化指向之中。②文化定位还应考虑自身实力及外部环境的约束，尤其要体现不同的文化要求。企业的供应链管理离不开内外条件支持，因而必须对企业内部和供应链中的限制因素进行详细考查，以避免定位与现实脱节。例如，企业可供支配的资源、供应链伙伴的核心竞争能力、社会道德准则等都是应该考虑的因素。由于文化定位主要是以供应链管理战略所涉及的文化要素为运作对象，因此，在定位时要着重反映企业文化和供应链伙伴文化等不同范畴的文化要求，以防出现文化的冲突。③文化定位还应遵循优势互补原则。就是说，要注意发挥文化优势以弥补企业的经营劣势，同时也要利用经营优势来抵消文化方面的不足。只有在围绕供应链管理战略的行动中，真正实现经营硬件和文化软件的匹配和互补，这样的文化定位才是成功的。

4.4.2 文化整合

文化是一个覆盖面相当广泛的概念，既涉及有形的物质，也包含无形的因素。它是一个多层次复杂的大系统，不同的要素构成不同层次的内容，形成梯队结构。一般认为，文化系统可分为三个层次，即位于系统核心层的理念文化，中间层的行为文化，以及外表层的形象文化。因此，文化整合的内涵也要包括三个方面的内容。

（1）理念文化整合。理念文化是整个文化系统的核心，它主导并决定着行为文化和形象文化的变化和发展方向，能对企业员工、供应链成员乃至外界大众的精神面貌产生持久的影响和作用。包含的要素一般有企业的经营宗旨、价值观念、社会责任感、经营哲学等深层次的无形因素，它是决定企业生存价值的基础。在理念文化层的整合中，关键是要正确选择理念文化的价值基点，并以此统率企业精神，使企业全体员工的行为都围绕着一种统一的文化价值标准来展开。例如，四川长虹集团以“产业报国，创世界名牌”作为其经营理念的价值基点，显示出一种以国家兴旺为己任的气势，既极大地激发了内部员工的士气，又赢得了社会的广泛赞同。理念文化整合是企业进行多重文化整合的中心环节。它的恰当与否会对其他两个层面的整合效果产生直接的影响。

（2）行为文化整合。行为文化，是指以特定理念为基础的企业有目的的组织行为方式，主要包括两大类活动所体现出来的文化内涵。一类是企业生产经营方面的活动，如生产组织、市场营销等；另一类是非生产经营活动，如员工的教育培训、文娱体育运动和社会公益活动等。行为文化是以动态的形式存在，一方面受理念文化的指导，另一方面又通过各种活动创造新的理念文化。在行为文化的整合过程中，必须牢牢把握企业理念文化的特色，选择适宜的行为方式和标准，使企业的价值理念充分体现在各项有序的组织活动和员工行为当中。例如，在微软公司，公司成员的行为常常是无拘无束的，微软公司甚至将其所在地称为“校园”，整个氛围洋溢着嘈杂、自信，这一切处处都透露出微软公司的智力、娱乐、灵活、朝气以及辛勤工作的文化基调。

（3）形象文化整合。形象文化呈现一种表层文化的特征，它主要通过企业的建筑物、工厂环境、品牌商标、图案标志、产品包装等有形的物质表现出来。形象文化定位，就是要运用特定的企业形象表现系统，将企业理念不断传输给企业员工和外界公众。

因此，在定位过程中，既要注意理念文化和行为文化的特点和要求，又要充分展示自身的个性和特色，达到使人过目难忘的效果。形象文化的整合，一定要将有形的视觉设计和无形的理念价值有机地结合起来，才能赋予企业形象以独特的神韵，并提升形象文化的档次。我国广东太阳神集团的企业标志设计，就是形象定位的一个成功的例子。以一轮冉冉升起的红日为背景的标志图案，不但欢快醒目，而且将企业不断追求上进的理念尽寓其中，从而在广大消费者心目中留下了难以磨灭的美好印象。

以上三个层面构成一个完整的系统，并具有相互依存、相互制约的关系，因此在进行文化整合时，必须把握系统的整体性，综合协调三者关系，使之保持一致，这样才能优化系统结构，使得供应链管理取得满意的效果。

4.5 案例分析

SC汽车公司的供应链组织变革

欧洲某著名汽车零部件集团Z，是一家为全球知名汽车整车厂提供配套的零部件的集团。自1988年进入中国以来，先后在上海、北京、沈阳等地区建立了多个汽车零部件生产和贸易实体，并构建了完整的售后服务网络。

Z集团对于分布在中国的公司，采用了集中采购的策略，国内合资或独资企业通过集团的EDI（Electronic Data Interchange，电子数据交换）系统，向集团的采购中心发布订单，由集团统一采购。同时，对于钢材等通用原材料采取统一规划，由欧洲采购总部与各原材料供应商谈判，商定最终价格。在配送方面也是与国际著名的船舶公司和货代公司实施战略合作，由定期班轮往返于亚、欧之间，集中到国内的各大港口，再由国内物流企业配送。Z集团国内供应商主要集中在江、浙一带，有500家左右的规模。其整个供应环节如图4－6所示。

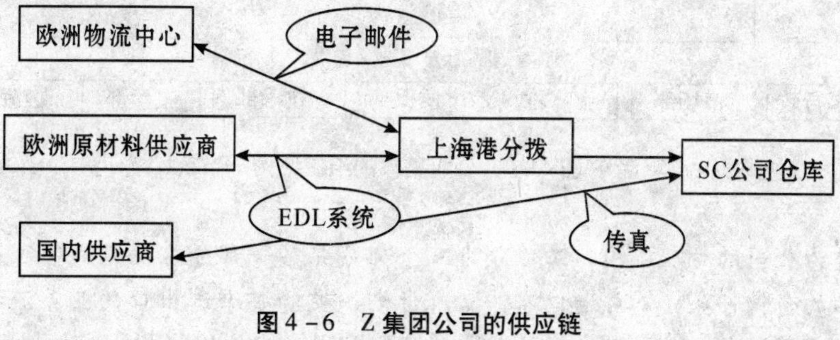

图4－6　Z集团公司的供应链

SC公司是Z集团在中国上海新近投资的一家子公司，主要客户包括上海大众、一汽大众、上海通用和福特等整车厂，同时还通过母公司在国内的销售网络从事售后维修零件的生产。在配送中对于本地客户采用 JIT（Just In Time），对于外地客户则采用赊销的方式，如图 4－7所示。

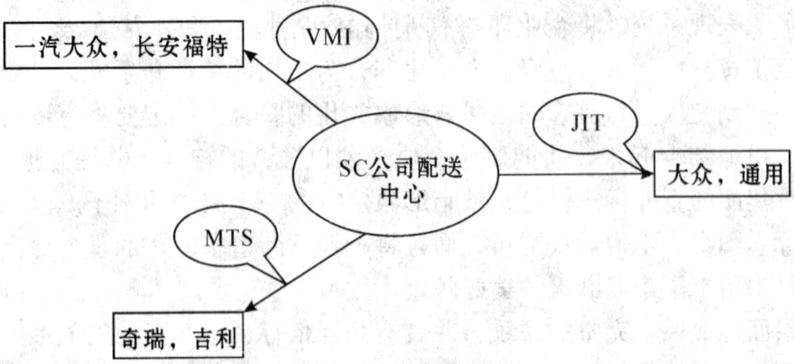

图4－7　SC公司的供应方式

对于这些客户计划的获得，以大众、通用、福特的最为稳定。通过与各大整车厂建立 EDI（电子数据交换）系统，访问各大公司的 SIM（供应信息系统），能够及时获得各大公司的日计划、周计划和月计划，并根据这些信息制订自己的发货计划，保证及时供应。

随着中国汽车产业的高速发展，公司的生产规模急剧扩大，产品种类和员工人数都在以最快的速度发展。在此背景下，SC 公司采取了粗放式的经营策略，竭尽全力保证生产和客户满意度，增加固定资产投资，扩大产能，增加人员编制。目前公司已拥有年产近 600 万套的生产能力，员工人数超过 500 人，销售额接近 10 亿人民币。公司希望在 2006 年达到年产 1 000 万套并且市场占有率近 40% 的目标。

◆ 公司的组织机构与职能部门

在公司发展初期，由于企业规模不大，因此在整体组织机构上采用了一般直线型的管理结构。公司分为市场、人事行政、质保、技术、生产和物流六个部门，总经理主要负责市场开拓和公司内部管理，副总经理负责与生产相关的部门，如图 4－8 所示。

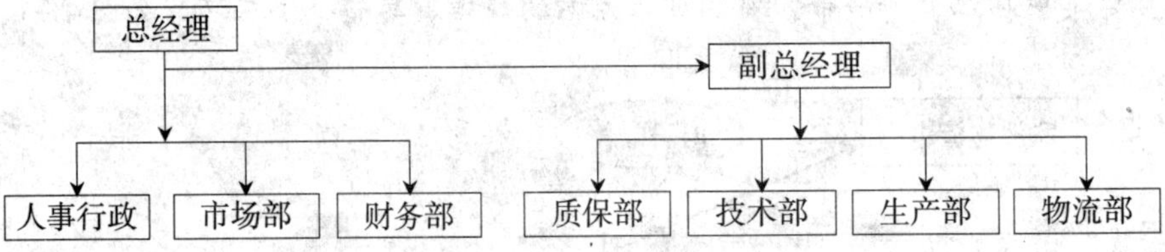

图4－8　公司整体的组织结构

物流部作为公司的管理机构，工作分为三个部分：第一部分主要完成管理公司内部和外部零件和成品的仓储任务，制订进口零件需求计划，监督整个进出口的业务流程；第二部分主要负责制订公司的年、月、日生产计划，并且制订国产零件的需求计划和钢材的需求计划；第三部分主要负责生产所需备品备件的采购及管理，同时负责设计生产线所需的工装夹具、物流专用流转器具。具体组织机构，如图 4－9 所示。

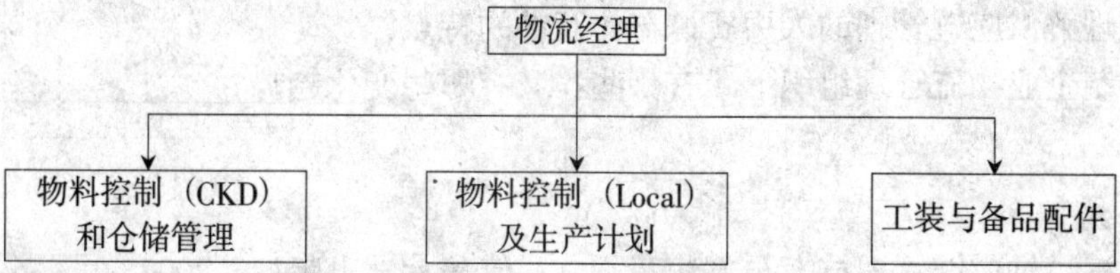

图4－9　物流部门的组织结构

◆ 针对SC公司物流现状的解决方案——组织机构的改革

在公司的组织机构中，物流部所处的地位十分尴尬。一方面在实际操作中很多具体职能和权限并非由物流部控制；另一方面这些职能执行的结果以及产生的问题却往往由物流部来承担，这样就造成权责不分。因此，应该根据制造业的行业特点和物流流程对公司的物流组织机构进行重组，赋予物流部门更多的管理和控制职能，使其能够职责到位。

图4－10为变革之后的组织机构图。我们可以发现，物流部上升到供应链管理的高度，控制了从项目开发到成品发运的整个物质流转过程，从而在功能上得到了完善。在组织机构变革完成后，整个生产控制与物流部被分为5个子分部，分别为生产计划、物料控制、仓储管理、物料采购及工装与备品备件。

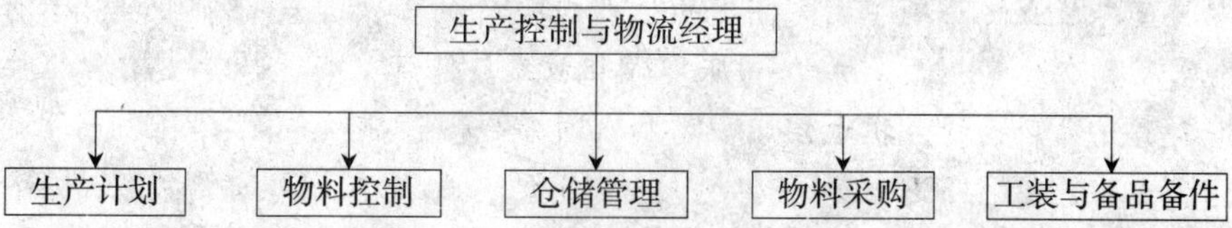

图4－10　变革之后的组织机构

【本章小结】

现行企业的组织机构大都是基于职能分工和专业化的层级架构模式，其面临的挑战是，计算机化的管理信息系统和BPR引入企业管理实践，对企业管理的组织结构和过程模式产生了巨大影响。BPR的核心思想是打破企业传统的按职能分工设置部门的组织方式和管理模式。基于BPR的企业组织应包括以下几个方面的内容，即企业应是流程型组织；发挥流程管理的作用，同时发挥现代信息技术的支持作用。

在供应链新型组织管理下，企业组织环境的变化主要涉及供应链各节点企业的文化整合和人力资源的优化问题。而以上三者形成相互依存，相互制约的关系。

【关键术语和概念】

劳动分工　金字塔组织　业务流程重组　有机组织　虚拟组织　精益化　智能化　敏捷化　柔性化　企业文化　人力资源　知识化　互补

【思考与练习】

1. 试比较传统的和供应链管理下的企业组织结构。
2. 简述业务流程重组对组织结构的影响。

3. 怎样理解供应链管理的人力资源群体互补的特点？
4. 供应链企业物流管理组织形式有哪些？又有哪些变化趋势？

【补充阅读】

1. 张成海．供应链管理技术与方法．北京：清华大学出版社，2002
2. 阎子刚．供应链管理．北京：机械工业出版社，2006

第5章　供应链管理技术

⊙本章学习要点

1. 企业资源规划
2. 延迟策略
3. VMI等物流技术
4. 品类管理

⊙本章学习内容

1. 生产运作技术
2. 物流运作技术
3. 营销运作技术
4. 财务运作技术

⊙案例分析
⊙本章小结
⊙关键术语和概念
⊙思考与练习
⊙补充阅读

任何管理思想的实施都离不开具体的运作技术的支持。供应链管理也不例外。在本书第一章提到，供应链管理是将物流、商流、信息流及资金流四流的战略管理与运作管理集于一体的集成管理。本章将讨论供应链管理技术，包括生产运作技术、物流技术、营销运作技术及财务运作技术等。

5.1　生产运作技术

自20世纪60年代开始，制造业企业逐步地采用制造资源计划软件进行库存、采购和财务管理，编制和控制生产进度计划等繁重工作都依赖于MRP/MRPⅡ/ERP的集成和精确的处理能力。ERP 软件与管理人员的丰富经验相结合，至20 世纪 90 年代中后期创造了 ERP 实践的辉煌时期。

“用 ERP 是找死，不用 ERP 是等死。”这是中国许多企业高层应用 ERP 进行信息化管理的真实感受。

5.1.1 什么是企业资源规划（ERP）

企业资源规划（ERP）的产生可追溯到材料需求计划（MRP）和及时生产（JIT）。1970 年 Joseph A. Orlicky，George W. Plossl 和 Olivers W. Wight 三人在 APICS 的学术年会上，首先提出了材料需求计划的概念和基本框架，并得到该协会的大力支持和推广。材料需求计划是根据市场需求预测和顾客订单制订产品的生产计划，然后基于产品生成进度计划，组成产品的材料结构表和库存状况，通过计算机计算所需材料的需求量和需求时间，从而确定材料的加工进度和订货日程的一种实用技术。

在实施 MRP 时，与市场需求相适应的销售计划是 MRP 成功的最基本的要素。如果销售领域能准确、及时地提供每个时间段的最终产品需求的数量和时间，则企业就能充分发挥 MRP 的功能，有效地实现 MRP 的目标。从这一思路出发，人们把 MRP 的原理应用到流通领域，发展出营销渠道需求计划 DRP（Distribution Requirement Planning）。

1981 年 Oliver W. Wight 在材料需求计划的基础上，将 MRP 的领域由生产、材料和库存管理扩大到营销、财务和人事管理等方面，提出了制造资源计划（Manufacturing Resource Planning，简称 MRPⅡ）。

及时生产（JIT）方式最早由日本丰田汽车以“看板”管理的名称开发出来，并应用于生产制造系统，其后 JIT 方式的“及时”哲学被广泛地接受并大力推广。近年来，在供应链管理中，特别是由制造业和零售企业组成的生产销售联盟中，极其重视 JIT 哲学。及时生产、及时管理、及时采购等概念都是在 JIT 哲学的影响下产生的。

应该指出的是，及时管理方式与材料需求计划在经营目标、生产要求方面是一致的，但在管理思想上是不同的。MRP 讲求推动概念和计划性，而 JIT 讲求拉动概念和及时性；MRP 认为库存必要，而 JIT 认为一切库存都是浪费。

随着全球化经济的形成，社会消费水平和消费结构的深刻变革，产品呈现出多样性、个性化、系统化和国际化的特征，以面向企业内部信息集成为主，单纯强调离散制造环境和流程环境的 MRPⅡ系统已不能满足全球化经营管理的要求。因为随着网络通信技术的迅速发展和广泛应用，为了实现柔性制造，迅速占领市场，取得高回报率，生产企业必须转换经营管理模式，改变传统的“面向生产经营”的管理方式，转向“面向市场和顾客生产”，注重产品的研究开发、质量控制、市场营销和售后服务等环节，把经营过程的所有参与者，如供应商、客户、制造工厂、分销商网络等纳入一个紧密的供应链中。

企业资源规划 ERP（Enterprise Resource Planning）就是在 MRPⅡ和 JIT 的基础上，通过前馈的物流和反馈的物流和资金流，把客户需求和企业内部的生产活动，以及供应商的制造资源结合在一起，形成体现完全按用户需求制造的一种供应链管理思想的功能网链结构模式。如图 5－1 所示。

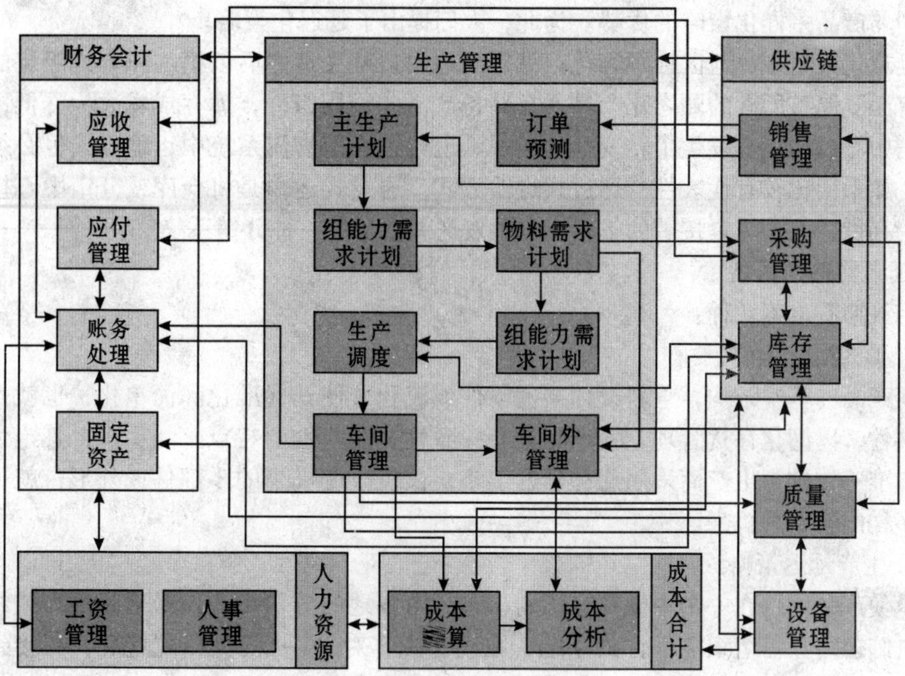

图 5-1　ERP 与企业管理

作为一项重要的供应链管理的运作技术，ERP 在整个供应链的管理过程中，更注重对信息流和资金流的控制，同时，通过企业员工的工作和业务流程，促进资金、材料的流动和价值的增值，并决定了各种流的流量和流速。ERP 已打破了 MRP Ⅱ 只局限在传统制造业的格局，并把它的触角伸向各行各业，如金融业、高科技产业、通信业和零售业等，从而使 ERP 的应用范围大大扩展。为给企业提供更好的管理模式和管理工具，ERP 还在不断地吸收先进的管理技术和 IT 技术，如人工智能、精益生产、并行工程、Internet/Intranet 和数据库等。未来的 ERP 将在动态性、集成性、优化性和广泛性方面得到发展。若将 ERP 与卖方管理库存技术（VMI）相结合，可以开发出下一代的 ERP 产品——供应链规划（Supply Chain Planning，简称 SCP）。它可以将企业所在的供应链中的所有职能都集成到一个单一的框架中，使得整个供应链就像一个扩展企业一样运作。

5.1.2　延迟策略

1. 概念

所谓供应链管理的延迟策略，是指尽量延迟产品的生产和最终产品的组装时间，也就是尽量延长产品的一般性，推迟其个性实现的时间。这种技术基于这样一个事实：一般情况下，随着预测点与需求发生点的接近，对需求量的预测就会越准确。这是因为随着时间的延迟，我们可以获得更多关于实际需求的信息，从而降低不确定性，提高预测精度，减少不必要的库存积压和缺货。

在用户需求多样化的今天，如果想满足用户的需求，就必须采用产品多样化策略。但是，产品多样化，必然带来库存的增加。在过去的物流管理系统中，分销中心的任务是仓储和分销。当增加产品品种时，库存也随之增加，这对企业来说是一笔很大的投资，物流成本增加可能会削弱产品多样化策略的优势。为此，人们提出了延迟化策略。

在延迟化策略中，地区性顾客化产品是到达用户所在地之后以模块化方式组装的，分销中心没有必要储备所有的顾客化产品，只储备产品的通用组件，库存成本大为降低，这样一来，分销中心的功能也发生了转变。为实现延迟化策略，物流系统中运输方式也必须跟着发生变化，如采用比较有代表性的通过式运输方式。通过式运输是将仓库或分销中心接到的货物不作为存货，而是为紧接着的下一次货物发送做准备的一种分销系统。

2. 延迟策略的类型

延迟策略有以下几种：

（1）形式延迟策略。

改变产品的基本结构，重新设计某些零件或流程，使其标准化和简单化，也就是在使用时具有共性，以简化存货管理，使产品具有一致性、规模性的特点。如手机，其绝大部分的部件是标准一致的，生产商采用此种延迟策略，仅仅改变极少的零部件或外形，就可以生产出款式多样的新型手机来。

（2）生产延迟策略。

尽量使产品保持在一个中性及雏形的状态，由各地的分销中心作最后的生产或组装。比如戴尔电脑公司只需组织零部件的采购，在确定顾客对 PC 机的具体配置后，即接到客户的订单后，在分销中心（储存中心）完成最后的组装并交货。

（3）物流延迟策略。

在供应链中，产品的实物配送尽量被延迟，产品仅被储存在工厂的中心仓库中，利用直接配送方式将产成品送到零售商或顾客手中。如惠普公司亚太地区分拨中心的台式打印机的运送。在未确定订单之前，分拨中心不进行产品包装。一旦确定为中国台湾地区或中国香港地区的订单，立即将繁体的产品说明书放入印有繁体字样的包装箱，并装箱送货。相应地，如确定为中国内地的订单，将使用简体的说明书和简体字样的包装箱。

（4）完全延迟策略。

对于单一顾客特点需求的订单，直接由零售店传送到生产工厂执行，并直接运送给顾客或零售商，顾客的订购点已移至生产流程的阶段，生产和物流活动完全由订单驱动。完全延迟是将订货点确定在产品的设计阶段，如量身定做西服、旗袍等，就是完全延迟策略的具体体现。

为了实现延迟策略，需要具备以下几项条件：

（1）零部件标准化。将产品的零部件标准化，使产品生产时得以使用共同的零部件。其优点是：降低生产系统之复杂程度，增加在制品库存之弹性并改善顾客的服务水平。

（2）模组化设计。将产品分成几个子模块，使其可以容易地组装在一起，这使得制造商可以延迟特定产品的组装，进而达到产品差异点的延迟。

（3）流程再造。将产品的所有制造流程分解成共同流程与差异化流程两部分，并将差异化流程延迟至下游的分销点进行。

3. 延迟策略产生的背景

在全球市场中，由于不同国家和地区客户的偏好、语言、环境以及所遵循的政府法规的不同，单一产品常常需要有多个型号和版本来满足特定地区客户的特定要求。例如，售往不同国家的计算机，其电源模件为适应当地电压、频率和插头型号、样式而会有所不同；键盘和说明书必须适合当地语言；通讯产品由于支持它的通讯协议不同，也会有所差异。在有些情况下，一种产品的本地化版本的要求是由于政府干预而产生的。对于运作管理人员而言，迎接这些存在于大多数产品中的以及与大量产品种类相关的挑战，日益迫切。

即使在同一地区，由于产品的不同功能和能力，一个产品族也会有多个产品型号。这些不同型号的产品反映了不同市场细分的不同需求，如商务、教育、个人或政府部门的不同需求。因此，在一个产品族里产品数量极其众多并不少见。此外，随着技术更新速度的加快，企业必须生产多个版本以应对不同的升级需求，这些因素都促成了对大规模定制的迫切需要。

市场全球化、多样化的客户需求和技术更新加速是产品种类激增的根本原因。这种“激增”带来多重消极影响。首先，对预测者而言，预测多个版本的需求简直就是天方夜谭。对于诸如计算机及其外设等高技术产品的预测错误常常超过400%。预测错误导致对一些版本的产品过多预测，而对另一些版本则过少预测，其结果就是一些产品库存过多而另一些则缺货。其次，在保持一定的客户服务水平的高压之下，许多运作管理人员仅仅选择了一种简单方法予以应对——尽其所能多存储产成品以备不时之需。由于技术更新相当迅猛，每年由于陈旧过时而报销作废的库存常有千万元甚至亿元。此外，由产品种类激增带给运作的另一负面影响是，由于企业必须管理大量的产品供货，需要有高额的行政管理开支。产品供货的高复杂度也意味着较高的制造成本，这是由于需要有较专业化的工艺、物料、准备转换手段和质量保证方法。同时，由于不同的产品需要有不同的现场支持物料和技术，因而要保持有效的总体产品支持或高水准的客户现场服务，将更加困难。

为了解决上述运作问题，企业投入大量资源以提高供应链效率。这些投资包括：建立可减少订单处理信息延误的信息网络；使用包括特殊运载工具的快速运输手段；重新设厂以更接近客户；使用更尖端的预测技术；建立复杂供应链库存管理系统；使用各种高效的物料转运和加工的工厂自动化设备。这些措施取得了不同程度的成功。

近些年来，我们看到一种趋势，即重新设计产品和工艺以使产品种类的负面影响减少。Child 等人（1991）发现，制造成本的80%、质量的50%、加工时间的50%和业务复杂程度受到产品和工艺设计的影响。由此，一种“重新设计产品和工艺以使流程中形成多个产品的差异点尽可能向后延迟”的策略，即所谓“延迟”策略应运而生。换言之，“延迟”就是在流程下游的某一点（差异点）之前，将不采用特定工艺使在制品转变成具体的产成品。

产品激增一方面使运作管理人员面临巨大的挑战和压力，另一方面在产品和工艺设计中，甚而在供应链设计中也蕴涵着巨大的机遇。实施恰当的延迟策略，可提升供应链的柔性，降低成本，提高效益，改进顾客服务水平。

延迟化策略在戴尔公司和松下电器公司、福特汽车公司、惠普公司、耐克公司等得到了广泛的应用。

延迟策略应用案例1：

惠普公司在台式打印机的供应链管理中，实施延迟策略，将台式打印机的最后组装延迟至各地的分销中心进行，取得了显著的效果：安全库存周期减少为5周，从而减少了库存总投资的18%，仅这一项改进便可以每年节省3 000万美元的存储费用。由于通用打印机的价格低于同类客户化产品，因此又进一步节省了运输、关税等费用。除了降低成本，客户化延迟使得产品在企业内的生命周期缩短，从而对需求预测不准确性或是外界的需求变化都具有很好的适应性。一旦发现决策错误，可以在不影响顾客利益的情况下，以较小的损失较快地加以纠正。

延迟策略应用案例2：

斯塔基斯特食品公司（Star Kist Foods）是一家生产金枪鱼罐头的企业，它改变了分拨战略以利用推迟原则，降低库存水平。该公司以前是在其加利福尼亚的罐头厂包装金枪鱼，其包装的产品中既有公司的标签，也有工厂自己的标签。随后产品被运往基层仓库储存。由于库容很小，无法储存作为原料的金枪鱼，所以在装罐的时候必须决定两种最终产品各占的比重。两种标签的最终产品没有质量差别。

该企业在东海岸建了一个贴标签的车间来服务东部市场。先将金枪鱼包装在没有标签的罐头里，称作“白罐头（Brights)”，随后运到东海岸仓库。随着市场对最终产品的需求越来越明确，企业就在“白罐头（Brights)”上贴标签，然后送到客户手中。由于避免了某种特定标签的产品存货过多或过少的情况，从而降低了库存。

5.2 物流运作技术

5.2.1 第三方物流系统

第三方物流系统（TPL）是一种实现物流供应链集成的有效方法和策略，它通过协调企业之间的物流运输和提供后勤服务，把企业的物流业务外包给专门的物流管理部门来承担，特别是一些特殊的物流运输业务。通过外包给第三方物流承包者，企业能够把时间和精力放在自己的核心业务上，提高了供应链管理和运作的效率。例如，有一家销售额达6 000万元的箱包企业总部位于北京，该箱包企业为了完成原料采购和产品分销等物流功能，可以有两种选择：采用第三方物流和企业自营物流。公司根据各第三方物流服务的报价及自营费用的情况进行了计算，得到如下结果：公司自行承担物流功能需要占用车辆、仓库、办公用房等固定资产，要负担相应的维修及折旧费用，还要负担有关人员的工资奖金，年物流费用为277万元，约占销售额的4.62%。而委托第三方承担全套物流服务，所需物流费用为200万元，约占销售额的3.33%。两者之比为78/100（200/277）。采用第三方物流后，该公司的成本可节约28%。

第三方物流系统提供一种集成运输模式，它使供应链的小批量库存补给变得更为经济。因为在某些情况下，小批量的货物运输（非满载运输）显然是不经济的，但是多品种小批量生产的供应链环境必须小批量采购、小批量运输，这就提高了货物的供应频率，运输频率的增加就要增加运输费用，显然不经济（见图5－2）。第三方物流系统是一种为大多数企业提供运输服务的实体，它为多条供应链提供运输服务，比如，当多家供应商彼此位置相邻时，就可以采用混装运输的办法，把各家供应商的货物依次装在同一辆货车上，实现小批量交货的经济性，这就是第三方物流系统提供联合运输（集成运输模式）的好处。

第三方物流系统还可以提供其他形式的物流服务功能，如顾客订单处理等。采用第三方物流系统，企业可以获得如下的好处：①降低成本；②使企业更加集中于核心业务的发展；③改进服务质量；④快速进入国际市场；⑤获得信息咨询；⑥获得物流经验；⑦减少风险。

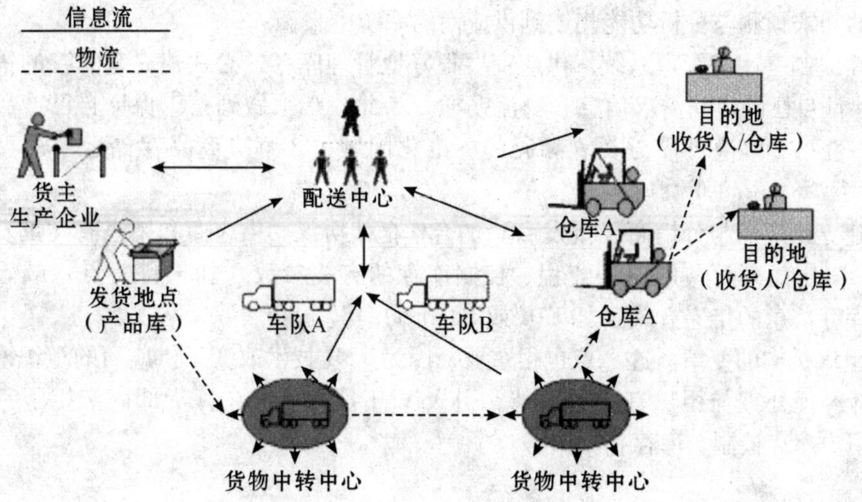

图 5－2　第三方物流系统

5.2.2　卖方管理库存

卖方管理库存（Vendor Managed Inventory，简称 VMI）是生产厂家等上游企业对零售商下游企业的流通库存进行管理和控制。具体地说，生产厂家基于零售商的销售等信息，判断零售商的库存是否需要补充。如果需要补充，则自动地向本企业的物流中心发出发货指令，补充零售商的库存。VMI 方法包括了 POS、CAO 和 CRP 等技术。在采用 VMI 的情况下，虽然零售商的商品库存决策主导权由作为供应商的生产厂家控制，但是，在店铺的空间安排、商品货架布置等店铺空间管理决策方面，仍然由零售商主导。

VMI 是在 EDI/Internet、ID 代码、条码、条码应用标识符以及连续补货程序的支持下，将零售商向供应商发出订单的传统订货方法，变为供应商根据用户库存和销售信息决定商品的补给数量（见图 5－3）。为了快速响应用户“降低库存”的要求，供应商通过和用户（分销商、批发商或零销商）建立合作伙伴关系，主动提高向用户交货的频率，使供应商从过去单纯地执行用户的采购订单变为主动承担为用户补充库存的责任，在加快供应商响应用户需求速度的同时，也使用户降低库存水平。美国达可海德（DH）服装公司把卖方管理库存（VMI）看作是增加销售量、提高服务水平、减少成本、保持竞争力和加强与客户联系的战略性措施。VMI 经过一段时间的运行，根据 DH 公司信息系统部副总裁的统计，分销商的库存减少了 50%，销售额增加了 23%，取得了较大的成效。

要实施 VIM，首先供应商和批发商要一起确定供应商的订单业务处理过程所需要的信息和库存控制参数，然后建立一种订单的处理标准模式，如 EDI 标准报文，最后把订货、交货和票据处理各个业务功能集成在供应商一方。

库存状态（对供应商）是透明的。供应商能够随时跟踪和检查到销售商的库存状态，从而快速地响应市场的需求变化，对企业的生产（供应）状态作出相应的调整。

卖方管理库存的实施可以分如下几个步骤：

(1) 建立顾客情报信息系统。要有效地管理销售库存，供应商必须能够获得顾客的有关信息。通过建立顾客的信息库，供应商能够掌握需求变化的有关情况，把由批发商（分销商）进行的需求预测与分析功能集成到供应商的系统中来。

（2）建立销售网络管理系统。供应商要很好地管理库存，必须建立起完善的销售网络管理系统，保证自己的产品需求信息和物流畅通。为此，必须做到：①保证自己产品条码的可读性和唯一性；②解决产品分类、编码的标准化问题；③解决商品存储运输过程中的识别问题。

（3）建立供应商与分销商（批发商）的合作框架协议。供应商和销售商（批发商）一起通过协商，确定处理订单的业务流程、控制库存的有关参数（如再订货点、最低库存水平等）以及库存信息的传递方式（如 EDI 或 Internet）等。

（4）组织机构的变革。这一点也很重要，因为 VMI 技术改变了供应商的组织模式。过去一般由会计经理处理与用户有关的事情，引入 VMI 技术后，在订货部门产生了一个新的职能，负责用户库存控制、库存补给服务。

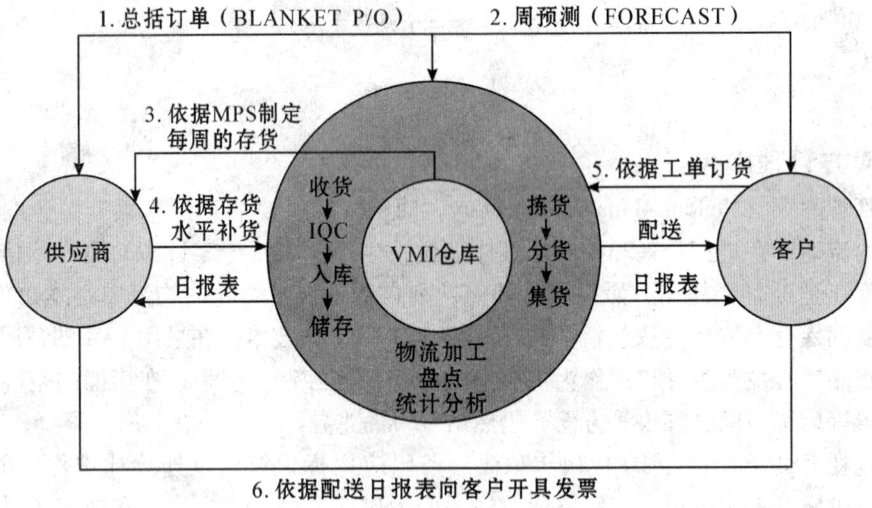

图 5－3　卖方管理库存（VMI）

5.2.3　计算机辅助订货（CAO）

计算机辅助订货是一个基于零售的系统，当货架上的存货低于预定水平时，或根据 POS 数据产品销售量达到一定程度时，CAO 系统自动生成商店补货订单。计算机系统跟踪商店内所有商品的存货，调整进货与销售。CAO 系统通过使用计算机将下列信息集合起来，准备一份商店订单，主要包括以下内容：商店的基本情况、实际销售与预期销售、安全库存水平、有效订货数量、准确的货架与库存水平、影响需求的特殊因素。

要充分理解 CAO 及其作用，了解传统订货过程的运作非常重要。当商店店员看到货架上的某一种商品少了或者空了，就要下订单。下订单要考虑的因素有：再订货点、现有库存、交货周期、预期收货、销售预测和调整因素等。调整因素包括季节影响、地区影响及促销影响。下订单的过程被称为“按库存订货”。

订货大多由人工完成，而且非常复杂。虽然现金收款机可能装备了扫描器，但这只简化了购买交易。扫描器提供的数据没有被进一步利用。根据产品种类和库存周转，在一星期内需要多次订货，从而花费大量时间在订货上。这种劳动密集型工作延长了商店的补货过程。商店自动订货过程为这个问题提供了解决方案，由计算机生成商店订单代替人工订单。在一个CAO系统中，由扫描器采集销售数据，并储存在POS数据库中，由相应的计算机软件根据这些数据自动计算出补货数量，生成订单。这些订单由商店店员核对，并传送到RDC或零售商总部，通常每个商店都有下订单的最后期限。

CAO系统要处理的工作非常复杂。系统要处理各种产品，包括从保质期很短的鲜活产品到订货后9个月才能交货的纺织品。

CAO系统在订单中要考虑下列因素：

（1）商店的基本情况。CAO系统都有每个商店基本情况的文件，包括商店的产品、价格和促销数据。包括商店订购和储存的每种产品，还有每种产品的货架容量，即在每个货架上能放置多少数量。其由自动空间管理系统确定。

（2）实际销售与预期销售。CAO的奥秘在于它掌握了消费者的购物行为，以这些信息为基础，来决定何时向货架补货、补多少货。消费者的消费行为反映在销售数据上，保存在POS数据库中。为了计算商店的订货，CAO系统计算出下一个补货周期的销售预期，然后制定出适当的订货数量，确保库存不缺货。销售预期由预测系统以每个POS数据库中的单个产品近期的销售记录为基础计算得出。预测系统同样会考虑促销、季节和特殊因素（见SKU预测）。生成的订单反映了销售预期、目前的库存和先前已发出但还没有交货的订单。

（3）安全库存水平。CAO系统还要计算并保持商店某个商品的安全库存水平，其为商店的最小库存，保证即使有销售波动，商店也不缺货。其根据POS数据库中各种销售记录由统计学分析计算得出。补货订单是为安全缓冲区补货，同时为下次补货间隔的预期销售提供存货。

（4）物流有效订货数量。CAO系统首先根据上述几点计算出理论数值。然后经调整计算出物流有效订货量（即几层托盘、整个托盘、整个卡车等，或者满足贸易条款的要求）。这个物流信息保留在产品、价格和促销数据库中。

（5）准确的商店库存水平。为了解订货内容，CAO系统需要知道库存中有何种产品。准确的商店库存水平（货架上的和仓库中的）应通过实时盘库系统或定期盘库系统来确定。

（6）影响需求的特殊因素。CAO系统还需考虑特殊因素对需求的影响，如季节变化、促销、假期、气候条件和特殊事件等。当CAO系统已经计算出商店的订货，商店店员要确认订单，如果需要还可对订单进行人工更改。一旦确定，订单将通过EDI订购单报文自动地传送给RDC。

CAO带来了诸多便利。由于库存计算已经完全实现自动化，实实在在地节省了人力。并且由于发货数量与货架需要的数量相匹配，补货程序简单了许多。通过采用CAO，消除了人工操作，缩短了订货至交货的时间，使得货架上每种产品只保持少量库存，甚至商店实现零库存。精确的订货提高了效率，减少了浪费。对零售商和供应商来说，商店中产品的可获得性是最为重要的，CAO提高了产品的可获得性。由于现在订单由CAO系统作出，RDC能为补货作出更好的计划。RDC不再为不知道商店订货行为而苦恼，它可以进入每个商店的POS数据库，更好地对所有商店的总需求进行预测。因此，在提高对商店的服务水平的同时，仓库的库存也随之降低。

5.2.4 连续补货程序（CRP）

CRP 将传统的零售商制作订单的补货程序改变为供应商与零售商建立伙伴关系，其根据零售商库存量和销售数据决定其补货数量。信息的交换通过 EDI 进行，CRP 系统可直接由供应商或者第三方服务提供者操作。实施 CRP 的目的是要减少库存，改善服务，提高运输效率以及为零售商节省人力，如图 5-4、图 5-5 所示。

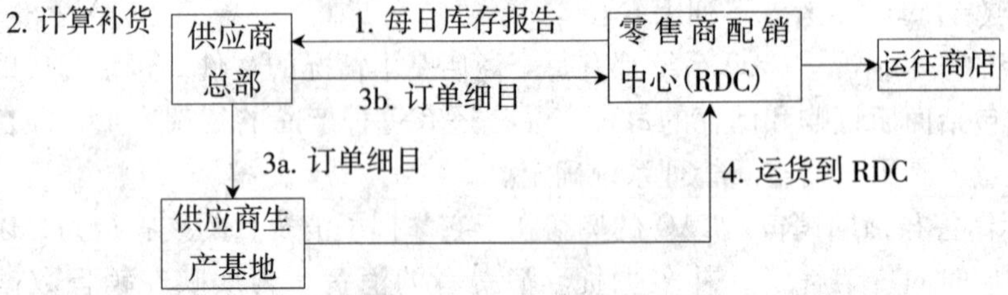

1. 每日从 RDC 向供应商总部提供库存报告；
2. 供应商决定的补货，装满托盘和卡车；
3. 给生产基地和零售商发送电子订单；
4. 从供应商生产基地向 RDC 送货。

图 5-4　连续补货程序

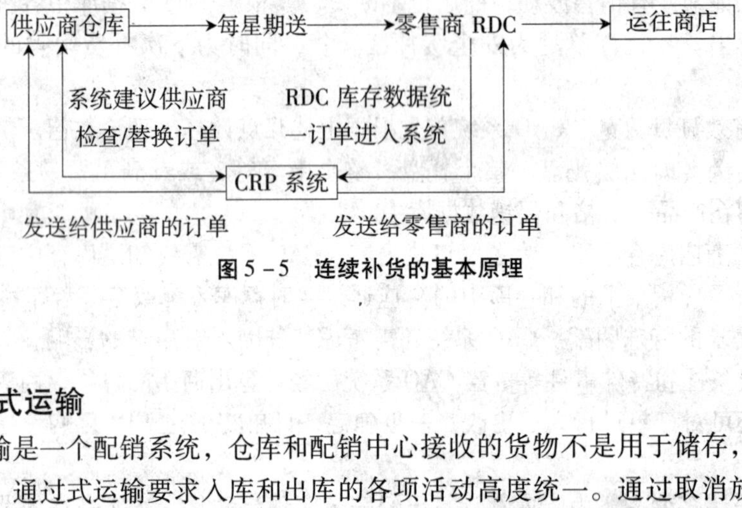

图 5-5　连续补货的基本原理

5.2.5 通过式运输

通过式运输是一个配销系统，仓库和配销中心接收的货物不是用于储存，而是要马上配送到零售商店。通过式运输要求入库和出库的各项活动高度统一。通过取消放置、储存和取货的操作，极大地降低了分销成本。在托盘通过式运输中，所有托盘直接送到出口，与其他供应商运货车上类似的托盘集合在一起，无须再行处理。托盘是由按商店订单预先挑选的、多个供应商的产品组成的。在包装箱通过式运输中，每个托盘被分解为多个卷型笼（roll cage），然后卷型笼通过传送带被送到装运区，与装入其他卷型笼的货物一起送往商店。

通过式运输依赖于商品入库与商品送货的同步进行。小批量的频繁交货取代供应商不经常的大批量交货。主要目的是减少甚至消除零售商配销中心（RDC）中的库存，同时提高运输效率。通过式运输的特点是交货周期非常短。

通过式运输实施起来可以多样化，在 RDC 可直接由托盘提供相应数量的产品，也可将托盘分解，按商店的订单将托盘或卷型笼组合在一起送至商店。显然，对零售商来说这样可使公司运作顺畅，减少了资金占用。同时由于 RDC 只用于商品配销而不贮存，减小了仓库面积。这样，RDC 每平方米的货物周转能力提高了。另一个优点是由于产品在物流中时间缩短了，其货架寿命就增加了。产品到顾客手中更为新鲜，减少了产品到达保质期仍没有卖出去的情况。最后，采用 RDC 能够提高商店的管理水平。

对供应商来说，由于订单更多，少量送货的次数增加，货车不能满载，提高了运输成本。这些影响可以通过程序上小小的变化而减轻。如果所定的商品数量不能装满一个卡车，供应商可增加一些商品来填满卡车。这些多出的商品再从第二天的订单中减去，但其需要在 RDC 中存放。这种方式称之为滚动库存，尤其适合于快速送货。

5.2.6 CRP POS 系统

CRP POS 系统消除了商店的订单。商店将销售与存货清单数据通过 EDI 传送给 CRP，RDC 系统决定下一次给商店发货的内容。CRP POS 系统同样希望进一步缩短 RDC 与商店的订货至交货的时间。由于消除了商店订货的工作，也提高了商店的劳动生产率。

商店对不同的产品的日常需求变化巨大，订货至交货时间受生产周期、距离远近等因素的影响很大。只有 RDC 才能对商店需求和供应商的各种限制因素有所了解，因此通过 RDC 管理的 CRP POS 能够做到在 RDC 与商店之间更好地组织产品的流动。及时补货应与销售量紧密联系在一起。

当每日的销售量成为订货的基础时，易腐产品将会更加新鲜。CRP POS 导致快速订货，缩短订货至交货的时间，更好管理商店再订货，更好地利用商店的送货车辆和减少向 RDC 订货数量的变化。

5.2.7 商店电子收货系统

在商店执行实时盘库系统之前，零售商必须安装一个商店电子收货系统以记录所有进货。这个系统能够消除所有的接收单证，并能电子化处理所有接收信息。零售商也可以在其仓库实施电子发货系统，并假定商店接收的与仓库发送的相同，向商店发送必要的电子信息。这样便消除了重复操作和出差错的机会，并准确记录接收数据。

5.2.8 仓库电子收货系统

除了在 RDC 外，仓库电子收货系统所做的工作与商店电子收货系统几乎一样，当货车到达 RDC 时，零售商用手持扫描器扫描托盘或包装箱上的条码。这个系统能够取消所有的接收单证，从而使这些信息进入仓库管理系统，与订单比较进行电子核对。将来，如果建立了相互信任，仓库收货系统可由预先装运通知替代，此通知是供应商预先发出的对装运货物的详细描述。然而，RDC 的特征是自动分类，因此包装箱必须有条码。

由于产品的快速登记，缩短了传统的收货过程时间。由于信息无须重新键入，因此仓库管理的效率提高了。

5.2.9 定期盘库系统与实时盘库系统

盘库系统应保持商店商品项目的目标存货水平。这个系统必须反映所有产品的物理移动、销售和交货等。定期盘库系统显示货架上每种产品每天的存货数量，并且在很大程度上是手工操作。最普遍和最简单的方法是每天清点货架上的产品，数据可以采用货架边缘的条码和便携式扫描器扫描的方式采集。另一种方法是根据商店的进出产品流。进货流由交货通知记录，出货流由扫描器检查。每天营业结束，店员将每个 SKU 交货数量与前一天的存货相加，再减去已销售的数量。

实时盘库系统与 POS 扫描系统和商店电子收货系统整合为一体，它使商店货架存货维持在一个定值，有两条途径：柜台销售数据和商品的接收数据。定期盘库系统以天为单位计算商店存货，而实时盘库系统则实时更新。

由于操作中使用这两个数据输入，所以数据要准确，这对商店的实时盘库系统是很重要的。该系统运用这两种数据来保证商店的每种商品保持在一个基本数量上。

由于 POS 扫描和商店电子收货系统很少能做到百分之百准确，并且因为商店电子收货系统不能记录亏损，因此需要一个定期的循环计算程序来支持实时盘库系统，这样就可发现所记录数据出错或亏损问题。

5.2.10 POS 数据库

消费者行为通过扫描器在 POS 数据中反映出来。一旦数据被记录下来，将长久保存在商店的 POS 数据库中。这个数据库与零售促销记录表相结合，记录以往促销数据的波动（见产品、价格和促销数据库）。POS 数据库用于有效补货系统，从而预测未来销售，制作建议订单，判断补货效果。POS 数据库有三种形式：

（1）本周记录。记录当前活动的最新信息。它提供需要补货的关键信息，并显示本周内每日产品的销售进展情况。同时也记录本周销售预测、安全存货等级和已脱销产品的详细情况。

（2）每周记录。此记录包含了与本周记录相似的信息，以星期为单位进行了分析。它显示了某种产品进货后每周的销售情况。这对进行销售预测与订货决策是有价值的。

（3）全部记录。包括所有其他已有记录，以及最初的预测、缓冲库存和由 CRP 产生的一周内每天的订单数量。这些信息对单个产品是有用的，但对性能分析和未来补货调整没有价值。

5.2.11 POS 扫描

获得准确的销售数据依赖于能够准确扫描 EAN 条码。制造商必须对国际 EAN 和国家编码组织十分了解，以便编码和条码能够为有效补货提供基础数据。

5.2.12 订单管理（POM）系统

订单管理系统处理零售商给供应商下的所有订单。POM 系统有代表性的应用是管理零售 RDC 补货。应从产品、价格和促销数据库中获得有关商品的必要信息，以减少出现诸如定价等的错误。检查完 RDC 中的库存以后，POM 系统通过 EDI 订购单报文（ORDERS）向供应商的执行系统发送订单。POM 系统还必须更新零售商应付款系统，为发票与订单进行比较提供必要的数据。

5.2.13 卷型笼排序

卷型笼排序是一项旨在优化商店而非 RDC 的操作过程，以确保 RDC 的卷型笼是按照在商店过道的放置次序装货的，即使卷型笼不是满载，属于同一产品组的产品也要放置在一起。理想的情况是先卸的产品必须放在卷型笼的上部，后卸产品则放在底部，虽然这样操作会因有些产品易碎而变得比较复杂。

传统的方法是由 RDC 安排货物装卸的优化。这使得装载货物的卷型笼与商店的货物布局不相匹配，导致商店运作的效率不高。通过了解商店布局，规划 RDC 卷型笼排序能解决这个问题，即使 RDC 为多个商店提供货物，也可以这样做。计算机系统决定卷型笼中哪个位置放置哪些产品，并考虑产品重量，将最重的产品放在卷型笼的底部，较轻的产品放在上部。理想情况下，商店则是先卸比较轻的产品，后卸比较重的产品。

第二个变化是给定项目的订货不再分放在几个卷型笼里，而是放在一起，即使有些卷型笼的空间未被使用。当有些产品脱销且不能装运时，卷型笼也为其保留空间，其他产品不能占用其位置。

5.3 营销运作技术

5.3.1 供应链中市场营销的概念

以顾客满意度为中心是企业供应链营销竞争的关键。供应链营销就是供应链建立、维护、强化整个供应链活动中的客户关系并使之商品化，识别不同的服务市场，设计营销方案，以顾客的满意为中心来优化供应链的活动和管理。

供应链营销要求整个供应链中的所有企业和与之相关联的群体的需求保持步调一致，从而使供应链营销具有以下特点：①供应商与客户之间相互作用的重点正在从交易转向关系；②供应链营销的重点在于有利于客户和客户群自始至终实现价值的最大化；③供应链营销战略重视与几个关键“市场”建立和扩展关系。它重视组织里面的“内部”市场，它也重视与客户、供应商、推荐渠道、影响市场和招聘市场建立广泛深入的尾部关系；④质量、客户服务和市场营销是紧密联系的，然而对他们的管理往往各自单独进行，供应链营销把这些因素集合起来使之更加联系紧密。

由于顾客在服务、价值等方面的期望越来越高，供应链服务努力必须更加以市场营销为导向。被重新定义的供应链服务包括产品的包装、组装及服务。如顾客要求的无商标仓储，根据顾客要求粘贴商标、装袋或装盘。总之，供应链将发展成“以顾客满意化为中心”。（见图 5 - 6）随着对供应链管理部门的期望不断提高，市场营销帮助供应链管理人员进一步关注真正的客户需求和期望。

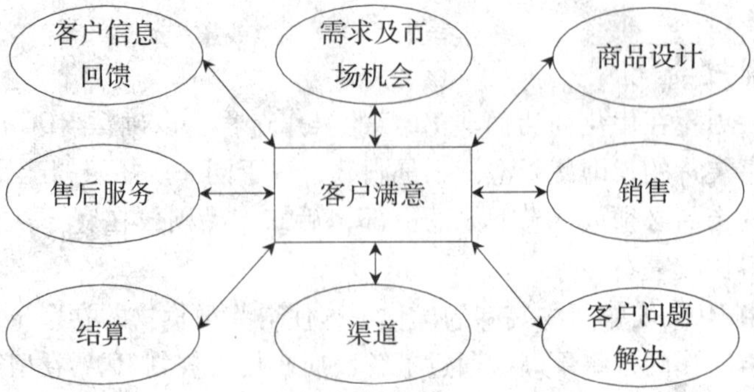

图 5－6　以顾客满意为中心的供应链管理

5.3.2　品类管理

品类的定义是易于区分、能够管理的一组产品或服务，消费者在满足自身需求时，认为该组产品或服务是相关的和（或）可以相互替代的。

品类管理是分销商和（或）供应商把经营的商品分成不同类别，并把每类商品作为企业经营战略的基本活动单位进行管理的一系列相关的活动，它通过强调向消费者提供超值的产品和服务，提高企业的运营效果。

品类管理是一个过程，即品类管理为完成 ECR 的诸多工作提供一套方法，包括一系列的相关活动。

品类管理过程的第一步是“品类设定”。例如，分销商及其供应商将某品类定义为“宠物食品及用品”，并把不同形态、不同类型的宠物食品全归入该品类。同时，那些用来供养宠物的产品，如宠物嘴嚼用的骨头、药物、皮带、项圈等，也纳入“宠物食品及用品”品类中去。该步骤有助于确定某个品类所包含的商品类别和主要品种。在本例中，可以把“宠物食品及用品”品类划分为狗食、猫食和宠物用品几大类，第一大类又可划分为干食、听装食物和药品等若干品种。

第二步是确定“品类角色”。分销商根据各供应商所提供的商品，进一步明确“宠物食品及用品”品类在其整个经营活动中所要扮演的角色。在本例中，分销商认为该品类在自己的业务活动中具有非常重要的作用，并把该品类角色确定为“目标品类”，即分销商希望通过经营该品类商品使自己的店铺（或连锁店）为消费者所认知，并吸引到自己的目标顾客。

第三步是进行“品类评估”，即把所有相关的消费者、分销商、供应商和竞争对手的信息综合起来，在掌握上述信息资料的基础上，对“宠物食品及用品”能够给该分销商带来的机会进行分析，进而明确该分销商在该品类经营中的优势、劣势、机会等。此外，“品类评估”还将对该品类中每个主要品种的经营规模、利润、市场份额进行测算，这种测算可以一直深入至该品类的每一个库存计量单元。

第四步是建立品类经营的“品类指标”。利用这个指标体系，某品类部的经理可以对经营计划的实施质量进行评定，该指标体系包括存货毛利率和收益率指标、销售规模和市场占有率指标、服务水平和促销手段指标等。

第五步是制定“品类策略”。使品类的各组成部分各自负担指定的战略任务。就上例而言：把“宠物食品及用品”中“干的狗食”这一品种作为促成该品类商品的交易，并通过这个交易提高消费者购物量；通过提高该品类中“猫食”部分的品种和花色，提升分销商在经营“宠物食品及用品”方面品种齐全的市场形象；通过提高宠物用品的毛利率及顾客的购买欲望，使该品类中的“宠物用品”承担起创造利润的战略任务。

第六步被称为“品类营销技术”。这些为实现品类策略而采取的特定的行动必须使执行者清楚明了。这些技巧包括品种组合、价格促销、陈列计划和特色安排、货架商品摆设、商品供应的创新性等。

第七步是“计划实施”。上述各环节都要按照明确的责任和进度进行实施，以实现品类经营计划。

最后一步是“品类检查”，即对整修计划的预期结果进行日常管理，其中包括分销商与供应商对品类指标体系的对照检查。

实施品类管理产生的效益是很大的，例如，中国宝洁公司实施品类管理成绩明显，在东莞的家乐福，对牙刷和牙膏实施品类管理 3 个月后，销量提高了 2 倍，扣除其促销活动的影响，分析认为，其中至少有 50% 的增长来自品类管理。在沈阳家乐福中做妇女卫生巾的品类管理 3 个月后，该品类销售额增长 90%，在这 3 个月中，该品类未做任何其他促销活动，因此，90% 的增长是仅靠品类管理实现的。这说明实施品类管理技术是提高供应链运作效率的关键技术。

品类管理从买方市场的角度出发，使分销商及其供应商能够认识到这样一个事实，即消费者不会有太多的时间去了解贸易伙伴之间的效率变化，但将永远奖赏那些能更好地满足其购买需要的经营者。这并不是要贬低品类管理在提高效率方面的作用，相反，它告诉我们，品类管理的成功必将使其产生长期稳定的效率，而不是在市场中创造竞争优势的永久性基础。由于品类管理带来成本的节约和销售利润以及市场份额的增长，因而成为实现 ECR 的关键性综合性要素。

5.3.3 产品、价格和促销数据库

当大多数 ECR 概念都强调有关实物供应链的问题时，我们必须注意到：要想成功地改善供应链关系，必须着眼于供应商和零售商最初所关注的问题，那便是产品、价格和促销数据库。将信息存到产品、价格和促销数据库中，对 ECR 概念的有效运作是很重要的。离开这些数据库，无纸系统的诸多好处就不能实现。这些数据库必须对供应链上的所有信息节点都是可存取的。供应商和零售商拥有的产品细目校准，将消除在贸易链的许多节点上通常出现的种种错误，如由于使用专有物品代码而出现的错误产品运输，在销售点扫描出错误价格的产品，出现在供应商发票上却不被买方接受的产品等。

在 EDI 中，有两个报文涉及产品、价格和促销数据的通信：价格/销售目录报文和产品数据报文。这两个报文都具有从数据库中生成、修改和删除产品的功能。除此之外，供应商还通过这两个报文向客户传送其产品的物品编码。

为了使供应链中的补货工作效率更高，能够获取存储在产品、价格和促销数据库中的信息是非常重要的。没有这些数据，无纸系统所带来的好处将永远不能实现。这些数据必须在供应链的所有节点（供应商、RDC 和商店）上都可以获取，并且应包括下列内容，见下表。

信息类型	信息内容
商品编码	EAN 物品编码 零售商品编码 制造商商品编码
商品信息	商品名称 描述 尺寸
价格信息	常规的成本价格 货架标价
促销定价与条件	促销代码 促销类型 促销有限日期 性能要求
物流信息	包装箱数量 内包装数量 托盘配置信息 卡车载货信息

5.3.4 优化品种组合

优化品种组合决定向消费者提供产品的花色品种，同时确定品类中各单品的增加或删除标准。品种组合通常被认为是实现分销商差别化经营的重要途径。对于某个特定品类来说，一个品种组合的确定对某个分销商来说可能是正确的，但在另外一个分销商那里却不一定正确。在确定恰当的品种组合之前应考虑：目标顾客的不同需求；目前在花色品种方面的形象；营销策略；不同水平的品种组合的成本和收益；新品接收标准；商品淘汰标准。

在选择恰当的品种组合技巧时有很多分析方法：品种组合分析、市场比较、销售、利润象限分析、新品目录、淘汰商品目录、生产力指标、产品的延伸/替代（消费者对品牌和单品的延伸需求或替代模式）、忠诚度（顾客对品牌和单品的忠诚性）及产品细分化分析。

5.3.5 优化促销

促销技术决定零售商向消费者推销产品所采用的方法。在过去十多年中，作为对市场条件和变化的反应，企业的促销活动大幅度增加，经济增长速度的缓慢使消费者对价格变化更加敏感，而且有加重的趋势，促销的重要性不断提高。要优化促销，从促销方式上要确定：①使用促销的类型，如降价、优惠券、广告、陈列和展示样品等；②选出将要促销的商品；③确定多长时间进行一次促销；④确定促销活动的时间；⑤设计促销的进程；⑥确定促销的地点；⑦确定连带促销的产品。

在从事促销之前要考虑：什么样的促销活动与企业营销战略一致？目标顾客对各种促销活动的反应？竞争对手的促销活动有哪些？竞争对手会对企业的促销活动如何反应？促销活动对产品、品类和分销商的形象产生什么影响？要对不同促销活动进行成本/收益分析。

5.3.6 优化新产品引进

随着消费者需求的多样化发展，企业的新产品开发能力也不断提高，研制周期大大缩短，产品在市场上存留的时间大大缩短。企业在上市时间上的活动余地越来越小，如何快速使新产品占领市场，对企业的发展和生存很重要。这就要求供应商和零售商密切合作，使产品在迅速进入市场的同时，也要采取各种广告、促销措施，使产品迅速占领市场，创造赢利。

5.3.7 货架优化

该技术主要用于分销商货架商品陈列及按照小类、品种、单品对货架空间进行管理。关键要素通常包括：品类在店内及通道的位置，品类在货架上的陈列，上架服务水平（如最短天数供应、拆箱情况等），各小类、品种及单品的空间分配。

主要技巧包括商品陈列技巧（品类在店里的位置，摆放方法等），货架优化反映了根据经营经验所进行的判断和思考。商品展示考虑因素有：目标顾客、竞争性定位、营销策略，不同的商品展示方式产生的成本、收益。

5.4 财务运作技术

5.4.1 基于活动的成本控制

基于活动的成本控制（ABC）是一个财务计算过程，它超越了传统成本会计的界限，将企业的直接成本与间接成本分配到各个主要的活动中去，然后将这些活动分配给相关的产品和服务。通过把企业的主要活动和特定的产品或服务联系起来，帮助管理者了解耗费资源的真正原因和每项产品与服务的真实成本。ABC 技术是实施价值链分析的基础。

传统的成本会计制度起源于 20 世纪初，它是在劳动力高度密集、管理费用低、产品组合和产品项目少、服务成本可忽略的生产性企业中发展而来的。间接费用（管理费用）是根据一些粗略的指标如劳动量或产量等估算出来的。当企业的管理费用只占企业总成本很小一部分时，这种估算法还能行得通。然而，到了 20 世纪 90 年代，企业的生产、分销和销售环境越来越复杂，这种成本分配方式就逐渐暴露出它的不足。在大多数企业中，管理费用的数额是巨大的，通常占到总生产成本的 50% ~70%。与之相反，直接劳动成本所占的比率却大大下降。在这种情况下，由于传统的成本会计制度假设所有产品耗费的管理费用是相等的（这种假设现在用常识来判断就会发现它的谬误），因而以这种方式核算的成本往往不准确，甚至会误导管理者。不同产品要求的销售支持、返工、批量准备、检验、工艺变化和其他间接费用活动都会有所不同。根据粗略的指标来分配管理费用会导致对于量小的复杂产品的成本估计过低，对于量大的简单产品成本估计过高。

作为一种现代战略管理工具，ABC 克服了传统的成本会计过程的许多不足。它的出现是基于这样一个概念，即活动消耗资源，产品和服务消耗活动。

传统的成本会计制度与 ABC 之间的差异可以用下面的例子来说明：传统的间接费用核算就好比面包片上抹花生酱——每一片面包上的花生酱都一样多。相反，ABC 的成本估算要考虑面包及吃面包的人的不同类型，然后相应地抹上不同量的花生酱。

人们也常常将 ABC 描述成“把成本放入合适的容器中”，这一描述恰当地解释了如何分析、分配和积累成本，把成本与产品或服务联系起来，而不是武断地运用一些总量的标准进行估算。

例如，利用 ABC 技术，产品经理的工资一般按照他在每个品种上所花的时间分配给各产品。如果他管理3种产品，并且在每种产品所花的时间是相同的，那么他的工资在3种产品间等量分配，这对品种获利性的估计要比传统的系统有意义得多。传统系统通常是按照品种的销量来分配，结果对小品种的赢利性就估计过高，而对大品种的估计过低。

又例如在仓库，对小时工是按照他们进行的工作的不同类型（例如选货、下架、入库等）进行付费的。选货劳动的总费用是按照各单品被选的包装箱数量在所有被选包装箱总数中所占的比例进行分配的。如果某产品入库/储运/选货流程改变为通过式运输，那么费用节省就会立即表现出来，说明单品获利性的提高，而这个变化在传统系统中不会明显表现出来。

5.4.2 应付款系统

零售商的财务部门负责现金流管理并确定支付时间。传统的做法是手工操作。应付款系统自动处理所有这些活动而无须人工介入。

当发票处理系统将发票与所交付的货物作比较时，应付款系统被更新。当零售商收到货物后，根据付款协议，自动处理付款事宜。

在付款之前，应付款系统发给供应商一份汇款通知，通知对方货款即将发出。开始付款时，应付款系统给银行发出一份涉及汇款通知的付款确认单（参见电子资金转账）。

5.4.3 应收款系统

供应商的账目接收部门负责接收零售商的付款。传统的做法是人工操作。在技术比较先进的公司中，由应收款系统自动处理。

当票据系统开出发票时，应收款系统自动在零售商的借方账号上记入相应的款项。当供应商接到付款通知，零售商贷方账号上自动地划入相应数额的资金。这一切都由应收款系统自动完成。

通常，供应商首先接到客户的告知款项即将汇出的汇款通知（REMADV）。当款项已经汇出后，供应商所在银行出具一份与付款数额相同的信用通知（CREADV）。汇款通知和信用通知在应收款系统中零售商的账号里生成。最后，零售商的贷方账号上记入此款项。

如果在协议期内没有付款，应收款系统会提醒供应商。

5.4.4 开票系统

供应商的开票系统准备发票并且通过EDI将发票传送给零售商。开票系统将订单和发货通知报文对比并确认发票。打印出发票并传送给零售商，或通过EDI报文（1NVOIC）将发票传送给零售商，或由发货通知启动支付过程。

开票系统也在应收款系统中更新零售商的账目。在理想的系统中，开票系统是完全自动化的。

5.4.5 电子资金转账

电子资金转账（EFT）是零售商与其供应商之间电子付款系统的一部分。EFT特别处理零售商、银行应付款系统与供应商应收款系统之间的报文和交易。

在理想的金融处理系统中，EFT贯穿整个付款过程。零售商向供应商发出一个汇款通知报文（REMADV），通知对方货款已经或即将转账。这个EDI报文包含一个发票/交货参考号。供应商能够用此报文将预付款与其应收款相比较，也可将比较结果输入账目系统。汇款通知传出以后，EFT 程序开始工作。

以下的 EDI 报文与交易是 EFT 的一部分：

零售商向他的银行发出一个订单支付报文（PAYORD），以便进行付款，该报文包含一个上面提到的汇款通知报文（REMADV）的参考号。根据银行的能力，这个报文可以用电子签名的方式保密，最好使用公共密钥系统。在该过程中，发送方创建一个无意义的号码，并且用只有自己知道的私人密钥加密，从而使报文生效。详细的运算法则与加密了的无意义号码通过该报文或通过安全证明和确认报文（AUTAK）被传送到接收方。

对于银行电子签名要注意以下事项：①有效报文的完整性，确保订单支付报文的内容没有不合法的内容或意外的变动；②提供报文来源证明；③防止报文被否认（报文发送者否认发过此报文）。

如果有要求，银行会通过发送 AUTACK 报文，对订单支付报文（PAYORD）作出应答，以确认收到了真正完整的订单支付报文。

报文也可采用公共密钥进行加密传送。银行一收到订单支付报文，就进行支付，这时可以给零售商出具一个借贷通知报文（DEBADV）。

零售商收到一份借贷通知报文，其应付款系统通过零售商先前提交的订单支付报文中的参考号自动更新。如果受益人（这里是供应商）恰好是零售商所在银行的客户，他将收到一份与最初的订单支付报文数据相同的存款通知报文（CREADV）。

电子签名也可用于存款通知报文，可出现在 CREADV 报文或 AUTACK 报文中。最后，AUTACK 报文可用于确认收到了 CREADV 报文。供应商可以是与零售商不同的银行的客户，客户所在银行将出具一份国内或国际资金转账证明，用诸如 FINPAY 或 SWIFT 的 EDIFACT 报文。这些报文包含上述涉及的参考内容，以便使其包含于最后的存款通知报文中。

由于有些报文涉及的详细内容受到容量的限制，相关的参考号就要被缩短。这也是为什么会为一个汇款通知报文的所有数据提供足够功能和空间的存款通知报文，可能在一段时间内不适合于通过几个银行进行资金转账，特别是跨国转账。

供应商一旦接到应收款的存款通知报文，就通过参考号与记入其应收款系统中的金额进行比较。

也可以使用目前正处于开发阶段的其他金融报文，如 BANSTA（银行状态报文）、FINSTA（账户报文的财务报表）、AUTHOR（授权报文）、DIRDEB（直接借贷报文）、FINCAN（金融取消报文）。

付款过程的开发、实施与可获得性取决于金融机构，主要是银行。估计大部分银行能支持 EDI 支付过程。因为相关的 EDIFACT 报文已经作为标准受到联合国的官方认可。

5.4.6 电子远程现金管理系统

贸易伙伴与其银行之间传统的支付过程是基于纸张文件（会计报表）的。然而，越来越多的银行提供远程现金管理系统，特别是以 PC 为基础，客户能够在其账户间进行资金转账并进行在线账目结算检查。电子远程现金管理系统允许供应商检查其账目，查看应收的款项是否已经收到。与应付款系统不一样，该系统不是一个自动化系统：电子远程支付系统是手工操作，仅仅取消了传统的纸张文件（会计报表）。对于零售商来说，由于不用去银行，也节约了时间。

5.4.7　电子远程支付系统

客户与其银行之间传统的支付过程是基于纸张文件（支票、汇票、会计报表）的。然而，越来越多的银行提供远程支付系统，特别是以 PC 为基础，客户能够在其账户里进行资金转账并进行在线账目结算检查。电子远程支付系统允许零售商启用订单支付。与应付款系统不一样，该系统不是一个自动化系统，而是手工操作系统，它仅仅消除了传统的纸张文件，个人也不用再去银行。

采用这个系统付款将要传送诸如订购单交货号等参考。

5.4.8　发票处理系统

发票处理系统自动结算所有的支付发票。这包括调节发票与实际交货间的差异。当零售商收到发票时，发票上的产品数量应与发货通知进行比较，该发货通知已经按照电子收货系统登记的产品数量进行更新。在对产品、价格和促销数据库的数字进行核对后，发票处理系统会更新应付款系统，PDC 收到货物后，按照协议支付条款进行付款。

仅当发货通知、发票、电子收货系统数据与产品、价格和促销数据库之间没有差异时，自动匹配程序才会正常工作。如果存在差异，就必须由人工处理，以全面消除差异。

5.5　案例分析

惠普台式打印机生产策略

惠普公司生产的台式打印机系列在全球打印机市场享有盛誉。该公司的供应商、制造商、配送中心、中间商和用户一起构成了原来的供应链（见图 5－7）。该公司有 5 个位于不同地点的分支机构负责打印机的生产、装配和运输。在以往的生产和管理方式下，各成品厂装配好通用打印机之后直接进行客户化包装，为了保证顾客订单 98% 的及时满足率，各成品配送中心需要保证大量的安全库存（一般需要 7 周的库存量）。产品将分别销往美国、欧洲和亚洲。

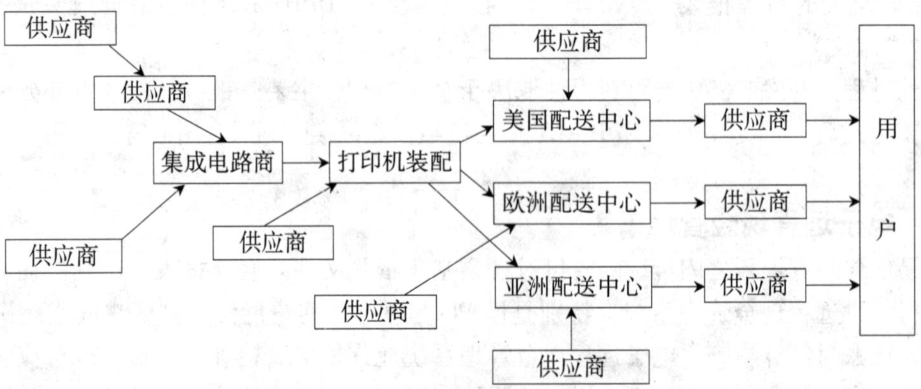

图 5－7　台式打印机供应链

1. 存在的问题

惠普打印机的生产、研究开发节点分布于16个国家，销售服务部门节点分布于110个国家，而其总产品超过22 000类。欧洲和亚洲地区对于台式打印机电源供应（电压110伏和220伏的区别，以及插件的不同）、语言（操作手册）等有不同的要求。以前这些都由温哥华的公司完成，北美、欧洲和亚太地区是它的三个分销中心。分销商们都希望尽可能降低库存，同时尽可能快地满足客户的需求。这样导致惠普公司感到在保证供货及时性上的压力很大，从而不得不采用备货生产（Make－To－Stock）的模式以保证对分销商准时供货，因而分销中心成为有大量安全库存的库存点。

零部件、原材料的交货质量、内部业务流程和需求等因素导致不能及时补充分销中心的库存，需求的不确定性导致库存堆积或者分销中心的重复订货。

需要用大约一个月的时间将产品海运到欧洲和亚太分销中心，这么长的提前期导致分销中心没有足够的时间去对快速变化的市场需求作出反应，而且欧洲和亚太地区就只能以大量的安全库存来保证对用户需求的满足，占用了大量的流动资金；若某一地区产品缺货，为了应急，可能会将原来为其他地区准备的产品拆开重新包装，造成更大浪费。但是提高产品需求预测的准确性也是一个主要难点。

企业管理者希望在不牺牲顾客服务水平前提下改善这一状况。

2. 解决方案

供应商、制造商（温哥华，Vancouver）、分销中心、经销商和消费者组成惠普台式打印机供应链的各个环节，供应链是一个由采购原材料，把他们转化为中间产品和最终产品，最后交到用户手中的过程所组成的网络。重新设计的供应链如图5－8所示。

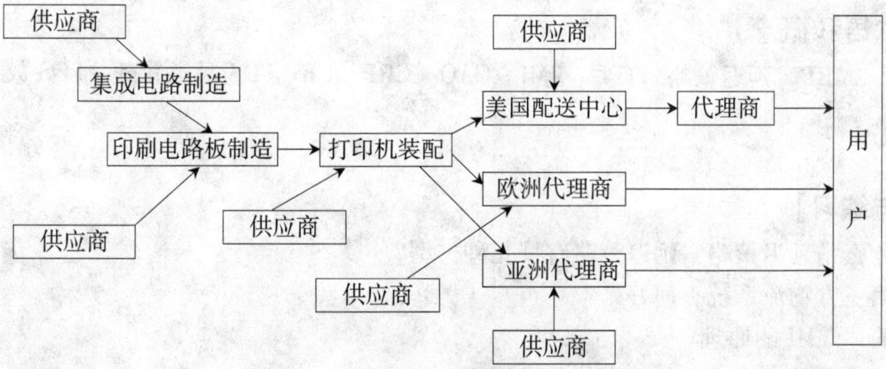

图5－8　台式打印机新的供应链

在这个新的供应链中，主要的生产制造过程由在温哥华的惠普公司完成，包括印刷电路板的组装与测试（Printed Circuit Board Assembly and Test，简称PCBAT）和总机装配（Final Assembly and Test，简称FAT）。PCAT过程中，电子组件（诸如ASICS、ROM和粗印刷电路板）组装成打印头驱动电路板，并进行测试；FAT过程中，电动机、电缆、塑料底盘和外壳、齿轮、印刷电路板总装成打印机，并进行测试。其中的各种零部件、原材料由惠普的子公司或分布在世界各地的供应商供应。在温哥华生产通用打印机，通用打印机运输到欧洲和亚洲后，再由当地分销中心或代理商加上与地区需求一致的变压器、电源插头和用当地语言写成的说明书，完成整机包装后由当地经销商送到消费者手中。这样改变了以前由温哥华的总机装配厂生产不同型号的产品，保持大量的库存以满足不同需求的情况。为了达到98%的订货服务目标，原来需要7周的成品库存量现在只需要5周的库存量，一年大约可以节约3 000万美元，电路板组装与总装厂之间也基本实现无库存生产。同时，打印机总装厂对分销中心实施JIT供应，以使分销中心保持目标库存量（预测销售量+安全库存量）。通过供应链管理，惠普公司实现了降低打印机库存量的目标。通过改进供应商管理，减少了因原材料供应而导致的生产不确定性和停工等待时间。

3. 效果

安全库存周期减少为5周，从而减少了库存总投资的18%，仅这一项改进可以每年节省3 000万美元的存储费用。由于通用打印机的价格低于同类客户化产品，从而又进一步节省了运输、关税等费用。除了降低成本，客户化延迟使得产品在企业内的生命周期缩短，从而对需求预测不准确性或是外界的需求变化都具有良好的适应性，一旦发现决策错误，可以在不影响顾客利益的情况下以较小的损失较快地加以纠正。

思考题

惠普公司的新旧供应链方案有什么不同？

【本章小结】

本章讨论供应链管理的技术支持，包括生产运作技术的ERP和延迟策略、物流技术中的VMI等、营销技术中的品类管理、财务运作技术应付款系统和电子资金转账等，介绍其使用原理及在供应链管理中的作用。通过本章的学习，能够理解供应链管理的实施是离不开具体的运作技术的支持的。

【关键术语和概念】

ERP　MRP　延迟策略　TPL　VMI　CAO　CRP　CRP POS 品类管理　POS 数据库　电子资金转账

【思考与练习】

1. 什么是延迟策略？延迟策略有哪几种类型？
2. 第三方物流系统有何好处？
3. 简述VMI的原理。
4. 什么是品类管理？如何实施品类管理？

【补充阅读】

张成海．供应链管理技术与方法．北京：清华大学出版社，2002

第 6 章　供应链管理办法

◎本章学习要点

1. QR 的概念、产生背景
2. QR 的实施步骤
3. ECR 的概念、产生背景
4. ECR 的实施步骤
5. QR 与 ECR 的区别

◎本章学习内容

1. 快速响应（QR）
2. 高效客户响应（ECR）

◎案例分析
◎本章小结
◎关键术语和概念
◎思考与练习
◎补充阅读

供应链管理方法有许多种类，管理宗旨都是为了降低供应链成本，提高供应链效率，使整个供应链上下游的企业都能够受益。这里介绍的快速响应和高效客户响应，是目前各行业普遍使用的两种典型的供应链管理方法。

6.1　快速响应（QR）

6.1.1　快速响应的概念

快速响应（quick response）是指物流企业面对多品种、小批量的买方市场，不是储备了“产品”，而是准备了各种“要素”，在用户提出要求时，能以最快速度抽取“要素”，及时“组装”，提供用户所需服务或产品。

快速响应（Quick Response，简称 QR）是一种全新的业务方式，它体现了技术支持的业务管理思想，即在供应链中，为了实现共同的目标，各环节间都应进行紧密合作。一般来说，供应链的共同目标包括：第一，提高为顾客服务的水平，即在正确的时间、正确的地点用正确的商品来响应消费者的需求；第二，降低供应链的总成本，提高零售商和制造商的销售和获利能力。

快速响应业务成功的前提是零售商和制造商具有良好的关系。这种新的贸易方式意味着双方必须建立起贸易伙伴关系，提高向顾客供货的能力，同时降低整个供应链的库存和总成本。例如，零售商可以和制造商建立战略伙伴关系，并采用双方互利的业务战略，各方的高级管理层之间要进行沟通和接触，使这种关系由上往下渗透到整个组织中，同时要求多个部门都参与规划和执行各阶段的工作。

快速响应主要应用在品牌选择性强的行业，例如服装行业。服装的品种很多，因为每个人喜欢的款式都不一样。如果各零售商事先定了大量的货，最后很可能会积压。现在一般的零售店备货很少，后面有一个快速响应机构，这样不会缺货也不会积压。例如新民百货公司以前的输送带系统只是把商品搬上卡车，应用新的管理思想使得到货商品可以直接出库，输送带系统从收货区延伸到了出库区。过去，到货要在存货区和处理区堆放好几天，等处理完后才能出库。现在，货物能够直接从进货区送到发货区，货物通过最多只需要 2 ~ 8 天；大约 40% 属于直接出货，进出库用不了 20 分钟，这样就极大地节约了配送中心的库存空间，极大地提高了到货速度，增大了商品的可获得率。

6.1.2 快速响应产生的背景

快速响应是在美国纺织与服装行业发展起来的一项供应链管理策略。20 世纪六七十年代，美国的杂货行业面临着与国外进口商的激烈竞争。80 年代早期，美国国产的鞋、玩具以及家用电器在市场的占有率下降了 20%，而国外进口的服装却占据了美国市场约 40%。面对国外商品的激烈竞争，纺织与服装行业在 70 年代和 80 年代采取的主要对策是在寻找法律保护的同时，加大对现代化设备的投资。到了 80 年代中期，美国的纺织与服装行业是进口配额系统保护最重的行业，而纺织业是美国制造业生产率增长最快的行业。尽管上述措施取得了巨大的成功，但服装行业进口商品的渗透却在继续增加。一些行业的先驱认识到保护主义措施无法保证美国服装制造业的领先地位，他们必须寻找别的方法。

1984 年，美国服装、纺织以及化纤行业的一些主要的经销商成立了“用国货为荣委员会”，该委员会的任务是为购买美国生产的纺织品和服装的消费者提供更多的利益。1985 年该委员会开始做广告，提高了美国消费者对本国生产服装的信任度。该委员会也拿出了一部分经费，研究如何长期保持美国纺织与服装行业的竞争力。1985 至 1986 年，零售咨询公司 Kurt Salmon Associates 对服装行业进行了供应链分析，结果发现，尽管系统的各个部分具有高运作效率，但整个系统的效率却十分低。于是纤维、纺织、服装以及零售业开始寻找那些在供应链上导致高成本的活动。结果发现，供应链的长度是影响其高效运作的主要因素。

整个服装供应链，从原材料到消费者购买，时间为 66 周：11 周在制造车间，40 周在仓库或转运；15 周在商店。这样的供应链不仅各种费用大，更重要的是，建立在不精确需求预测上的生产和分销，因数量过多或过少造成的损失非常大。

整个服装供应链系统的总损失每年可达 25 亿美元，其中 2/3 的损失来自于零售商或制造商对服装的降价处理以及在零售时的缺货。进一步的调查发现，消费者离开商店而不购买的主要原因是找不到尺寸和颜色合适的商品。为此，Kurt Salmon 公司建议零售业者和纺织服装生产厂家合作，共享信息资源，建立一个快速响应系统来实现销售额增长、顾客服务的最大化以及库存量、商品缺货、商品风险最小化的目标。

这项研究导致了快速响应策略的应用和发展。快速响应是零售商及其供应商密切合作的策略，应用这种策略，零售商和供应商通过共享 POS 系统信息，联合预测未来需求，发现新产品营销机会等对消费者的需求作出快速的反应。从业务操作的角度来讲，贸易伙伴需要用电子数据交换系统来加快信息的流动，并共同重组其他有关的业务活动，以将订货提前时间和成本极小化。在补货中应用快速响应系统可以将交货提前时间减少 75%（见图 6－1）。

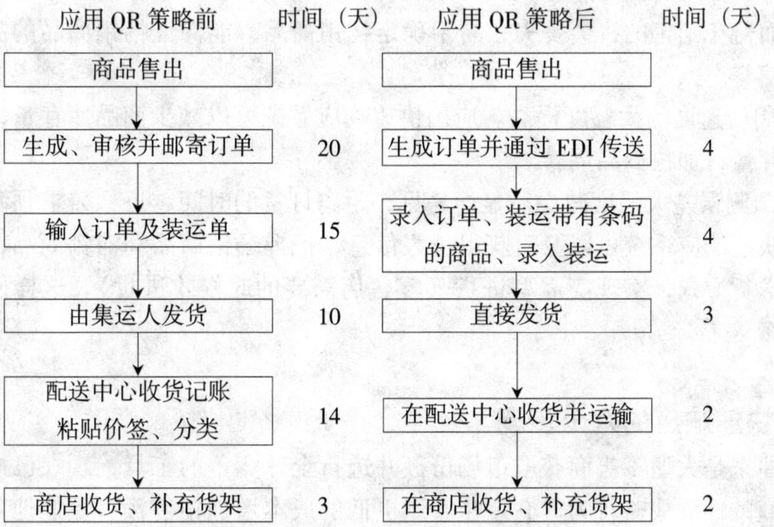

图 6－1　应用 QR 前后补货周期比较

6.1.3　快速响应的意义

快速响应对于制造商和零售商都具有很重要的意义。首先，对于制造商来说，快速响应改善了它的顾客服务，这种改善从根本上说，来自于同一供应链上制造商与零售商的良好合作关系。长期的良好顾客服务会增加制造商的市场份额。其次，快速响应还能降低流通费用。由于将对顾客需求的预测和生产规划集成到了一起，就可以缩短库存周转时间，减少需要处理和盘点的存货，从而降低了流通费用。再次，提高了采购订单的准确率，提高了订单效率。最后，由于可以对销售进行预测并能够得到准确的销售信息，制造商可以准确地安排生产计划，有效地减少浪费。

对于零售商而言，快速响应的意义主要表现在顾客服务水平和获利能力的显著提高。快速响应利用条形码和 POS 扫描，使零售商能够跟踪各种商品的销售和库存情况，这样就能准确地跟踪存货情况，在库存真正降低时才订货。它们还可以降低订货周期，实施自动补货系统（也称厂商补货系统），运用存货模型来确定何时需要采购，最终提高销售额。商品采购成本是企业完成采购职能时发生的费用，其中包括订单准备、订单创建、订单发送及订单跟踪等流程发生的费用。快速响应使这些业务流程大大简化，从而降低了采购成本。制造商使用运输标签后，零售商可以扫描这个标签，这样就减少了手工检查到货所发生的成本。

实施快速响应的收益是巨大的，它可以节约大于5%的销售费用，这些节省不仅包括商品价格的降低，也包括管理、分销以及库存等费用的大幅度减少。零售咨询公司（KSA）的戴维·柯尔在1997年曾对实施快速响应的公司做过调查，得出的结论是："在美国，那些实施第一阶段快速响应的公司每年可以节省15亿美元的费用，而那些实施第二阶段快速响应的公司每年可以节省费用27亿美元。"

零售商在应用快速响应系统后，销售额大幅度增加，商品周转速度大幅度提高，需求预测误差大幅度下降。应用快速响应系统后之所以有这样的效果，其原因是：

（1）销售额的大幅度增加。应用快速响应系统后，可以降低经营成本，从而能降低销售价格，增加销售；伴随着商品库存风险的减少，商品以低价位定价，增加单位收入；能避免缺货现象，从而避免销售的机会丧失；易于确定畅销商品，能保证畅销商品的品种齐全，连续供应，提高信誉。

（2）商品周转速度的大幅度提高。应用快速响应系统可以减少商品库存量，并保证畅销商品的正常库存量，加快商品周转。

（3）需求预测误差大幅度减少。显而易见，距离订货的时间越近，需求预测就越接近理想状态。应用快速响应系统可以及时获得销售信息，把握畅销商品和滞销商品，同时通过多频度小数量的送货方式，实现实需型进货（零售店需要的时候才进货），这样使需求预测误差可减少到10%左右。

6.1.4 实现快速响应的六个步骤

快速响应原来是大型零售商获取市场份额并进行全球竞争的工具，现在已成为所有商品制造商和中间商的标准战略行为。它意味着以更低的成本增加销售额，更好地对商品进行分类以及向客户提供优质的服务。

实施快速响应需要六个步骤（如图6－2所示）。每一个步骤都以前一个步骤为基础，都比前一个步骤回报更高，但是需要的投资也更高。

1. 条形码和EDI

零售商首先必须安装条形码、POS扫描和电子数据交换（EDI）等技术设备，以加快POS机收款速度，获得更准确的销售数据并使信息沟通更加通畅。POS扫描用于数据输入和数据采集，它是指在收款检查时用光学方式阅读条形码，然后将条形码转换成相应的商品代码。

条形码用于产品识别，它对POS端的顾客服务和有效的操作是至关重要的。扫描条形码可以快速准确地检查价格并记录交易。

EDI用于在计算机间交换商业单证。公司将其业务单证转换成行业标准格式，并传输到某个网站（VAN），贸易伙伴从VAN上接收到这些单证，然后将其从标准格式转为自己系统可识别的格式。EDI可传输的单证包括订单、发票、订单确认、销售和存货数据及提前运输通知等。

2. 固定周期补货

快速响应的补货要求供应商更快、更频繁地运送重新订购的商品，以保证店铺不缺货，从而提高销售额。零售商通过对商品实施快速响应并保证这些商品能满足顾客需求，加快商品的周转，为消费者提供更多可供选择的品种。

自动补货是指基本商品销售预测的自动化。自动补货使用基于过去和目前的销售数据及其可能变化的软件进行定期预测，同时考虑目前的存货情况和其他因素，确定订货量。基本商品每年的销售模式一般不会受流行趋势的影响，它们的销售量是可以预测的，所以不需要对商品进行考察就可确定重新订货的数量。自动补货是由零售商、批发商在仓库或店内进行的。

3. 先进的补货联盟

这是为了保证补货业务的流畅，零售商和制造商联合起来检查销售数据，制订关于未来需求的计划和预测，在保证现货和避免缺货的情况下降低库存水平。还可以进一步由制造商管理零售商的存货和补货，以加快库存周转速度。

4. 零售空间管理

这是指根据每个店铺的需求模式来确定其经营商品的花色品种和补货业务。一般来说，制造商也可以参与甚至制定花色品种、数量、店内陈列及培训或激励售货员等决策。

5. 联合产品开发

这一步的重点不再是一般商品和季节商品，而是服装等生命周期很短的商品。制造商和零售商联合开发新产品，其关系的密切程度超过了购买与销售的业务关系，这样可缩短从新产品概念到新产品上市的时间，而且可经常在店内对新产品进行试销。

6. 快速响应的集成

通过重新设计业务流程，将前五步的工作和公司的整体业务集成起来，以支持公司的整体战略。快速响应前四步的实施可以使零售商和制造商重新设计产品补货、采购和销售业务流程。前五步使配送中心得以改进，可以适应多频次小运量的运输，使配送业务更加流畅。

同样，由于库存量的增加，大部分消费品制造商也开始强调存货的管理，改进采购和制造业务，使他们能够作出正确的响应。

最后一步要求零售商和消费品制造商重新设计其整个组织、业绩评估系统、业务流程和信息系统，设计的中心是围绕消费者而不是传统的公司职能。

有时可以先完成最后一步工作，至少是先设计整体体系结构，这样补货的改进和新产品的开发就会尽可能地互相吻合。在确定公司核心业务及其发展方向时，应有战略眼光。

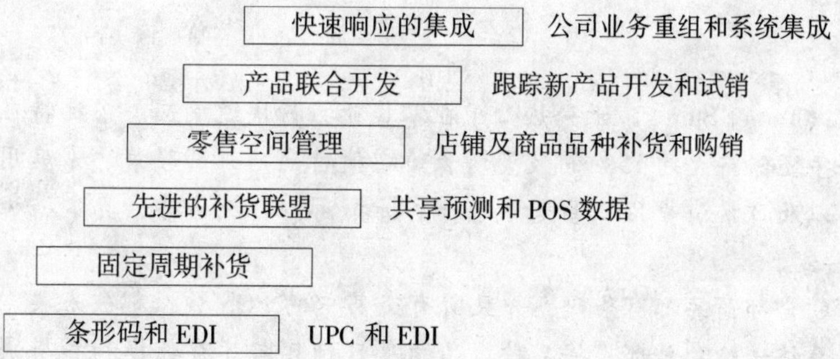

图 6－2　QR 实施六阶段

6.1.5 QR成功的五项条件

Black Burn 在对美国纺织服装业进行研究的基础上，认为成功实施 QR 的条件是：

1. 改变传统的经营方式、企业经营意识和组织结构

（1）企业不能局限于依靠本企业独自的力量来提高经营效率的传统经营意识，要树立通过与供应链各方建立合作伙伴关系，努力利用各方资源来提高经营效率的现代经营意识。

（2）零售商在垂直型 QR 系统中起主导作用，零售店铺是垂直型 QR 系统的起始点。

（3）在垂直型 QR 系统内部，通过 POS 数据等销售信息和成本信息的相互公开和交换，来提高各个企业的经营效率。

（4）明确垂直型 QR 系统内部各企业之间的分工协作范围和形式，消除重复作业，建立有效的分工协作框架。

（5）必须改变传统的事务作业的方式，实现自动化。

2. 开发和应用现代信息处理技术

通过利用信息技术实现事务作业的无纸化。这些信息技术有条码技术，电子订货系统（EOS），POS 系统，EDI 技术，电子资金转账（EFT），卖方管理库存（VMI），连续补货（CRP）等。

3. 与供应链各方建立战略伙伴关系

具体内容包括以下两个方面：一是积极寻找和发现战略合作伙伴。二是在合作伙伴之间建立分工和协作关系。合作的目标定为削减库存，避免缺货现象的发生，降低商品风险，避免大幅度降价现象发生，减少作业人员和简化事务性作业等。

4. 改变传统的对企业商业信息保密的做法

将销售信息、库存信息、生产信息、成本信息等与合作伙伴交流共享，要求各方一起发现问题、分析问题和解决问题。

5. 供应方必须缩短生产周期，降低商品库存

具体来说供应方应努力做到：缩短商品的生产周期；进行多品种少批量生产和多频度少数量配送，降低零售商的库存水平，提高顾客服务水平；在商品实际需要将要发生时采用 JIT 方式组织生产，降低供应商自身的库存水平。

QR 应用实例：

塔捷特商店（Target Stores）十分热心于在零售业推行快速响应。塔捷特在美国有 500 多家大型商店，每年还保持大约 15% 的数量增长。塔捷特商店经营服装、家庭用品、电器、卫生用品、美容品以及日常消费品。塔捷特是一个折扣商，与凯马特、奥尔玛和西尔斯等商店竞争。

塔捷特经营的全部商品都有条码，并且所有交易中的 POS 数据都被采集。每日数据于当晚经由卫星通讯系统传输到总部，将某种商品的每日销售与库存数据和参与快速响应的重要供应商共享，塔捷特不允许完全地自动补货，但向供应商保证每周定货。因为供应商了解整个企业的库存目标、现有存货和实际销售数据，所以很容易把握订货数量，并利用这些信息制订自己的生产与分销计划。

每周一次的订货确定后，供应商在一周内将产品送至塔捷特的 6 个配送中心。一旦货到配送中心，塔捷特的管理部门在考虑到下一周的销售情况后，向每个商店配送。所以，商店每周接受每个品类的补充送货，相对于供应商而言，是两周为一个周期。

在这个系统中，塔捷特首要的目的不是减少商店总的库存，相反，塔捷特的营销理念是消费者喜欢也希望商店是“丰富”的，即顾客想要的每个品类均能在商店找到且随手可得。因此，商店的所有存货应该陈列出来，而不是放在顾客看不见的库房里。货架设计要使顾客能轻易看到所供商品的丰富。现货可获得性的标准定得相当高，塔捷特希望达到95%的现有率。在这里，“现有”意味着“设计最大库存量的至少40%是在货架上”。根据这个标准，传统的缺货百分比实际上为零。为支持此标准，塔捷特依靠快速响应方法，提高补充送货的“合适度”。补充供应体系的目标是使每个品类尽可能百分之百地接近货架设计容量，而不产生多余的存货，否则，需要额外的存储场地。这部分后备库存是塔捷特不愿看到的，因为它们没有陈列，所以不直接创造效益，且由于频繁搬运货物进出储存场所，既增加费用，又极易丢失、损坏或被盗。

塔捷特发现其快速响应系统取得了显著成效，成为企业取得成功的一个重要因素。体系中的重要供应商也从订货的稳定性以及销售与库存数据共享带来的那些订货的可预见性增加上获益。塔捷特的利益从供应商、配送中心、商店较高的商品可获得性中得到。由于频繁地补货，配送中心的周期订货量较小；因为预测期缩短，安全库存较低。当然，这些会带来较高的运输成本，增加数据系统费用。通过在配送中心的库存成本节约和系统带来的补充订货的“合适度”提高，大大节省了商店的货物处理费用，这可以补偿那些增加的成本。此外，系统运转所需的销售数据对有效的商品经营极为有用，与供应商的密切联系使得价格下降并节约其他采购费用。总之，塔捷特致力于其快速响应系统，并积极扩展系统至更多、更重要的供应商，以实现在所有大销量的品类上100%的快速响应目标。

6.1.6 快速响应的最新发展

快速响应已有十多年的历史，如今尽管快速响应的基本原则没有变化，但它的策略以及技术却今非昔比。最初，供应链上的每一个企业（如制造商、分销商或零售商）都单独发挥作用，每一个企业都对其贸易伙伴的业务不感兴趣，更谈不上同其贸易伙伴共享信息。随着市场竞争的加剧，管理人员逐渐认识到，应改进自己的业务系统，提高产品的质量，以便为客户提供最好的服务。

20世纪80年代末至90年代初，在市场竞争的强大压力之下，一些先导企业开始考虑评估和重组它们的经营方式，从而导致了对供应链物流和信息流的重组活动。在80年代，人们对供应链优化的聚焦点是技术解决方案，现在已转变为重组他们的经营方式以及与贸易伙伴的密切合作方面。例如，宝洁与沃尔玛通过密切合作来确定库存水平和营销策略。

目前在欧洲和美国，快速响应系统的发展已跨入第三个阶段，即联合计划、预测与补货(Collaborative Planning，Forecasting and Replenishment，简称CPFR）阶段。CPFR是一种建立在贸易伙伴之间密切合作和标准业务流程基础上的经营理念，CPFR研究的重点是供应商、制造商、批发商、承运商及零售商之间协调一致的伙伴关系，以保证供应链整体计划、目标和策略的先进性。它应用一系列技术模型，这些模型具体如下：

（1）通信系统是开放且安全的；

（2）适用于各个行业；

（3）在整个供应链上是可扩展的；

（4）能支持多种需求，如新数据类型、各种数据库系统之间的连接。

然而，值得一提的是，即使在美国，如今也有一半以上的零售商不允许别人访问他们的POS扫描数据，而这些数据对于供应商来说至关重要，因此他们不得不用高库存来避免因缺货造成的损失，但这样做却大大提高了存货成本，不利于供应链效率的提高。要真正实现CPFR，零售商必须向其贸易伙伴开放自己的POS扫描数据。

KSA通过调查、研究和分析认为，通过实施CPFR可以达到如下目标：

（1）新产品开发的前导时间可以减少2/3；

（2）可补货产品的缺货将大大减少，甚至消除（通过供应商与零售商的联合从而保证24小时供货）；

（3）库存周转率可以提高1～2倍（通过制造商减少提前时间，零售商利用顾客需求导向策略）；

（4）通过敏捷制造技术，企业的产品中可以有20%～30%是根据用户的特定需求而制造的。

快速响应在过去的10年中取得了巨大的成功，商品的供应商和零售商通过这一方法为他们的客户提供了更好的服务，同时也减少了整个供应链上的非增值成本。快速响应作为一种供应链管理方法，必将向其更高的阶段发展，必将为供应链上的贸易伙伴——供应商、分销商、零售商和最终客户带来更大的价值。

6.2 高效客户响应（ECR）

6.2.1 ECR的概念

ECR（Efficient Consumer Response）即“高效客户响应”，它的应用始于食品杂货分销系统，是分销商和供应商为消除系统中不必要的成本和费用，给客户带来更大效益而进行密切合作的一种供应链管理方法。

其含义包括两个方面的内容：第一，ECR以满足顾客要求和最大限度降低物流过程费用为原则，能及时作出准确反应，是使提供的物品供应或服务流程最佳化的一种供应链管理战略。第二，ECR的最终目标是建立一个具有高效反应能力和以客户需求为基础的系统，使零售商及供应商以业务伙伴方式合作，提高整个食品杂货供应链的效率，而不是单个环节的效率，从而大大降低整个系统的成本、库存和物资储备，同时为客户提供更好的服务。

要实施高效顾客响应，首先，应联合整个供应链所涉及的供应商、分销商以及零售商，改善供应链中的业务流程，使其最合理有效；然后，再以较低的成本，使这些业务流程自动化，以进一步降低供应链的成本和时间。具体地说，实施ECR需要将条码、扫描技术、POS系统和电子数据交换（EDI）集成起来，在供应链（由生产线直至付款柜台）之间建立一个无纸系统（如图6－3所示），以确保产品能不间断地由供应商流向最终客户，同时，信息流能够在开放的供应链中循环流动。这样，才能满足客户对产品和信息的需求，即给客户提供最优质的产品和适时准确的信息。

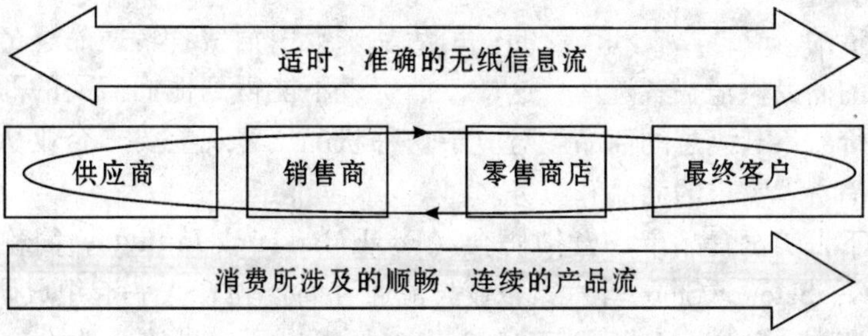

图 6-3　ECR 系统示意图

高效顾客响应是一种运用于工商业的策略，供应商和零售商通过共同合作（如建立供应商/分销商/零售商联盟），改善其在货物补充过程中的整体性效率，而不是以单方面不协调的行动来提高生产力，这样能节省由生产到最后销售的贸易周期的成本。

以需求为基础的系统，使零售商及供应商以业务伙伴方式合作，提高整个食品杂货供应链的效率，而不是单个环节的效率。通过高效顾客响应，如计算机辅助订货技术，零售商无需签发订购单，即可实现订货；供应商则可利用 ECR 的连续补货技术，随时满足客户的补货需求，使零售商的存货保持在最优水平，从而提供高水平的客户服务，并进一步密切与客户的关系。同时，供应商也可从商店的销售数据中获得新的市场信息，改变销售策略；对于分销商来说，ECR 可使其快速分拣运输包装，加快订购货物的流动速度，进而使消费者享用更新鲜的物品，增加购物的便利和选择，并加强消费者对特定物品的偏好。

6.2.2　高效客户响应产生的背景

20 世纪 60 年代和 70 年代，美国日杂百货业的竞争主要在生产厂商之间展开。竞争的重心是品牌、商品、经销渠道、大量的广告和促销，在零售商和生产厂家的交易关系中生产厂家占据支配地位。进入 80 年代特别是到了 90 年代以后，在零售商和生产厂家的交易关系中，零售商开始占据主导地位，竞争的重心转向流通中心；商家自有品牌（PB）、供应链效率和 POS 系统。同时在供应链内部，零售商和生产厂家之间为取得对供应链主导权的控制，同时为商家品牌和厂家品牌（NB）占据零售店铺货架空间的份额展开着激烈的竞争，这种竞争使得在供应链的各个环节上的成本不断增加，导致供应链整体的成本上升，而且容易牺牲力量较弱一方的利益。

在这期间，从零售商的角度来看，随着新的零售业形态如仓储商店、折扣店的大量涌现，使得它们能以相当低的价格销售商品，从而使日杂百货业的竞争更趋激烈。在这种状况下，许多传统超市从业者开始寻找应对这种竞争的新管理方法。从生产厂家的角度来看，由于日杂百货商品的技术含量不高，大量无实质性差别的新商品被投入市场，使生产厂家之间的竞争趋同化。生产厂家为了获得销售渠道，通常采用直接或间接的降价方式作为向零售商促销的主要手段，这种方式往往会大量牺牲厂家自身的利益。所以，如果生产商能与供应链中的零售商结成更为紧密的联盟，将不仅有利于零售业的发展，同时也符合生产厂家自身的利益。

另外，从消费者的角度来看，过度竞争往往会使企业在竞争时忽视消费者的需求。通常消费者要求的是商品的高质量、新颖、服务好和在合理价格基础上的多种选择。然而，许多企业往往不是通过提高商品质量、服务质量和提供在合理价格基础上的多种选择来满足消费者，而是通过大量的诱导性广告和广泛的促销活动来吸引消费者转换品牌，同时通过提供大量非实质性变化的商品供消费者选择。这样，消费者不能得到他们需要的商品和服务，他们得到的往往是高价、不甚满意的商品。对应于这种状况，客观上要求企业从消费者的需求出发，提供能满足消费者需求的商品和服务。

在上述背景下，美国食品市场营销协会（Food Marketing Institute，简称 FMI）联合包括 Coca－Cola，P&G，Safeway Store 等六家企业与流通咨询企业 KSA 一起组成研究小组，对食品业的供应链进行调查、总结、分析，于 1993 年 1 月提出了改进该行业供应链管理的详细报告。在该报告中系统地提出高效客户响应（ECR）的概念体系。经过“美国食品市场营销协会”的大力宣传，ECR 概念被零售商和制造商所接纳并被广泛地应用于实践。

6.2.3 高效客户响应战略

高效客户响应的核心是通过向消费者传递价值来提高业绩。利用信息技术并关注消费者的需求，零售商和制造商可以针对某一产品品种制定优化的产品定价、促销和渠道管理战略。制造商、批发商和零售商可采取下述四种战略来实现这个目标（见图 6－4 和表 6－1）。

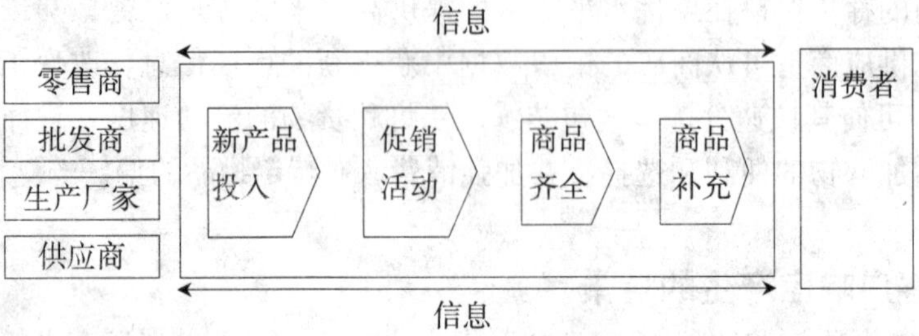

图 6－4 ECR 实施四要素

表 6－1 四大要素的基本内容

快速产品引进	最有效地开发新产品，制订产品的生产计划，以降低成本。
快速商店分类	通过第二次包装等手段，提高货物的分销效率，使库存和商店空间的使用率最优化。
快速促销	提高仓储、运输、管理和生产效率，减少预先购买、供应商库存及仓储费用，使贸易和促销的整个系统效率提高。
快速补充	包括 EDI、以需求为导向的自动连续补充和计算机辅助订货，使补充系统的时间和成本最优化。

1. 有效的店内布局

这个战略的目的是通过有效地利用店铺空间和店内布局来最大限度地提高商品的获利能力。零售商可通过空间管理系统来提高货架的利用率。有效的商品分类要求店铺储存消费者需要的商品，把商品范围限制在高销售率的商品上，这样可提高所有商品的销售业绩。

研究发现，单品总数减少 10%～15% 不会对销售额产生任何影响。这样可将其占用的资金释放出来，用在获利更多的业务领域。

商品品种的决策要求企业必须了解消费者的需求变化。进行消费者调查可使企业了解消费者的购买行为。例如，美国尼尔森调查公司（C. Nielson）就设计了一种网上顾客调查方案，能帮助企业全面了解顾客的家庭购买行为。顾客偏好的任何变化都可通过这种调查反映出来。

企业应经常监测店内空间分配以确定产品的销售业绩。零售商应每月至少检查一次商品的空间分配情况，这样，品种经理就可以对新产品的导入、老产品的撤换、促销措施及季节性商品的摆放进行及时准确的决策。同时，通过分析各种商品的回报率，可以帮助企业了解商品的销售趋势，使企业能对商品的空间分配进行适当的调整，以保证商品的销售能够实现事先确定的投资收益水平。

2. 有效的补货

有效补货战略的目的在于降低系统的运行成本，从而降低商品的售价。它的目标是以最有效的方式将适当数量的适当商品在适当的时间、适当的地点提供给消费者。

有效补货的构成要素有：①POS 机扫描；②店铺单品预测；③店铺的电子收货系统；④单品的价格和促销数据库；⑤计算机辅助订货系统（CAO）；⑥集成的采购订单管理；⑦配送系统；⑧仓库的电子收货；⑨直接出货；⑩自动化的会计系统。

3. 有效的促销

有效促销战略的主要内容是简化贸易关系，将经营重点从采购转移到销售上来。许多经营快速周转消费品的企业把资源放在促销活动上，使消费者从这些促销活动中获利。

一般而言，主要有三种促销活动：消费者广告、消费者促销和贸易促销。近年来，很多行业的促销重点渐渐地从消费者广告转到贸易促销，而消费者促销基本上没有大的变化。出现这种转变的主要原因是，在市场增长比较缓慢的情况下，企业需要获得短期的销售增长和市场份额。而消费者对价格促销的反应要比广告大。但由于消费者对价格更加敏感，所以这种短期战略损害了顾客的品牌忠诚度。

最初的贸易促销方式主要是，如果供应商在指定时期内送货，可得到一些折扣。零售商于是在折扣期采购额外的存货，一旦折扣期结束，就通过销售这些多余的存货获得额外的利润。这种做法叫做远期购买，它可以使采用这种方式的零售商获得一些竞争优势。贸易促销还驱使零售商跨地区进行转移购买。远期购买和转移购买这两种方式在零售商中很普遍。它们共同的缺点是延长了存货期，增加了库存成本和财务成本。为了扭转贸易促销带来的这种恶劣局面，可采取以下措施：

（1）制造商为零售商提供多种选择。建议的解决方案是采用固定净价（也称为连续交易价格），它反映多次促销交易的平均附加值和制造商因产品均衡流通所节约的成本。

（2）制造商可以简化促销交易。例如，一家大制造商的促销方案有 112 种，通过分析把这些方案减少到 12 种，这样就会大大减轻零售商和顾客的负担。

（3）制造商应保证分销商的交易单证是正确的。制造商和零售商可以利用 EDI 系统快速交流最新的信息。

消费者促销也是一个重要的营销工具。最常用的是优惠券，但这种促销方式的成本比较高，包括优惠券的印刷费、分发费、兑换费及管理费等。

在高效客户响应模式下，有两种更有效的促销方法：

第一种，POS 机扫描兑换优惠券。制造商可按 POS 数据向零售商返款，可大大降低兑换和验证费用。估计这样做可使零售商的成本下降 50%，制造商也可降低成本。

第二种，在货架上标明促销价，如“制造商打折：降价 5 元”。这样就完全不用优惠券了。POS 系统可在收据上打印出来正常的价格和降价后的价格。制造商可以从 POS 系统中自动得到促销的销售发票，这样免除了打印成本、分发成本及兑付成本，使促销总成本下降25%。

这两种方法都非常有效，因为对消费者的促销以最节约的方式到达了消费者的手中。

4. 有效的产品导入

任何一个行业的新产品导入都是一项重要的创造价值的业务。新产品为消费者带来了新的兴趣和价值，为企业创造了新的业务机会。为了鼓励零售商接受新产品，制造商一般会提供货架位置折扣和其他奖励，这些奖励会产生两种相反的效果：一方面，阻碍销量低的新产品的出现，这样可提高供应链的总效率；另一方面，阻碍新产品的开发，因为说服零售商接受本应拒绝的一种新产品，这会使整个系统的效率都降低。

据估计，食品业的新产品开发和导入成本占总销售额的4%。现在的制造商是通过大众广告和促销来与消费者进行沟通的，广告和促销活动使消费者对产品产生了潜在的需求，从而降低了零售商在选择产品中所起的作用。这种方法使零售商根据店内消费者的需求来评价新产品变得很困难。

有些制造商尝试在零售商和消费者之间重新建立起以前的那种联系。一种方法是通过消费者卡（如现金卡或平常的会员卡）来识别消费者，通过把卡上信息与本地人口统计信息联系起来，零售商就可以构造一个数据库来了解他们的顾客及其购买模式。

这些顾客数据库是非常有效的。品种管理经理可以分析哪些顾客对哪些促销活动有反应，谁是品牌忠诚者等。而这些信息又有助于对促销、定价、店内空间管理、产品的引进和淘汰等进行决策。这些数据库工具也可更有效地帮助新产品的导入。

有效的产品导入包括让消费者和零售商尽早接触到这种产品。首要的策略就是零售商和制造商应为了双方共同的利益而紧密合作。这个业务包括把新产品放在一些店铺内进行试销，然后按照消费者的类型分析试销的结果，根据这个信息决定如何处理这种新产品，如淘汰产品，改进产品，改进营销方法或采用不同的分销策略。

6.2.4 高效客户响应对成本的节约

高效客户响应对成本的节约主要来自：第一，直接成本的节约，即通过减少额外活动和费用直接降低成本；第二，间接成本的节约，主要是实现单位销售额的存货量降低。

根据欧洲供应链管理委员会的调查报告，在接受调查的392家公司中，制造商实施有效顾客响应系统后，预期销售额增加5.3%，制造费用减少2.3%，销售费用减少1.1%，货仓费用减少1.3%及总赢利增加5.5%。而批发商及零售商也有相似的获益：销售额增加5.4%，毛利增加3.4%，货仓费用减少5.9%，货仓存货量减少13.1%及每平方米的销售额增加5.3%。由于在流通环节中缩减了不必要的成本，零售商和批发商之间的价格差异也随之降低；这些节约了的成本最终将使消费者受益，各贸易商也将在激烈的市场竞争中赢得一定的市场份额。

对客户、分销商和供应商来说，除这些有形的利益以外，ECR还有着重要的不可量化的无形利益（见表6-2）。

表 6-2 ECR 实施收益

客户	增加选择和购物便利，减少无库存货品，货品更新鲜
分销商	提高信誉，更加了解客户情况，改善与供应商的关系
供应商	减少无存货现象，加强品牌的完整性，改善与分销商的关系

ECR 的应用案例：

从强生（中国）有限公司与上海华联超市有限公司所进行的 VMI（供应商库存管理）项目中，能看到企业在导入 ECR 系统中所走过的一段心路历程。

强生与许多快速消费品行业一样，开始也是以品类管理为突破点。但是随着客户服务要求的提高，品类管理已经显现出了一些局限性。为了能提高 50% 的客户服务水平，同时降低 50% 的库存水准，自动补货概念与工具的导入成为关注的焦点。而强生在导入自动补货概念与工具时考虑的一个关键问题是如何通过工具的使用达成以消费者的实际需求来推动补货的进行，从而达到极高的服务水平以及管理成本和库存水准之间的平衡。基于对上述问题的考虑，VMI 的战略目标逐渐清晰起来。

通过 VMI 要集中做到以下几件事：降低零售商总仓及分店的库存水平，保证零售商总仓备货率。库存状况和服务表现水平被明确定义和自动跟踪，消费预测及总仓订货的全程透明化。所有的数据通过 EDI 分享，同时提高数据的准确性与及时性。在亚洲和欧洲众多的 VMI 厂商中，强生最终选择了欧洲一家领先的 VMI 供应商。

强生在讨论实施 VMI 项目的时候，上海华联也在寻求与供应商建立 EDI 订单管理系统。一个很好的契机，强生与上海华联开始了 VMI 的试点。两家实施 VMI 的目标是要合理调节华联超市的强生产品库存水平，改善强生对华联超市总仓的物流服务水平，改善华联超市总仓对各分店的物流水平，提高订单的准确性与时效性，减少双方的管理成本投入。经过半年的磋商与研究，经过确定了考核目标，建立了平台并进行了系统测试，以及对员工进行了培训等一系列工作之后，2002 年项目开始正式实施。

具体的业务流程包括获取信息，生成建议性订单，手工微调，回传订单，再到发送配货等。整个流程大体是在系统内部进行，从而减少了人力与事务性工作，可将注意力集中到影响物流水平的关键事项。而取得的效果也是明显的，强生产品在上海华联超市的销售额，日出货额、库存、总仓备货率和订单满足率等关键绩效指标都有明显的提高。而一些具体细化的成果也可以看到，比如对非促销单品与促销单品的备货更加科学，库存水平改善到稳定合理的状态，在何种情况下降低总仓缺货率。

6.2.5 QR 与 ECR 比较

这里我们对上面介绍的快速响应（QR）和高效客户响应（ECR）进行较系统的比较，即对本章做个小结。

QR 主要集中在一般商品和纺织行业，其主要目标是对客户的需求作出快速反应，并快速补货。ECR 主要以食品行业为对象，其主要目标是降低供应链各环节的成本，提高效率。这是因为食品杂货店与纺织服装行业经营的产品的特点不同：杂货店经营的产品多数是一些功能型产品，每一种产品的寿命相对较长（生鲜食品除外），单位成本也较低，因此，短时期内订货数量与实际需求产生的差别带来的损失相对较小。纺织服装业经营的产品多属创新型产品，每一种产品的寿命（由于季节性或流行趋势导致）相对较短，单位成本相对较高，因此，短时期内订货数量与实际需求的出入就会造成相对较大的损失。

快速响应和高效客户响应的共同特征表现为打破企业之间的界限，通过合作追求供应链的效率。具体表现在如下三个方面：

第一，贸易伙伴间商业信息的共享，即零售商将原来不公开的POS系统商品管理数据提供给制造商或分销商，制造商或分销商通过对这些数据的分析来实现高精度的商品进货、调整计划，降低产品库存，防止出现次品，进一步使制造商能制订、实施适应消费者需求的生产计划。

第二，商品供应方进一步涉足零售业，提供高质量的物流服务。作为商品供应方的分销商或制造商比以前更接近位于流通最后环节的零售商，特别是零售业的店铺，从而保障物流的高效运作。当然，这一点与零售商销售、库存等信息的公开是紧密相连的，即分销商或制造商所从事的零售补货机能是在对零售店铺销售、库存情况迅速了解的基础上开展的。

第三，企业间订货、发货业务全部通过电子数据交换（EDI）来进行，实现订货数据或出货数据的传送无纸化。企业间通过积极、灵活运用这种信息通信系统，来促进相互间订、发货业务的高效化。计算机辅助订货（CAO）、供应商管理库存（VMI）、连续补货（CRP）以及建立产品与促销数据库等策略，打破了传统的各自为政的信息管理、库存管理模式，体现了供应链的集成化管理思想，适应市场变化的要求。

从具体实施情况来看，建立世界通用的标识系统，以及用计算机连接的能够反映物流和信息流的综合系统，是供应链管理必不可少的条件。整个供应链上的各级企业都可以在相连通的供应链管理信息系统基础上，确定各种计划和进货流程。也正因为如此，供应链管理的电子化，达到最终全过程的货物追踪系统和贸易伙伴间的沟通系统的建立，成为供应链管理的重要因素。

6.3 案例分析

家乐福：从VMI中受益无穷

VMI是QR系统的一种重要物流运作模式，也是QR走向高级阶段的重要标志。VMI的核心思想在于零售商放弃商品库存控制权，而由供应商掌握供应链上的商品库存动向，即由供应商依据零售商提供的每日商品销售资料和库存情况来集中管理库存，替零售商下订单或连续补货，从而实现对顾客需求变化的快速反应。VMI不仅可以大幅度改进QR系统的运作效率，即加快整个供应链面对市场的回应时间，较早地得知市场准确的销售信息，而且可以最大化地降低整个供应链的物流运作成本，即降低供应商与零售商因市场变化带来的不必要库存，达到挖潜增效、开源节流的目的。

正是看到了VMI的上述特殊功效，家乐福在引进QR系统后，一直努力寻找合适的战略伙伴以实施VMI计划。经过慎重挑选，家乐福最后选择了其供应商雀巢公司。就家乐福与雀巢公司的既有关系而言，双方只是单纯的买卖关系，唯一特殊的是，家乐福对雀巢来说是一个重要的零售商客户。在双方的业务往来中，家乐福具有十足的决定权，决定购买哪些产品与数量。

两家公司经协商，决定由雀巢建立整个VMI计划的机制，总目标是增加商品的供应效率，降低家乐福的库存天数，缩短订货前置时间，以及降低双方物流作业的成本等。

由于双方各自有独立的内部 ERP 系统，彼此并不相容，因此家乐福决定与雀巢以 EDI 连线方式来实施 VMI 计划。在 VMI 系统的经费投入上，家乐福主要负责 EDI 系统建设的花费，没有其他额外的投入；雀巢公司除了 EDI 建设外，还引进了一套 VMI 系统。经过近半年的 VMI 实际运作后，雀巢对家乐福配送中心产品的到货率由原来的 80% 左右提升至 95%（超过了目标值）。家乐福配送中心对零售店铺产品到货率也由 70% 提升至 90% 左右，并仍在继续改善中；库存天数由原来的 25 天左右下降至 15 天以下，在订单修改方面也由 60% ~70% 下降至现在的 10% 以下，每日商品销售额则上升了 20% 左右。总体而言，VMI 使家乐福受益无穷，极大地提升了其市场反应能力和市场竞争能力。

相对家乐福的受益而言，雀巢公司也受益匪浅。最大的收获便是在与家乐福的关系改善方面。过去雀巢与家乐福只是单向买卖关系，所以家乐福要什么就给它什么，甚至是尽可能地推销产品，彼此都忽略了真正的市场需求，导致好卖的商品经常缺货，而不畅销的商品却有很多存货。这次合作使双方愿意共同解决问题，从而有利于从根本上改进供应链的整体运作效率，并使雀巢容易掌握家乐福的销售资料和库存动态，以便更好地进行市场需求预测和采取有效的库存补货计划。

——中国物流网

【本章小结】

本章讨论两种常见的供应链管理方法：快速响应（QR）和高效客户响应（ECR）。

快速响应（quick response）是美国零售商、服装制造商以及纺织品供应商开发的整体业务概念，目的是减少原材料到销售点的时间和整个供应链上的库存，最大限度地提高供应链的运作效率。QR 的着重点是对消费者需求作出快速反应。

高效客户响应（Efficient Consumer Response，简称 ECR），是在食品杂货分销系统中，分销商和供应商为消除系统中不必要的成本和费用，给客户带来更大效益而进行密切合作的一种供应链管理策略。

【关键术语和概念】

QR　联合计划　预测　补货　ECR　高效产品引进　高效商品品种　高效促销　高效补货

【思考与练习】

1. 分析 QR 策略取得成功的根本原因。
2. 比较 ECR 与 QR 的异同。
3. 实施 ECR 所带来的主要优势有哪些？

【补充阅读】

1. 赵刚．供应链管理．北京：电子工业出版社，2006
2. 张成海．供应链管理技术与方法．北京：清华大学出版社，2002

第 7 章　供应链管理的核心信息技术

◎本章学习要点

1. 信息在供应链管理中的意义
2. 条码及射频技术
3. GPS 技术
4. EDI 技术
5. 电子商务

◎本章学习内容

1. 供应链中的信息
2. 条码及射频技术
3. 电子商务和供应链
4. 电子数据交换接口（EDI）
5. 地理信息系统（GIS）/全球定位系统（GPS）技术

◎案例分析
◎本章小结
◎关键术语和概念
◎思考与练习
◎补充阅读

正如许多人所说，我们已经生活在工业时代的末期，并且已经看到了信息和知识时代的曙光。在工业时代，财富主要来自劳动力、生产资产和产成品。如今，随着信息价值的不断增长和通信速度的不断加快，信息越来越成为创造财富的基本资源。当今的管理者已不能仅仅应将信息技术视为重要的管理工具，通过各种自动化手段来减少周期时间和提高生产率，而且应将信息视为最关键的使能器（enabler），通过信息创造具有高度竞争力的组织结构和企业文化，使企业不仅可以在企业内部，而且在整个供应链中追求卓越。供应链管理战略的实施和具体运作都离不开信息技术的支撑，信息技术的使用使得供应链中的所有企业可以将自己的战略与运作活动统一起来，来追求最大的竞争优势。本章将论述信息技术对供应链管理的支撑作用、供应链管理的核心信息技术［标识代码、自动识别与数据采集以及电子数据交换（EDI）互联网技术和电子商务］以及它们在供应链管理中的应用。

7.1 供应链中的信息

范例：信息技术的效果

某配送中心通常需要11天的时间才能确定一个订单并将其交给供应商，并且从接受订单到发货单结算通常平均花费168小时。在2006年，整个采购流程——从开始做订单到最后开发票——均用手工处理，处理计算平均要用492小时。但是，采用了一个新的资源计划信息系统后，确定并出具订单只需要2个小时，而结算则只需要1个小时。采购流程总共只需要19个小时。在2007年，由于系统和流程的改进，在供应管理方面共节省成本400~600万元。

问：该中心成本节省的根本原因是什么？

7.1.1 信息的重要性

可以说没有当今高速发展的信息技术，供应链管理就根本不可能实施。供应链管理概念的产生和发展与信息技术的应用密不可分。这一论点可以从以下几个方面加以阐述。

第一，供应链管理运作所要求的地理上分散的流程团体的网络化、渠道策略和运作的集成、供应链中的存货管理、运输计划、自动补库等，没有信息技术的支撑是根本不可能的。供应链管理为企业获得竞争优势提供了非常重要的管理思想和方法，而这一思想和方法自诞生之日起，就与计算机技术与通信系统紧密地联系在一起。

第二，网络化是企业内外的竞争力与资源进行集成的基础，集成和网络化互相补充。集成强调对人和资源进行调整和再调整。集成过程使我们在不断变化的关系模式中，即彼此之间、与顾客、与顾客的顾客、与供应商、与供应商的供应商进行协同。集成的过程是人力资源网络化的过程：把我们的想象和知识连接成网络，以使我们可以对具体的机会采取决定性的行动。可见集成离不开现代信息技术的应用。

第三，供应链管理依赖信息技术。传统的组织已不适应供应链管理的要求，必须建立以流程为基础的供应链组织，才能实现有效的供应链管理，而以流程为基础的组织的建立，不论是虚拟企业、动态协作，还是知识联网，都需要信息技术的支持。

第四，信息共享成为供应链管理的关键。过去，业务环境中的信息受到信息处理速度的限制，数据的采集、处理、存储和传递速度十分缓慢，也不可能建立一个共享数据库。人们只能借助原始的数据处理方法。供应链成员之间的失真的信息经常产生固有的不经济性，如过分的库存投资，顾客服务差，经济效益低下，物流计划不合理，误导运输供给和生产计划等。随着信息技术的进步，我们可以处理大量的信息并传递大量的数据，通过以分布式开放系统为基础的共享数据库系统的应用，不仅在企业内部，而且在整个供应链中可实现共享，业务数据不仅对顾客和供应商透明，对顾客的顾客、供应商的供应商也是透明的。只要供应链上的贸易伙伴进行密切合作，借助信息技术，完全可以解决由信息失真引起的“牛鞭效应”。这些进步无疑要依赖当前飞速发展的信息技术。

第五，信息技术普遍应用在供应链管理方法中。从某种意义上讲，供应链管理的实践先于理论的产生。典型的供应链管理方法，如快速响应（QR）、高效客户响应（ECR）、高效补货（RP）等都离不开各种信息技术的应用，尤其是条码技术、射频识别技术、EDI 技术的应用。

第六，实施供应链管理的顶尖级公司都十分重视信息技术的应用，取得了显著的成功。供应链管理是一个全面管理的概念，以寻求将内部的业务职能与联盟业务伙伴的职能结合在一起，形成统一的供应链系统。供应链管理成功程度的衡量主要是看构成供应链的企业资源和能力的结合程度以及顾客满意的程度。将供应链成员联系在一起的是信息技术，而他们应用的工具是他们所开发的信息技术。供应链中的信息节点可以连接在一起，形成网络。联网的信息节点越多，信息共享程度越高，供应链中的决策越有效。

应用案例 1：沃尔玛的专用通信系统可以使公司每天将所有的 POS 数据传送给 4 000 家供应商，使他们能够立即了解零售商的需求。J. C. Penny 的快速响应系统可实现从供应商到商店再到顾客的快速、低成本的采购和购进产品的分销。Hallmark 与它的零售商开发了一套高度集成化的连续补货系统，来保证在即将到来的节假日有合适的贺卡。零售商在出售商品时，先扫描贺卡上的通用产品代码（UPC），然后将销售数据传送到 Hallmark。这套系统可以处理 500 万个库存号码的补货程序，并且可以评估 Hallmark 自己的预测与通过日销售量来决定订货批量。如今，有大约 6 000 家商店建立了这种补货系统。

应用案例 2：美国商业铝制品有限公司是一家制造铝制厨具的公司。它认识到，为了满足不断增长的对铝制厨具的需求，得到实时的信息是必需的。公司开始对现有的各种信息系统进行集成，把运行于 AS/400 上的库存管理系统与运行于另一 AS/400 上的制造资源计划（MRPⅡ）系统集成起来，使得生产计划与配送需求相匹配，以便仓库可以更加有效地监控实际的和期望的补货订单。除了内部制造的铝制厨具以外，产成品也从外部 60 家代理中购进。所有收到的货物中，每一个托盘装载都标有交叉二五条码。收货时，货物上的条码被扫描并通过射频识别技术（RF）传递到库存管理系统中。库存管理系统给每个托盘分配一个位置且通过 RF 通知持有手持终端的叉车司机。最后，司机将托盘存好并将信息通知库存管理系统。

商业铝制品公司在 MRPⅡ系统中手工输入和接收 EDI 订单，然后，订单从令牌环网中下载到库存管理系统中，库存管理系统组织订单装运，并最大限度地利用仓库资源。所有的装运信息通过 RF 终端传递。最后所有订货集中到运输码头，纸箱通过时，固定式扫描器识读纸箱上的条码。根据库存管理系统的指令，分拣器将纸箱送到 15 个通道中的一个，以备最后搬运。所有外向运输都用 UCC/EAN－128 条码标签标识。另外，订单管理系统还准备了一个预先发货通知，详述运输的内容，并将之通过 EDI 报文发送至顾客。新系统产生了很大的作用。自这套新系统实施以来，订单完成率提高了 31%，生产率提高了 49%，而劳动力需求却下降了 18%。库存准确性曾经是 70%，而现在是 100%。同一年以前相比，“完美运输”增加了 1 倍。

7.1.2 信息在供应链中的作用

企业应用供应链管理获得竞争优势在一定程度上依赖于信息技术的发展，成功的企业在供应链管理中的应用信息技术，增强了供应链管理的决策能力，提高了供应链管理的运作效率。典型的例子是沃尔玛公司。它通过应用信息技术构筑的 QR 系统，不仅使自己获得了商业利益和相对于竞争对手的竞争优势，而且改变了所有供应链的经营方式。Tom Nickles、James Mueller 和 Timothy Takacs 的研究表明，将信息技术应用在供应链管理过程中，可产生以下九个方面的效果：

1. 依靠信息技术建立顾客关系

信息技术使供应链管理者通过在它的顾客和供应商之间构筑信息流和知识流来建立新型的顾客关系。例如，通用电器公司建立了一个开放式的在线互联网络 TPN（Trading Process Network），用来招标采购企业所需的原材料和零部件。通用电器公司把企业内部各个部门的采购需要集中起来通过电子市场进行招标，不仅可以发现优良的供应商，节约采购成本，使采购业务合理化，而且为公司内部的采购人员提供了进入全球市场的机会。对于广大的供应商来说，利用通用电器开放式的在线互联网络，可以在任何时间进入通用电器的招标电子市场，了解通用电器的需要，参加投标活动。

2. 依靠信息技术了解市场

有关消费者的信息可以通过互联网来获知，互联网已经成为企业获得消费者和市场需求信息的有效途径。对于全球经营的跨国企业来说，信息技术的发展可以使它们的业务延伸到世界的各个角落。例如，供应链的参与各方通过信息网络交换订货、销售、预测等信息。

3. 开发高效率的营销渠道

通过专用信息系统（如 VMI 系统）可以获知有关零售商商品销售的信息。企业利用互联网与它的经销商协作建立零售商的订货和库存系统。在此基础上，进行连续库存补充和销售指导，从而与零售商一起改进营销渠道的效率，提高顾客满意度。

4. 改变流通方式

产品和服务正在向实用化趋势发展，并正在改变它们的流通和使用方式。如今，许多软件产品通过互联网直接向顾客进行销售，无须分拣、包装、运送等物流作业。例如，音像等软件产品多年来一直以 CD 或磁盘等方式投入市场进行流通销售，这需要进行大量的分拣和包装作业。

5. 构筑新型价值链

信息技术通过利用每个企业的核心竞争能力和行业共有的做法，开始用来构筑企业间的价值链。当生产厂家和零售商开始利用第三方服务，把物流和信息管理等业务向外委托的时候，他们发现管理和控制有第三方参与的供应链是一种挑战。生产厂家、零售商以及由物流信息服务业者组成的第三方服务商形成了一条新型价值链。另外，在航空运输行业，航空公司采用全行业范围的订票系统，而不是各个企业独自的订票系统。

6. 具有及时决策和模拟结果的能力

信息技术的发展使得供应链管理者在进行经营革新或模拟决策结果的时候，可以利用大量有效的信息，供应链管理者基于这些信息可以对供应链进行有效的管理。例如，企业在转移仓库设施或变换生产场所时，通过模型可计算可能出现的结果。许多企业可以基于详细的销售服务信息和成本信息，对市场的变化作出最佳决策。

当前，高技术产品的市场环境变化迅速，由于这类产品的生命周期短，所以企业需要对这类产品不停地进行经营决策。由于进行决策时涉及的变量越来越多，范围越来越广，信息的多样性和复杂性使得传统的决策模型不能适用供应链管理的需要。在这种情况下，许多适用于供应链管理的决策模型软件被开发出来（如 WMS、ERP、SCP、CAPS LOGISTICS 等）。

7. **具有全球化管理和基于消费者要求的定制能力**

经营的全球化一方面要求企业在全球市场进行经营活动，另一方面要求企业适应当地的需要、习惯、文化等从事经营活动。许多企业应用信息技术发展企业的信息系统以协调和管理世界各地的经营活动。

在美国计算机市场，戴尔公司在应用信息技术的基础上发展了基于消费者需求的大量生产系统。最终消费者通过戴尔公司的网站在订货时说明自己对购买产品的功能要求。戴尔公司根据消费者的具体要求生产产品，迅速地配送给顾客。戴尔的电子商务和大批量定制战略的效果表现在：能直接与最终消费者建立信赖关系，高效率地向消费者提供服务，减少与流通库存和营销者活动有关的供应链成本。

8. **信息技术改变传统的供应链构成**

信息技术正在模糊产品和服务之间的区别，并在改变传统供应链的构成。例如，美国的 3COM 公司，传统上或者直接向大宗消费者或者通过销售商的营销网络向消费者销售 Modem 产品。由于 Modem 不断被改进，新产品不停地被投入市场，使得对具体品种的需求进行预测和计划是很困难的。对于这种类型的产品，协调制造商和分销商而产生的物流成本和管理成本是很高的。信息技术的发展完全改变了 3COM 公司 Modem 商品的销售方式。一旦消费者购买了基本 Modem，然后在产品每次升级的时候，通过互联网购买升级版本，完全打破传统上的 Modem 供应链。Modem 的升级实际上成为 3COM 公司提供的服务，而不是以材料表现的产品，这样即使是有百万的顾客同时购买升级版本，3COM 公司也能满足这些顾客的要求，而不受它的生产计划、生产能力和营销渠道等的约束。

9. **学习和革新**

供应链管理者需要不断地改善他们的运作过程，在供应链内部和企业内部分享有用的信息。重要的是企业有能力获得有关供应链革新和增强供应链能力的信息。为此，企业应该建立知识管理系统（knowledge management system），使有效的信息和知识电子化，并且使之能与整个供应链中的成员共同分享。

7.1.3 供应链管理中的信息技术

有关信息技术在供应链管理中的应用，许多学者进行过探讨。究竟供应链管理中用到多少种信息技术，目前尚无定论，因为人们从不同的角度去理解信息技术，并且各种技术和系统的发展又十分迅速。马士华等人认为供应链管理主要涉及产品、生产、财务与成本、市场营销/销售、策略流程、支持服务、人力资源等多个方面，通过采用不同的信息技术，可以提高这些领域的运作绩效。供应链管理中的信息技术及其应用领域可归纳如图 7－1 所示。在《一体化物流管理》一书中，David J. Bloomberg Adrian、Murry Joe B. Hanna 等人重点分析了电子数据交换（EDI）对物流供应链的影响。Robert B. Hand field 和 L. Niches 认为，目前供应链中广泛应用的信息技术主要包括电子商务、电子数据交换、条码和扫描技术、数据仓库、因特网技术、Extranet/Intranet 技术、WWW 技术和决策支持系统，并着重介绍几种技术在供应链管理中的应用。Martin Stein 和 Frank Voehl 研究和分析了信息技术带来的知识经济的冲击对产品生命周期的影响。他们所提到的信息技术主要包括以下方面：网络技术、卫星通信技术、信息高速公路、局域网技术、电子广告和数据库、因特网和 WWW 技术、合作网络、电子数据交换系统、专家系统和增值网络、并行系统与神经网络、企业虚拟工作间和图像处理技术等。唐纳德·J. 鲍尔索克斯与戴维·J. 克劳斯认为，供应链过程应用到的信息技术有：电子数据交换（EDI）、个人电脑、人工智能/专家系统、通信技术、条码和扫描技术。

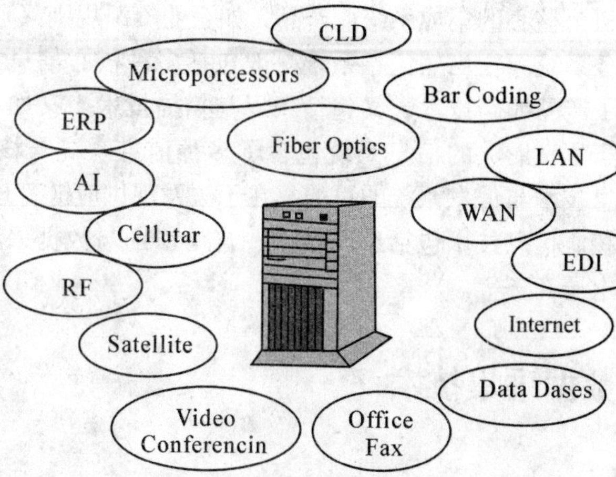

图 7-1　信息技术在供应链中的应用

David Frederick Ross 在《通过供应链竞争》一书中，将供应链中用到的信息技术与产品进行了归纳，如图 7-2 所示，并将他认为供应链中用到的信息技术分为四个方面：业务信息系统、通信技术、物料搬运技术及因特网。业务信息系统主要指以计算机为基础的集成系统和产品，如企业资源规则（ERP）、计算机集成配送（CID）、各种预测和计算系统、自动补库系统、库存管理系统、制造控制系统、计算机工程工具、财务系统等。通信技术的范围十分广泛，并且在供应链管理中的应用潜力很大。它包括电话、电话会议、声音邮件、卫星通信、电子数据交换（EDI）等。物料搬运技术主要包括条码技术与射频技术。因特网则是指人们所熟知的互联网技术。

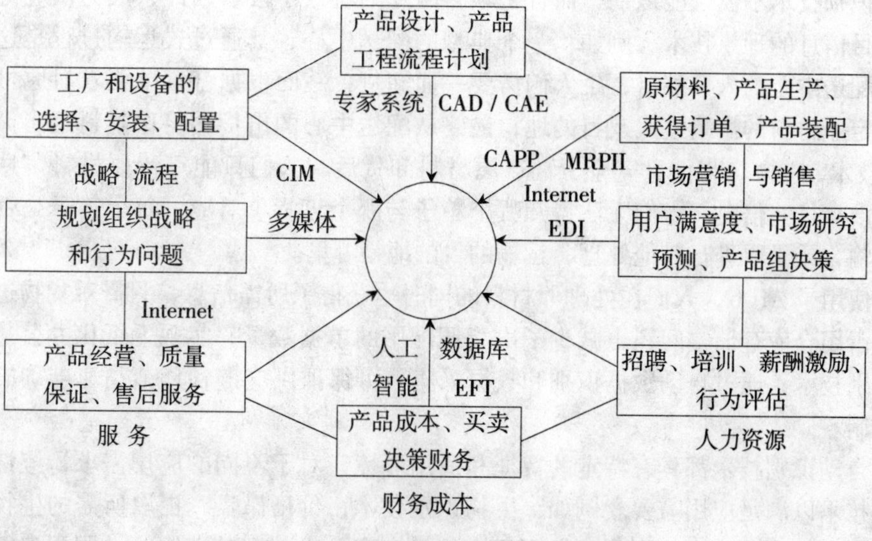

图 7-2　供应链中的信息技术及产品

分析以上国内外学者对供应链中用到的信息技术的研究可以看出，供应链管理几乎涉及了目前所有的信息技术。为了更好地理解信息技术对供应链管理的支撑作用，本书认为应该将供应链管理中所用到的信息技术分为核心信息技术与信息系统。核心信息技术是指那些最为基础的单元信息技术，如编码技术、自动识别与数据采集技术、电子数据交换技术；而信息系统是指那些以计算机为核心的集成系统或产品，如企业资源规则（ERP）、计算机集成配送、自动补货系统、财务系统等。当然信息系统一般包括多种核心信息技术的综合应用。例如，POS 系统不仅包括了产品编码技术，又包括条码与扫描技术。又如自动补货技术包括了条码技术、EDI 技术等。一般集成的信息系统包含了多种信息系统与核心信息技术的集成。将信息技术分为核心信息技术与信息系统的目的，在于去发现供应链管理中的关键信息技术。本书认为供应链管理的核心信息技术包括编码技术、自动识别与数据采集技术、电子数据交换技术、互联网技术和电子商务等。

7.2 自动识别与数据采集技术

7.2.1 引言

自动识别和数据采集（AIDC）技术通过自动（非人工手段）识别项目标识信息，并且不使用键盘即可将数据直接输入计算机、程序逻辑控制器或其他微处理器控制设备。AIDC 技术家族有一批能对不同类型数据进行采集的技术，它们包括：条码技术、射频识别技术、磁识别技术、声音识别技术、图形识别技术、光字符识别技术和生物识别技术、空间数据传输技术。

自动识别和数据采集工作过程是将被识别物品的信息“装入”可由机器识读确定的标签，并能由识读器自动转换为人工可识读和/或与计算机兼容的数据格式传入计算机，实现信息的自动识别与数据采集。由于标签可附着于被标识物品上随被标识物品移动，真正实现了信息流和物流同步，消除了人工处理产生的费时和错误问题，还能动态了解物品运作全过程的情况。

自动识别技术不仅仅能识别，而且是项目跟踪的有效手段。因此，成为供应链管理过程中处理项目信息的理想技术。例如，一个典型的配送中心，其通过式运输过程是这样的：原材料进入配送中心的入口端时，工人们需要一面卸货，一面根据订货单要求对原材料进行调配，并确定原材料的出货模式及目的地，最终从配送中心的出货端将原材料运出。如果不使用 AIDC 技术，“物”与信息完全分离，原材料卸货后，人们只能等待原材料信息和指示信息，因为没有这些信息，人们无法得知哪个箱子与哪个订货单对应，每个箱子是否要通过常规渠道运输，或是要进行其他处理，运输的目的地是哪里。

如果使用了 AIDC，人们在处理原材料的同时也获得了所需信息，只需对货物进行一次处理，无需占用仓库存储空间，也减少了出货调配用的单据数量，实现无纸化办公。因此，借助自动识别技术，通过自动数据识别和数据采集，可保证供应链各环节高速准确的数据获取及实时控制。

每种自动识别技术都具有特定的特征和适用环境。对于不同的应用需求，应选择不同的自动识别技术以满足应用需要。例如，生物识别技术，价格昂贵，提取所需的生物特征需要借助多种技术，因此，生物识别一般用于有绝对安全要求的门禁、银行、囚犯追踪等。又如磁识别或声识别，在对其有干扰的强磁场或嘈杂的环境中无法使用。

对于供应链管理过程，选择 AIDC 技术的原则是数据登录实时、自动、经济，许多环节还应考虑抗干扰能力、识别距离等。目前，供应链管理中，最常用的是条码和射频识别技术。

7.2.2 条码技术

1. 条码技术简介

条码技术是出现最早，也是应用最成功的 AIDC 技术。自从 20 世纪 40 年代末发明条码以来，它已经对加速全球的产品流和信息流作出了很大贡献。条码替代键盘输入提高了数据采集的精确性，从而成为今天全球商业的关键因素。条码技术将数据编码成可以光学方式阅读的符号，印制生成机读的符号，扫描器和解码器所采集符号的图像被转换成计算机处理的数据并进行校验。

现有许多不同码制的条码符号。条码码制不同，条码符号的组成规则就不同。目前，较常见的条码码制有 EAN 条码、UPC 条码、二五条码、交叉二五条码、库德巴条码、九三条码、UCC/EAN－128 条码等。各种码制都具有固定的编码容量和条码字符集。

20 世纪 70 年代，国外许多超市开始广泛应用条码，进而发展到每家杂货店的商品包装上都使用条码以利于 POS 扫描。仓储商店和其他零售商也跟上这个潮流，以致 POS 扫描系统成为零售店必不可少的设备。

20 世纪 80 年代初，美国国防部要求向其交货的所有产品都要有条码，这推动了制造商开始在装货码头，进而在车间现场采用条码。在车间现场，条码用于考勤报表、生产过程、库存控制及其他应用（如过程控制、质量控制和成品库存）。接着条码技术进入仓库，用于收货、理货、拣货和包装。

为降低成本并提高生产力，几乎所有行业都采用了条码技术。原来仅在 POS 处使用条码的零售业逐步利用这种技术将其仓储和运输部门自动化，取得了很好的性能价格比。

条码技术还广泛用于门禁控制、物品跟踪、图书馆和档案馆的图书和文档、文档管理、危险废料跟踪、包裹跟踪和车辆控制与识别。

事实上，所有行业都追求高效、精确、低成本和全球竞争能力。目前没有一种技术可以替代线性条码这种性能价格比较高的机读符号；二维条码也在快速发展，在降低成本的同时为我们提供了新的选择。

2. 条码标准体系

条码是 ID 代码的一种符号表示，是一种对 ID 代码进行自动识读且将数据自动输入到计算机的方法和手段。条码技术的应用解决了数据录入和数据采集的“瓶颈”问题。目前 EAN 和 UCC 制定的用于供应链管理的开放性标识有 EAN－13 条码、EAN－8 条码、UPC－A 条码、UPC－E 条码、ITF－14 条码以及 UCC/EAN－128 条码。这些条码的实例见图 7－3。

(a) EAN－13 条码

(b) UPC－A 条码

(c) EAN－8 条码

(d) UPC－E 条码

(e) ITF－14 条码

(f) UCC/EAN－128 条码

图 7－3 UCC/EAN 系统中的应用条码

近年来，人们对用条码表示大容量信息的要求与日俱增，开始设法在传统（一维）条码的基础上，通过利用垂直方向上的尺寸来表示更多的信息，于是便产生了二维条码，它具有高密度、大容量、安全性强的特点，因此已成为对大容量、高可靠信息实现存储、携带并自动识读的经济和理想的方法。二维条码可不依赖数据库的存在，而实现对供应链中各种信息的采集和识别，真正地实现物流与信息的同步。例如，我们可以将一货物的名称、尺寸、重量、发货地、发货人、收货地、收货人、运输方式等多达 1K 以上的数据，全部存贮在一个二维条码中，在供应链上的任何节点，只要用扫描器扫描跟随货物的二维条码标签，这些信息即可以全部获得，即使没有计算机网络的支持，照样可以获得所有的货物信息。目前，二维条码已成为供应链管理应用中最有前途的技术之一。

目前，世界上应用最多的二维条码符号有 PDF417、Maxicode、QR Code、Code49、Code One 等。我国已制订了两项二维条码的国家标准：四一七条码（GB/T 17172—1997）、快速响应矩阵码（GB/T 18284—2000），分别对应 PDF417 和 QR Code。几种常见的二维条码见图 7－4。二维条码在物流标签上的应用示例见图 7－5。

图 7－4　几种常见的二维条码

图 7－5　二维条码在 UPS 包裹的应用

7. 2. 3　无线电射频识别技术（RFID）

1. 无线电射频识别技术概念

无线电射频识别技术（Radio Frequency Identification，简称 RFID）是利用无线电波对记录媒体进行读写，射频识别的距离可达几十厘米至几十米。RFID 的工作原理是基于电磁理论，射频系统的优点是不局限于视线的范围，识别距离比光学系统远，射频识别标签具有读写能力，可携带大量数据，难以伪造，且具有智能功能。RFID 是一种非接触式的自动识别技术，它通过射频信号自动识别目标对象并获取相关数据，识别工作无须人工干预，可工作于各种恶劣环境。RFID 技术可识别高速运动物体并可同时识别多个标签，操作快捷方便。短距离射频产品不怕油渍、灰尘污染等恶劣的环境，可在这样的环境中替代条形码，如用在工厂的流水线上跟踪物体。长距射频产品多用于交通上，识别距离可达几十米，如自动收费或识别车辆身份等。

射频识别技术起源于第二次世界大战的军事通信，在军事物流中起到了非常重要的作用。美国和北约组织曾吸取了“沙漠风暴”军事行动中大量物资无法跟踪造成重复运输的教训，在波斯尼亚的“联合作战行动”中建成了复杂的通信网，完善了识别跟踪军用物资的新型后勤系统。在最近的伊拉克战争中更广泛使用并不断加以完善，无论物资是在采购、运输途中，还是在某个仓库存储，均可由接收装置收到射频信息，通过卫星传递给指挥人员，以实时掌握信息。除了跟踪军用物资外，美英联军还将具有微芯片的射频识别标签装入参战士兵的袖口中，跟踪士兵和受伤的士兵，以达到及时解救他们的目的。

自从 1985 年开始，射频识别技术进入了商业领域的运用，它非常适用于物料跟踪、运载工具、仓库货架以及其他目标的识别等要求非接触数据采集和交换的场合，还适用于生产装配线上的作业控制。无线射频技术是将无线电信号扩展到一个很宽的频带上，以达到高速数据传输和减少相互干扰的目的。由于电子标签具有可读写能力，对于需要频繁改变数据内容的场合尤为适用。它发挥的作用是数据采集和系统指令的传达，广泛用于供应链上的仓库管理、运输管理、生产管理、物料跟踪、运载工具和货架识别，以及商店，特别是超市中商品防盗等场合。

2. RFID 的组成部分

RFID 系统在具体的应用过程中，根据不同的应用目的和应用环境，系统的组成会有所不同，但从 RFID 系统的工作原理来看，系统一般都由信号发射机、信号接收机、编程器、发射接收天线几部分组成。RFID 系统工作原理如图 7－6 所示。

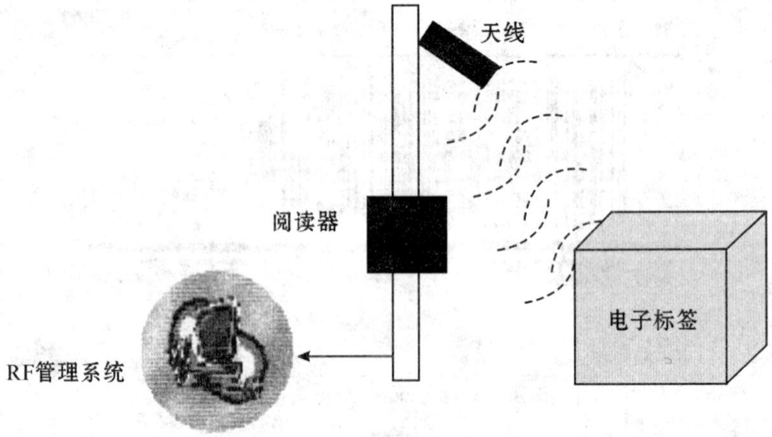

图 7－6　RFID 的工作原理

（1）信号发射机。在 RFID 系统中，信号发射机为了不同的应用目的，会以不同的形式存在，典型的形式是电子标签（TAG）。标签相当于条形码技术中的条形码符号，标签载有可用于认证识别其所附着的目标物的相关信息数据。另外，与条形码不同的是，标签必须能够自动或在外力的作用下，把存储的信息主动发射出去。标签一般是带有线圈、天线、存储器与控制系统的低电集成电路。电子标签中一般保存有约定格式的电子数据，在实际应用中，电子标签附着在待识别物体的表面。阅读器可无接触地读取并识别电子标签中所保存的电子数据，从而达到自动识别物体的目的。通常阅读器与计算机相连，所读取的标签信息被传送到计算机上进行下一步处理。

标签可以是只读的、读/写兼具的或写一个/读多个的形式；可以是“主动式”，也可以是“被动式”的。通常，“主动式”标签需要专用电池支持其传输器及接收器的工作，为避免干扰，“主动式”的标签要求能接收与转发多个频点的信号，以避免邻道干扰，标签的组成复杂，而且功耗也大。由此，“主动式”标签一般比“被动式”标签在形体上要大一些而且价格也更昂贵。另外，“主动式”标签的使用寿命都与其电池寿命直接相关。

“被动式”标签根据其应用的不同，可以分为“有电源”和“无电源”工作模式。“被动式”标签将从阅读器或传输接收机（transceiver）传来的射频信号反射并可通过调制解码将相关信息加入到其所反射的射频信号中。对于“被动式”标签而言，它无须电池来放大反向信号的载波能量，有的“被动式”标签使用电池仅是用于支持标签中存储器的工作。

（2）信号接收机。在 RFID 系统中，信号接收机一般叫做阅读器。根据支持的标签类型不同与完成的功能不同，阅读器的复杂程度是明显不同的。阅读器基本的功能就是提供与标签进行数据传输的途径。另外，阅读器还提供相当复杂的信号状态控制、奇偶错误校验与更正功能等。标签中除了存储需要传输的信息外，还必须含有一定的附加信息，如错误校验信息等。识别数据信息和附加信息按照一定的结构编制在一起，并按照特定的顺序向外发送。阅读器通过接收到的附加信息来控制数据流的发送，一旦到达阅读器的信息被正确地接收和译解后，阅读器就通过特定的算法决定是否需要发射机对发送的信号重发一次，或者知道发射器停止发信号，这就是“命令响应协议”。使用这种协议，即便在很短的时间、很小的空间阅读多个标签，也可以有效地防止“欺骗问题”的产生。

（3）编程器。只有可读可写标签系统才需要编程器。编程器是向标签写入数据的装置。编程器写入数据一般来说是离线（off line）完成的，也就是预先在标签中写入数据，等到开始应用时直接把标签黏附在被标识项目上。也有一些 RFID 应用系统，写入数据是在线（on line）完成的，尤其是在生产环境中作为交互式便携数据文件来处理时。

（4）发射机接收天线。任一 RFID 系统至少应包含一根天线（不管是内置还是外置）以发射和接收 RF 信号。有些 RFID 系统是由一根天线来同时完成发射和接收，而另一些 RFID 系统则是由一根天线来完成发射而另一根天线来承担接收，所采用天线的形式及数量应视具体应用而定。

应用范例：粤通卡

粤通卡是广东联合电子收费股份有限公司受广东省政府委托，向全社会推出的广东省唯一高速公路专用缴费卡。使用粤通卡交通行费，可以减少车辆在收费站排队等候和现金找赎时间，大大提高高速公路通行效率；使用粤通卡可为车主提供详尽的车辆通行明细清单，可以按月汇总打印发票，简化报销手续和核对工作，记账卡还可实行先消费，后结算，减少资金占用，提高了企业单位的车辆管理、财务管理和资金管理效率，受到了广大车辆用户的欢迎。粤通卡已成为智能卡在交通领域应用的一个成功范例。

1. 粤通卡的特点

粤通卡是叠加在目前高速公路收费系统上的一种支付工具，按照高速公路收费系统和收费员确认的收费金额，提供实时脱机消费（储值卡）和事后银行划扣（记账卡）两种结算方式。粤通卡在高速公路收费系统中也承担通行卡的作用，使用粤通卡时，在高速公路的出入口都要刷卡：在入口收费站，粤通卡用户将粤通卡交给收费员，收银员刷粤通卡将入口信息写到粤通卡中；用户出收费站时，收费系统会根据粤通卡里的入口信息计算出应交纳的费用，储值卡将直接在卡内扣除用户当次的通行费，记账卡将在事后通过银行定期从用户指定的账户中扣款，无须司机交纳现金。

前面提到，粤通卡包括储值卡和记账卡两种，这是广东联合电子收费股份有限公司为了更好地满足用户使用粤通卡的方便，根据用户的不同实际需要，而开发出来的两种卡片使用模式。储值卡，主要面向广大车辆用户，是安全可靠的“电子钱包”，费用实时划扣，申请办理方便快捷，即办即用；记账卡则主要是为政府部门、机关、企事业单位、广大客货运输单位、大中型集团公司等信用较好的客户使用，记账卡具有“先消费，后结算”的优点。

粤通卡套装包括一张粤通卡和一个电子标签，电子标签类似一个信号发射器，需要安装在汽车前挡风玻璃上。电子标签是实现电子不停车的关键高科技设备，记录了车辆基本信息、固定安装在车辆上面，一车一标签。电子标签需要配合粤通卡一起使用才能实现不停车交费过收费站，当用户看见收费车道前方安装有车道天线，上方悬挂着黄底黑字标志牌“自动缴费车专用”时，只需将粤通卡插到电子标签里面，就可直接通过，无需停车。

这种电子标签实现一车一标签管理，标签内存储有车辆相关的信息。为了防止车辆换用标签来逃费，这种标签设计了防止拆卸的开关，如果用户擅自将标签拆下，标签就会失效，需要重新到粤通卡客服中心安装。另外，通过电子不停车收费车道的时候，要注意两车的距离不要太近，一定要等前面的车通过、栏杆降下来了以后再进入电子不停车收费车道。

2. 粤通卡的优势

通过非现金缴费方式和电子不停车缴费方式过收费站，提高了高速公路通行效率，减少了事故发生，粤通卡在广东高速公路的成功应用很好地体现了这一优势。

广东高速公路的一大特点就是投资主体复杂，高速公路里程长，收费站多，收费站拥堵现象十分严重，高速公路通行不畅，采用粤通卡缴费，减少了通行收费站时间。实际测算表明，原先手工缴费一般需要20到30秒钟，利用粤通卡只需5到6秒，而运用粤通卡和电子标签采用不停车缴费方式不到1秒，每条ETC车道每小时的通行能力在2 000辆次以上。根据香港安诚工程顾问有限公司的测算，实行电子收费的高速公路收费站的通行能力是人工收费的10到15倍，使用电子收费系统可以使车辆的通过效率大大提高。

据使用粤通卡的司机反映，现金缴费通过收费站总要排很长的队，很麻烦，特别是遇到赶时间的时候，更是恼火，而且，每次交费都换来了一大堆零钱和发票，发票容易丢失，报销的时候也非常不方便，另外随身携带大量现金也不安全。使用粤通卡后，不用现金交费，走电子不停车收费车道过收费站，方便快捷。

客运公司对粤通卡的反映是，使用了粤通卡，大大提高了车辆管理效率。采用现金缴费，司机出门前预借大量现金，然后拿发票回来报账，一是资金不安全，二是司机贴发票也麻烦，并且财务对每张发票都要核查，工作量很大，在车辆管理上容易出现漏洞，个别司机可能把其他车辆的通行费也拿到单位报销。使用粤通卡，可以查询到每辆车的通行记录，基本堵住了这个漏洞，司机也不用带那么多现金出车，安全多了，每月粤通卡都提供详细的通行清单和汇总发票，大大降低了公司财务工作量。

据广东联合电子收费股份有限公司负责人介绍，目前，在广东省47条高速公路中，44条高速公路使用粤通卡缴费，新开通的高速公路都将纳入全省联网收费系统，同步开通粤通卡业务。目前，粤通卡正拓展试用于普通公路，并积极向交通领域的其他方面发展，为车辆用户在车辆消费相关领域提供电子付费业务，方便人民群众出行。广东省现已开通使用96条电子不停车收费车道，而且还在不断增加当中。至2005年底，渝湛高速公路、中江高速公路将有新的电子不停车收费车道建成。随着粤通卡用户的不断增多，电子不停车收费车道会越建越多，粤通卡的服务将会越来越完善，大家出行会更加方便。

目前，广东省内高速公路上和收费站的收费岛基本都安装了“欢迎使用粤通卡”、“欢迎使用不停车收费”的绿色标志牌，高速公路出入口提示标志处也设置了带有“联合收费和粤通卡”字样标志牌，有些高速公路，比如广深高速还在路面上标注了“粤通卡”字样，指引用户使用电子不停车收费专用车道。

7.2.4 互联网与网络技术

供应链成员可以通过互联网及时地获得供应链上的有关信息，互联网为供应链信息共享提供了一个基础工具。互联网可以使人们快速地访问全球众多的组织、个人以及信息资源，也可以利用它进行网上交易，这就是人们所指的“电子商务”。互联网用户既可以就一个特定的主题进行查询，也可以通过WWW等技术浏览各种各样的网站，通过互联网可以获得所需要的大量信息。

美国国防部首先倡导互联网技术，其目的是为了将美国的各大学及其各个实验室相连。互联网在管理方式上也比较特别，正如人们所说的那样，互联网是“没有首脑、没有法律、没有警察、没有军队”的机构，它像一个松散的“联邦”，加入“联邦”的各网络成员对于如何处理内部事务，可以按照自己的意愿选择。互联网不是以等级化的、干线和支线的方式连接计算机，而是利用分散化的系统将计算机相连，这一点类似于城市纵横交错的街道方格结构。例如一个信息段要从中国北京出发，到达美国的洛杉矶，它将被分成一系列的由字符组成的信息包，每个信息包在交错连接的计算机网络上，沿着自发送那一刻最不拥挤的路径传送。在接收端，不同路径传来的信息再重新组合成一个完整的信息段。

互联网为供应链成员之间相对方便地、实时而低成本地共享信息提供了一个极好的方法。目前，许多企业正在探索其可能提供的诸多的机遇。互联网为发展EDI系统提供了很多便利条件，它同时能够提供有关产品和服务潜在供应商的信息资源。

尽管互联网有许多好处，但是在供应链管理的运作中尚有一些问题需要解决。互联网上最主要的关注点是隐私问题，最敏感的问题是安全问题。隐私权是在互联网上传送信息的所有用户所要面临的问题，特别是对信用卡的卡号以及一些敏感的信息，这一问题尤为突出。供应链成员在共享信息时，必须考虑这些问题。

这些问题可以通过更为先进的技术解决，也可以通过开发供应链系统的专用互联网得以解决。

7.3 全球定位系统（GPS）与地理信息系统（GIS）技术

7.3.1 GPS概述

1957年10月4日，苏联成功发射了“旅行者”号人造地球卫星，随后科学家们很快意识到人造卫星对人类的意义要远远超过这一事件本身，因为这些卫星可以用于全球通信或者定位导航。

全球定位系统（Global Positioning System，简称 GPS）是美国 20 世纪 70 年代开始研制，历时 20 年，耗资 200 亿美元，于 1994 年全面建成的，具有在海、陆、空进行全方位实时三维导航与定位能力的新一代卫星导航与定位系统，是美国第二代卫星导航系统。

GPS 系统起初应用于军事领域，但是后来在各个参与公司的共同要求下，开始逐渐向商业和民用领域发展。时下人们即便是身处异地他乡也可以知道自己所处的位置，对于 GPS 好处的体会越来越深。现在 GPS 接收器就和手机一样大，而且价格也不高。迷失方向的人如果手里有 GPS 接收器，就可以随时与环绕地球的 24 颗全球定位系统卫星进行联系，找出自己的确切位置和获得准确的时间。

GPS 的工作原理是基于卫星的距离修正。用户通过测量到太空各可视卫星的距离来计算用户的当前位置，卫星相当于精确的已知参考点。每颗 GPS 卫星时刻发布其位置和时间数据信号，用户接收机可以测量每颗卫星信号到接收机的时间延迟，根据信号传输的速度就可以计算出接收机到不同卫星的距离。同时收集到至少 4 颗卫星的数据时就可以解算出三维坐标、速度和时间。

7.3.2 GPS 的构成

GPS 是在子午仪卫星导航系统的基础上发展起来的，它采纳了子午仪系统的成功经验。和子午仪系统一样，全球定位系统由空间部分、地面监控系统和 GPS 信号接收机三大部分组成。如图 7－7 所示。

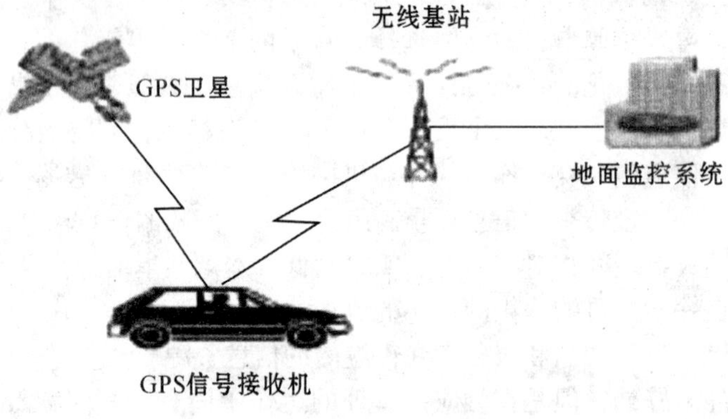

图 7－7　GPS 构成三部分

1. 空间部分

从 1978 年开始，美国洛克威尔公司制造的 24 颗“Navstar”卫星陆续升空，构成了 GPS 系统的最重要的组成部分（如图 7－8 所示）。按目前的方案，全球定位系统的空间部分使用 24 颗高度约 20 200 千米的卫星组成的卫星星座，其中 21 颗工作卫星，3 颗备用卫星。24 颗卫星均为近圆形轨道，运行周期约为 11 小时 58 分，分布在 6 个轨道面上（每轨道面四颗），轨道倾角为 55°。卫星的分布使得在全球的任何地方、任何时间都可观测到 4 颗以上的卫星，并能保持良好定位解算精度的几何图形（DOP）。这就具有在时间上连续的全球导航能力。它们在天空中的分布能够确保地球上任意地点的人，在任意时刻都可以与至少4颗卫星保持无线电联络。

2. 地面监控系统

对于导航定位来说，GPS卫星是一动态已知点。卫星的位置是依据卫星发射的星历所描述卫星运动及其轨道的参数算得的。每颗GPS卫星所播发的星历，是由地面监控系统提供的。卫星上的各种设备是否正常工作，以及卫星是否一直沿着预定轨道运行，都要由地面设备进行监测和控制。地面监控系统另一重要作用是保持各颗卫星处于同一时间标准——GPS时间系统。这就需要地面站监测各颗卫星的时间，求出钟差。然后由地面注入站发给卫星，再由导航电文发给用户设备。GPS工作卫星的地面监控系统包括1个主控站、3个注入站和5个监控站。

图7-8　GPS系统

监控站设有GPS用户接收机、原子钟、收集当地气象数据的传感器和进行数据初步处理的计算机。监控站的主要任务是取得卫星观测数据并将这些数据传送至主控站。主控站设在范登堡空军基地。它对地面监控系统实行全面控制。主控站的主要任务是收集各监控站对GPS卫星的全部观测数据，利用这些数据计算每颗GPS卫星的轨道和卫星钟改正值。上行注入站也设在范登堡空军基地。它的任务主要是在每颗卫星运行至上空时把这类导航数据及主控站的指令注入到卫星。这种注入对每颗GPS卫星每天进行一次，并在卫星离开注入站作用范围之前进行最后的注入。

GPS系统的实时导航定位精度很高，美国在1992年起实行了所谓的SA政策，即降低广播星历中卫星位置的精度，降低卫星钟改正数的精度，对卫星基准频率加上高频的抖动（使伪距和相位的量测精度降低），后又实行了A-S政策，即将P码改变为Y码，对精密伪距测量进一步限制，而美国军方和特许用户不受这些政策的影响，但美国为了获得更大的商业利益，这些政策终将被取消。

3. GPS信号接收机

GPS信号接收机的任务是：能够捕获到按一定卫星高度截止角所选择的待测卫星的信号，并跟踪这些卫星的运行，对所接收到的GPS信号进行变换、放大和处理，以便测量出GPS信号从卫星到接收机天线的传播时间，解译出 GPS 卫星所发送的导航电文，实时地计算出测站的三维位置，甚至三维速度和时间。

静态定位中，GPS 接收机在捕获和跟踪 GPS 卫星的过程中固定不变，接收机高精度地测量 GPS 信号的传播时间，利用 GPS 卫星在轨道的已知位置，解算出接收机天线所在位置的三维坐标。而动态定位则是用 GPS 接收机测定一个运动物体的运行轨迹。GPS 信号接收机所在的运动物体叫做载体（如航行中的船舰，空中的飞机，行走的车辆等）。载体上的 GPS 接收机天线在跟踪 GPS 卫星的过程中相对地球而运动，接收机用 GPS 信号实时地测得运动载体的状态参数（瞬间三维位置和三维速度）。

7.3.3 世界其他主要导航定位卫星简介

1. 俄罗斯全球导航卫星系统

俄罗斯要用 20 年时间发射 76 颗 GLONASS 卫星。1995 年用 24 颗中高度圆轨道卫星加 1 颗备用卫星组网，耗资 30 多亿美元，由俄罗斯国防部控制。GLONASS 空间部分也由 24 颗卫星组成。GLONASS 未达到 GPS 的导航精度，其应用普及情况远不及 GPS。前一时期由于经济困难无力补网，原来在轨卫星陆续退役，目前在轨道上只有 6 颗卫星可用，不能独立组网，只能与 GPS 联合使用。

2. 欧洲伽利略导航卫星系统计划

欧洲 1999 年初正式推出伽利略导航卫星系统计划。该方案由 21 颗以上中高度圆轨道卫星组成，另加 3 颗覆盖欧洲的地球静止轨道卫星，辅以 GPS 和本地差分增强系统，首先满足欧洲需求，位置精度达几米。

该计划在 2001 年 4 月 5 日召开的欧盟交通部长会议上获得批准，确定 30 颗卫星总投资为 35 亿欧元。预计系统于 2008 年投入运行。伽利略系统独立于 GPS，频段分开，但将与 GPS 系统兼容和相互操作。根据欧委会的文件，伽利略导航卫星虽是民间系统，但仍受控使用，采取反欺骗、反滥用和反干扰措施，在战时可以对敌方关闭。

3. 中国北斗导航系统

2003 年 5 月 25 日，中国第三颗“北斗一号”卫星发射成功，6 月 1 日，中国自主研发的“北斗运营服务平台”正式开通，这标志着中国已经拥有了完全自主的卫星导航系统，北斗导航定位系统的大规模应用进入了实质性阶段。北斗系统主要有三大功能：快速定位，为服务区域内的用户提供全天候、实时定位服务，定位精度与 GPS 相当；短报文通信，一次可传送多达 120 个汉字的信息；精密授时，精度达 20ns。随着“北斗一号”卫星导航定位系统的推广应用和中国正在着力研究开发的下一代卫星导航定位系统（CNSS）未来的诞生，中国一定会成为世界的卫星导航定位强国。

“北斗”导航系统有五大优势：第一，它同时具备定位与通信功能，不需要其他通信系统支持，而 GPS 只能定位。第二，覆盖范围大，没有通信盲区。北斗系统覆盖了中国及周边国家和地区，不仅可为中国也可为周边国家服务。第三，特别适合于集团用户大范围监控管理和数据采集用户数据传输应用。第四，融合北斗导航定位系统和卫星增强系统两大资源，因此也可利用 GPS 使之应用更加丰富。第五，自主系统，安全、可靠、稳定，保密性强，适合关键部门应用。

“北斗一号”卫星定位系统由两颗地球静止卫星（800E 和 1400E）、1 颗在轨备用卫星

(110.50E)、中心控制系统、标校系统和各类用户机等部分组成。系统的工作过程是：首先由中心控制系统向卫星Ⅰ和卫星Ⅱ同时发送询问信号，经卫星转发器向服务区内的用户广播。用户响应其中一颗卫星的询问信号，并同时向两颗卫星发送响应信号，经卫星转发回中心控制系统。中心控制系统接收并解调用户发来的信号，然后根据用户的申请服务内容进行相应的数据处理。对定位申请，中心控制系统测出两个时间延迟，即从中心控制系统发出询问信号，经某一颗卫星转发给用户，用户发出定位响应信号，经同一颗卫星转发回中心控制系统的延迟，和从中心控制系统发出询问信号，经上述同一卫星到达用户，用户发出响应信号，经另一颗卫星转发回中心控制系统的延迟。由于中心控制系统和两颗卫星的位置均是已知的，因此由上面两个延迟量可以算出用户到第一颗卫星的距离，以及用户到两颗卫星的距离之和，从而知道用户处于一个以第一颗卫星为球心的一个球面，和以两颗卫星为焦点的椭圆球面之间的交线上。另外中心控制系统从存储在计算机内的数字化地形图查寻到用户高程值，又可知道用户处于某一与地球基准椭圆球面平行的椭圆球面上，从而中心控制系统可最终计算出用户所在点的三维坐标，这个坐标经加密用出站信号发送给用户。

“北斗一号”的覆盖范围是北纬5度~55度，东经70度~140度之间的心脏地区，上大下小，最宽处在北纬35度左右。其定位精度为水平精度100米，设立标校站之后为20米(类似差分状态)。工作频率：2 491.75MHz。系统能容纳的用户数为每小时540 000户。

7.3.4 GPS在供应链管理中的应用

1. 车辆跟踪

利用GPS和电子地图可以实时显示出车辆的实际位置，并任意放大、缩小、还原、换图；并可以随目标移动，使目标始终保持在屏幕上；还可实现多窗口、多车辆、多屏幕同时跟踪，利用该功能可对重要车辆和货物进行跟踪。

2. 提供出行路线的规划和导航规划（见图7-9）

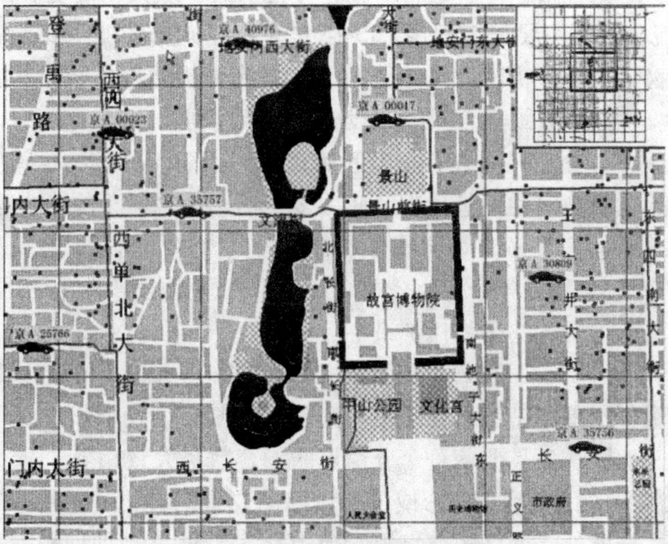

图7-9 GPS汽车指挥管理

提供出行路线是汽车导航系统的一项重要辅助功能，包括：

（1）自动线路规划。由驾驶员确定起点和终点，由计算机软件按照要求自动设计最佳行驶路线，包括最快的路线、最简单的路线、通过高速公路路段次数最少的路线等。

（2）人工线路设计。由驾驶员根据自己的目的地设计起点、终点和途经点等，自动建立线路库。线路规划完毕后，显示器能够在电子地图上显示设计的线路，并同时显示汽车运行路径和运行方法。

3. 话务指挥

指挥中心可以监测区域内车辆的运行状况，对被监控车辆进行合理调度。指挥中心也可随时与被跟踪目标通话，进行管理。

4. 紧急援助

通过 GPS 定位和监控管理系统可以对遇有险情或发生事故的车辆进行紧急援助。监控台的电子地图可显示求助信息和报警目标，规划出最优援助方案，并以报警声、光提醒值班人员进行应急处理。

5. 货物跟踪管理

货物跟踪是指在供应链上的企业利用现代信息技术及时获取有关货物运输状态的信息（如货物品种、数量、在途中的情况、交货期限、发货地点、到达地点、货主、送货车辆和责任人等），提高物流运输服务质量和服务水平。

7.3.5 GIS 简述

地理信息系统（Geographical Information System，简称 GIS）是多种学科交叉的产物，它以地理空间数据为基础，采用地理模型分析方法，适时地提供多种空间的和动态的地理信息，是一种为地理研究和地理决策服务的计算机技术系统。其基本功能是将表格型地理数据转换为地理图形显示，然后对显示结果浏览、操作和分析。其显示范围可以从洲际地图到非常详细的街区地图，显示对象包括人口、销售情况、运输线路以及其他内容。

GIS 应用于物流分析，主要是指利用 GIS 强大的地理数据功能来完善物流分析技术。例如，利用 GIS 开发物流系统分析软件。完整的 GIS 物流分析软件集成了车辆路线模型、最短路径模型、网络物流模型、分配集合模型和设施定位模型等。

（1）车辆路线模型。用于解决在有一个起始点、多个终点的货物运输中如何降低物流作业费用，并保证服务质量的问题，包括决定使用多少辆车，每辆车的路线等。

（2）网络物流模型。用于解决寻求最有效的分配货物路径问题，也就是物流网点布局问题。如将货物从 N 个仓库运往 M 个商店，每个商店都有固定的需求量，因此需要确定由哪个仓库提货送给哪个商店，所耗的运输代价最小。

（3）分配集合模型。可以根据各个要素的相似点把同一层上的所有或部分要素分为几个组，用以解决确定服务范围和销售市场范围等问题。如某一公司要设立 X 个分销点，要求这些分销点要覆盖某一地区，而且要使每个分销点的顾客数目大致相等。

（4）设施定位模型。用于确定一个或多个设施的位置。在物流系统中，仓库和运输线共同组成了物流网络，仓库处于网络的节点上，节点决定着线路，如何根据供求的实际需要并结合经济效益等原则，在既定区域内设立多少个仓库，每个仓库的位置，每个仓库的规模，以及仓库之间的物流关系等问题，运用此模型均能很容易地得到解决。

7.4 电子商务和供应链

在这一节，我们将讨论运用电子商务提高供应链运营业绩的方法，讨论电子商务价值随产品和行业特征不同而变化的原因，目标是使管理者能够分析他们的供应链，并学会有效地应用电子商务。

7.4.1 电子商务在供应链中的作用

所谓电子商务，就是指借助于互联网进行商业贸易活动。供应链上的信息流、产品流和资金流都可以涵盖于电子商务中。开展电子商务的公司能够通过互联网进行下列供应链交易的部分或全部活动：①提供整条供应链信息。②同客户及供应商协商价格、订立合同。③实现顾客网上发送订单。④实现顾客网上跟踪订单。⑤实现顾客网上支付。

过去所有的这些交易都是通过其他“渠道”进行的，如零售店、销售人员、货物清单。例如，一些邮购公司用商品目录向顾客传递产品信息，超市通过实物展示来传递产品信息，而其他公司通过销售人员传递产品信息。另外，有一些公司则运用电子通信手段（如电子数据交换 EDI）来传递产品信息。然而，有了互联网这个首要信息传递渠道，每个人都能通过中心源（卖方的网络服务器）实现信息共享。通过商品目录，公司只能向收到它的人提供产品信息，而电子数据交换（EDI）也只是适用于与卖方有电子数据交换联系的顾客。相比之下，互联网并不要求公司与顾客有直接的联系，而只要求双方连接互联网这一公共信息渠道。

目前，互联网在许多供应链中起着极其重要的作用，许多公司正运用互联网进行广泛的互联网交易。例如，戴尔公司正在互联网上公布所有的产品信息，顾客可以根据所有可供选择的个人计算机价格及型号进行订购。戴尔也同其供应商共享需求和库存方面的在线信息。通过网络系统，一位承包制造商可以在产品设计上同个人计算机公司合作。公司通过互联网进行协商和拍卖活动，以制定产品和服务的价格。eBay 公司允许人们在网上拍卖产品。自由市场网络公司则允许公司在互联网上拍卖产品及服务，并在潜在供应商中竞标。

公司可以运用电子商务，实现顾客网上订购。通过戴尔公司的网站可以订购个人计算机，通过亚马逊网络公司或博德斯公司的网站可以订购图书。美国联合包裹递送中心（UPS）与联邦快递（FedEx）还允许顾客在互联网上跟踪其包裹的行踪。网景公司则通过网上下载电子产品来完成订单并递送订货。运用电子商务，大多数公司实现了消费者网上信用卡支付或商业票据电子支付。

公司对顾客（B2C）的电子商务涉及公司与顾客之间的各种交易，如亚马逊、戴尔和沃尔玛公司通过互联网向顾客销售产品。公司对公司（B2B）的电子商务涉及两家公司之间的各种交易，如戴尔、格雷杰和麦克马斯特公司，后者在网上向其他公司销售维护、修理、经营用品（MRO）。通用汽车公司及福特公司正尝试着在互联网上同供应商进行所有未来的交易。其他运用 B2B 电子商务的公司包括软件制造商阿里巴巴公司、第一商业公司和自由市场网络公司，它们在制造商和供应商之间建立了互联网交易与拍卖平台。

电子商务最早出现在 B2C 式的供应链中。最典型的例子就是亚马逊网络公司，一开始它通过互联网售书，后来将业务拓展至音乐、玩具、电子产品、软件、家庭装修材料等。亚马逊网络公司已经改变了它介入的几种产品的零售供应链形式。目前，任何一家大的图书或音乐零售公司的运营都离不开电子商务。据波士顿咨询小组估计，1999 年在线零售商贸易额超过了 360 亿美元，较 1998 年增长了 150%。然而，与之形成强烈反差的是，1999 年的在线交易只占所有渠道零售贸易的 2% 左右。电子商务的大幅度增长仍然局限于 B2C 领域，因为大多数专家认为，其在线零售额可能占到总零售额的 9 成。

1999 年，电子商务在 B2B 供应链中获得长足进展。B2B 供应链以各种形式来利用互联网，以提高运营业绩。例如，格雷杰、思科和英特尔公司率先实现供应链流程网络化。在英特尔公司，自动在线订购系统已经取代了几百个订购职员。思科公司 75% 以上的销售都在网上进行。通用汽车公司对从核心产品到车轮的一切生产环节进行电子商务管理。在通用电器集团，公司雇员可以在网上从指定的厂商处订购办公设备。福特汽车公司在网上网罗世界各地的工程师进行项目合作，以设计通用零部件。阿里巴巴为第一商业公司提供软件与服务，将买方和卖方联系起来，实现供应链内购买程序的自动化。如果公司能够建立各种各样的电子商务模式，则会给该领域带来巨额利润增长。大多数 B2B 供应链将运用电子商务进行结算。电子商务将有助于降低价格、提高劳动生产率、降低劳动成本。金人公司的一项研究表明，使用电子商务进行交易使总交易成本可能降低 12.5%，在电子行业和运输业中，比例则高达 20%。根据这一乐观的估计，各大公司已经或正在其供应链中建立电子商务系统。

7.4.2 电子商务对供应链的影响

如果一家公司充分了解互联网与其他销售渠道在信息流、产品流和资金流上的区别，也就可以充分利用电子商务这一优势。在用电子商务取代其他渠道之前，公司必须明确电子商务创造的价值。

1. 电子商务对企业收益的影响

电子商务为公司或供应链收益的提高创造了一系列机会，包括：

（1）通过互联网为顾客提供直销。

运用电子商务，制造商和供应链其他成员可以跳过中介机构直接向顾客销售产品，以增加收益；而在传统的渠道，他们不与顾客发生直接的联系，要通过中介机构中转，因此中介机构的消失将降低成本。例如，戴尔电脑公司直接在网上销售个人计算机，这样，公司能够提高收益，因为它不必与分销商或零售商分享利润。相比之下，通过零售商进行销售的个人计算机制造商，如康柏，则必须与分销商和零售商分享产品的边际收益，从而导致康柏公司的边际收益下降，并且，通过互联网实现对顾客的直销也可以避免同零售商之间发生冲突。

（2）从任何区位提供 24 小时的服务。

运用电子商务，顾客可以随时发送订单，打破了公司与顾客之间的时间限制。在零售店，顾客发出订单的同时也得到了产品；而在电子商务上，即便在非营业时间顾客仍可以发出订单。例如，即便附近的格雷杰商店已经打烊，顾客照样可以在网上向格雷杰发出订单，该公司可以在其店面关门之后仍能发现在线订单量的增多。

（3）汇集各种渠道的信息。

电子商务通过提供大量可供选择的产品信息，来提高公司的营业收入。例如，戴尔公司向顾客提供大量可供选择的计算机。而零售店如果要展销计算机，就需要大面积的展销场所以及相应的大批量库存。另一个例子就是雅虎。雅虎网站集中了大量零售商的产品信息，顾客只需光顾雅虎网站就可以购买许多零售商的产品。而且，由于存在大量可供选择的产品，顾客容易找到自己满意的产品，零售商通过吸引全国的顾客也可以增加销售额。而没有电子商务的话，这些零售商只能吸引当地的顾客。

（4）提供个人化和个性化信息。

有些电子商务利用顾客提供的生日和其他个人信息来吸引顾客，并向顾客提出消费建议。电子商务通过互联网利用顾客的个人信息，指导顾客消费，提高销售额。在B2B环境下，公司通过建立特殊客户网页，展示客户经常消费产品的信息。电子商务还可以对客户的当前偏好与历史消费资料进行排序，根据客户的个人喜好提供可供选择的产品。这样，互联网就可以激发客户的潜在购买力，与传统店面相比，极大地增大了从“看”到“买”的比率。

（5）加速进入市场的时间。

利用电子商务的公司比利用传统渠道的公司，能够更快地开发新产品，增加收入。电子商务在开发新产品时，只需将新产品在公司网页上公布即可，从而避免了传统渠道的分销滞后。只要第一台产品已经生产出来，新产品就可以上市。相比之下，利用传统渠道销售个人计算机的公司，必须生产足够的产品来满足分销商和零售商的需求，这需要花费大量的时间和精力。戴尔公司由于利用了电子商务，其推陈出新的速度总是比利用传统渠道的同业竞争对手要快。对于像格雷杰这样的公司来说，优势也十分明显。在传统渠道下，格雷杰公司不得不印制新产品广告，向顾客发送信息。而在电子商务环境下，新产品一上市，就可以将其添加到公司的网页上。

（6）实施弹性定价。

利用电子商务，公司可以随时进入连接网页的数据库更改价格。这样，电子商务就可以根据当前库存和需求情况制定价格，实现收益最大化。如果戴尔公司通过商品目录传递折扣信息，他们将不得不印制新的商品目录，并邮寄给潜在的消费群体。而通过电子商务，他们只需在自己的网页上及时更改信息。这一优势在民航业中表现得尤为突出，在民航公司的网页上，它们可以对未售空座进行登机前最后一分钟的定价。戴尔公司根据需求和零部件的性能，对不同型号的个人计算机制定不同的价格。由此可见，通过电子商务变更价格比通过传统渠道变更价格更加容易。

（7）实现价格和服务的区别对待。

电子商务根据单个顾客购买力的大小来制定价格，实现价格的区别对待。针对不同的顾客群，制定不同的价位，与对所有顾客实行单一定价的模式相比，能够增加公司的销售收入。航空公司根据乘客推迟和提前预订的期限，对同一航班上的不同乘客收取不同的票价。此外，航空公司也通过互联网对未售空座实行登机前最后一分钟低价出售，以增加收入。像eBay、第一商业和联邦快递等拍卖网站，允许人们在网上对产品和服务进行竞价，这也在某种程度上实现了区别定价。

同时电子商务也为顾客提供各种不同价格的服务，让顾客根据自己的需求选择合适的服务。例如，顾客可以在亚马逊网络公司预订各种图书，并标明每本书的递送时间。有些书次日就可以送达，而其他书的供货期为5天。该公司根据不同的递送时间制定灵活的价格，如果顾客同意图书在5天后送达，则可以享受低价优惠；如果顾客要求图书分两次送达，则可以向其收取稍高的价格。

（8）电子商务对收入的潜在不利影响。

由于真实产品的销售毕竟不能够下载，因而与传统销售渠道相比，电子商务存在这一潜在的弊端。零售店能够立即为顾客提供所需的商品，而没有店面的电子商务由于运输时间的限制而要消费者等待更长的时间。所以，急需某种产品的顾客可能不会在互联网上订购该产品。

2. 电子商务对成本的影响

电子商务在以下几个方面有利于公司或供应链削减成本：

（1）可以通过缩短供应链的环节来降低管理成本。

制造商利用电子商务直接向顾客销售产品，能够降低产品的管理成本，原因在于将产品向顾客传递的供应链环节减少了。

（2）将产品的差异化延迟至订单发出之后发生。

从顾客发出订单到他预期的送达时间之间的间隔期，为电子商务提供了实施延迟策略的机会。如果公司能够在产品订单发出之后再开发新的产品，就能够极大地降低库存成本。例如，戴尔公司能以零部件的形式保有库存，接到订单之后再进行组装，这比戴尔公司以个人计算机成品的形式保有库存的成本要低得多。因此，电子商务使得戴尔公司在成本降低的同时避免了仓储产品的贬值。

（3）通过可下载产品节省输送成本和时间。

如果公司产品能够通过网上下载，则可以节省输送成本和时间。例如，网上音乐的 MP3 格式避免了所有与运送 CD 相关的成本。类似地，软件的下载避免了所有与生产、包装、向零售店运输等相关的成本。

（4）降低设施和加工成本。

电子商务通过集中所有库存、减少所需设施的数量来降低设施成本。例如，亚马逊网络公司只需几家仓库就可以满足顾客需求，博德斯、班尼斯诺博公司所经营的零售店都要支付设施成本，并且书店每平方英尺的成本比仓库成本要高。

（5）通过集中化降低库存成本。

由于电子商务不必在顾客居住地附近保有库存，因此它能够集中库存。地理位置上的相对集中，使得电子商务需要很少的库存。由于顾客愿意等待产品的递送，亚马逊网络公司能够在少数仓库集中存储所有的图书和音乐制品。相比之下，博德斯、班尼斯诺博公司需要更多的库存，因为它们必须将库存的相当一部分保存在零售店。这里的关键是，对于变动系数小、需求量大的产品来说，集中的相对利益就小；对于变动系数大、需求量小的产品而言，集中的相对利益就大。

（6）通过信息共享提高供应链的协调性。

电子商务能够很容易地实现供应链之间需求信息共享，从而缓解牛鞭效应，提高供应链的协调性。互联网也可以用于供应链内规划和预测信息的共享，从而进一步提高协调性。这有助于降低供应链总成本，更好地实现供需匹配。如果电子商务已经成功地实现了供应链各系统的对接，那么电子商务的信息加工成本也会大大降低。

电子商务在以下几个方面可能会增加成本：

（1）集中库存导致运输成本增加。

对于任何一家公司来说，有两类运输成本必须考虑：内生成本和外生成本。公司从供应商处运回补给订货，就会发生内生运输成本；公司将产品送达顾客，就会发生外生运输成本。一般来说，补给订购量往往比顾客订购量要大得多，因此，内生单位运输成本比外生单位运输成本要低。集中库存增加了顾客订购货物的运送距离，缩减了补给订购货物的运输距离。因此，与拥有多家零售店的公司相比，集中库存的电子商务往往单位运输成本（整条供应链）更高。

（2）如果顾客参与度降低，管理成本就会增加。

对于一些杂货商店来说，电子商务必须要做一些顾客在零售店可以做的事情。在这种情况下，电子商务管理成本和递送成本将比零售店要高。例如，顾客在一家杂货店挑选所需的商品，电子商务如网络先锋公司，必须经过两个环节：必须从仓库取出顾客所订购的商品，然后将其送到顾客手中，从而导致高额的管理成本发生。

（3）信息基础设施需要大量初始投资。

建立电子商务公司必须高薪聘请网页服务人员和程序设计专家，并需要在信息支持技术上进行大量的初始投资。

7.4.3 电子商务的建立和价值

公司要想成功地运行电子商务，只有将互联网与现有分销渠道结合起来，发挥两者各自的优势。而且公司在和顾客通过互联网架起了桥梁的同时，还必须拥有一个合适的供应链网络来完成顾客发出的订单。管理者在实践中建立电子商务系统时，还应考虑以下几点：

1. 将互联网与现有的实体网络结合起来

为了攫取电子商务带来的最大收益，公司应该将互联网与现有的实体网络结合起来，这种结合被称为“点击和砂浆”。电子商务的成功运用与现有供应链网络的分销能力密切相关。一旦将二者分割开，就会降低供应链效率。

例如，嘉普公司采取“点击和砂浆”有效结合的战略，使顾客能够在网上发出订单，并将网上所订货物送到零售店，互联网还增加顾客到嘉普商店能够买到的产品品种。商店只储存常用商品，顾客可以在网上订购颜色或型号符合要求而商店里并没有的产品。这一经营策略使嘉普公司能够集中低需求产品的库存，在增加商品品种的同时，获取电子商务与实体网络结合所带来的最大利益。

2. 制定反映成本的运输定价策略

运用电子商务时要充分考虑运输成本，否则很可能会使公司遭受损失。佛瑞斯特的一项调查报道表明，被调查公司中有一小半公司能从运送的每件货物上获利。公司必须了解完成订单的平均成本，并将其反映在价格上。不考虑产品的大小和轻重的标准定价策略势必给公司造成损失。只要承运商依产品的大小、轻重以及运输距离的远近定价，电子商务在顾客要求送货上门时就必须将这些因素计入产品价格。一开始公司可以承担运输成本以吸引顾客，但是随着时间的推移，他们必须有计划地将运输成本计入价格。

3. 优化电子商务物流，管理包裹而不是货物

电子商务的发展增加了小型包装送货上门的数量。例如，博德斯、班尼斯诺博公司利用大规模运输给商店补给货物，而网上书商必须将小包装的图书送到顾客手中，从而增加了公司的运输成本。对于更小的包裹来说，公司应利用各种可能的方法降低运输成本，这一点至关重要。这迫使公司与公司之间在运输方面开展合作。为了增加联合运输的规模，降低运输成本，电子商务必须将顾客订购的所有产品装在一个包裹里并予以运送。

4. 设计电子商务供应链以实现商品的退换

与在实体商店采购商品的顾客相比，上网采购商品的顾客的商品退换率似乎更高。不管网站办得有多好，它都无法与顾客在零售店能触摸和看到商品相提并论。因此，在网上采购的商品往往与顾客的预期不符，而电子商务很难实现商品的退换，这会给顾客留下很坏的印象。与零售店结合起来的电子商务公司如嘉普公司，允许顾客到零售店退换网上订购的不满意商品。而纯粹的电子商务，只能让顾客将不满意的商品邮寄回来，这增加了供应链的成本，破坏了顾客的印象。如果顾客通过电子商务将一张订单发给几家供应商，这一问题会愈加严重。能将退回的商品送到一个地方最好不过，然而，电子商务却不允许顾客这样做。在大多数情况下，顾客必须将退回的产品送到原供应商处，如果不同的供应商执行不同的退换政策，这一问题会愈加严重。

5. 在订单完成过程中让顾客有知情权

在订单完成过程中，电子商务应该让顾客参与进来。公司必须允许顾客在网上检查其订单执行的情况，或使用电子邮件通知顾客有关订单的情况。与其他订购渠道相比，网上订货的顾客很可能会检查其订单的执行情况。如果顾客必须打电话核对其订购情况，那么电子商务就会失去其在订单完成上的成本优势。电子商务应该告知顾客订单履行的整个流程而不只是送货时间。这有助于实现顾客预期与现实的吻合，减少打电话询问为什么所订购的商品未能如期送达的顾客人数。

7.5 电子数据交换接口（EDI）

7.5.1 EDI 概述

电子数据交换（Electronic Data Interchange，EDI）是指按照统一规定的一套通用标准格式，将标准的经济信息，通过通信网络传输，在贸易伙伴的信息系统之间进行数据交换和自动处理，它是一种在公司之间传输订单、发票等作业文件的电子化手段。它通过计算机通信网络将贸易、运输、保险、银行和海关等行业信息，用一种国际公认的标准格式，实现各有关部门或公司与企业之间的数据交换与处理，并完成以贸易为中心的全部过程，它是 20 世纪 80 年代发展起来的一种新颖的电子化贸易工具，是计算机、通信和现代管理技术相结合的产物。国际标准化组织 ISO 将 EDI 描述为："将商业或行政事务处理，按照一个公认的标准，形成结构化的事务处理或信息数据格式，从计算机到计算机的数据传输方式。"

EDI 是以确定的报文格式形式进行数据传输和信息交换，因此，制定统一的 EDI 标准非常重要。EDI 标准有基础标准、代码标准、报文标准、单证标准、管理标准、应用标准、通信标准和安全保密标准等几类，其中首先要实现单证标准化，包括格式、所记载的信息以及信息描述的标准化。目前，我国已制定的单证标准有进出口许可证、原产地证书、装箱单和装运声明等。

EDI 的目的是通过建立企业间的数据交换网来实现票据处理、数据处理等事务作业的自动化和信息共享。在 EDI 中，传统贸易中使用的各种单据、票证全部被计算机数据取代，原来由人工进行处理的单据、票证的核对、入账、结算及收发等处理，全部由计算机来进行。由于数据的处理和传送全部依靠计算机和网络通信来进行，基本上取消了纸张信息，使用 EDI 可以减少甚至消除贸易过程中的纸面文件，因此，EDI 常被称作电子贸易或无纸贸易。EDI 作为电子商务的一种信息沟通方式，对于提高贸易活动的效率、降低成本和提高经济效益具有非常重要的作用。

构成 EDI 系统的三个要素是 EDI 软硬件、通信网络以及数据标准化。一个部门或企业若要实现 EDI，首先必须有一套计算机数据处理系统；其次，为使本企业内部数据比较容易地转换为 EDI 标准格式，须采用 EDI 标准；另外，通信环境的优劣也是关系到 EDI 成败的重要因素之一。

我国在20世纪90年代初就由国家技术监督局会同对外经济贸易部等单位一起开始了国际商贸实务领域的信息化研究。早在1991年就开发出了一套用于海关监管、征税和统计业务的综合信息处理系统——“报关自动化系统”。后来随着技术的不断发展和完善，一个以UN/EDIFACT为标准的国际商贸单证报文数据交换系统逐渐地向商检、运输、银行、进出口管理等领域扩展。1993年以后我国开始发挥宏观管理和组织优势，统一组织进出口管理部、海关、税务、国家计委、中国银行、中外运、保险、邮电、国家技术监督局和国务院电子办等单位协调制定EDI在中国的标准。

7.5.2 EDI的基本工作模式

EDI是一套报文通讯工具，它利用计算机的数据处理与通讯功能，将交易双方彼此往来的商业文档（如询价单或订货单等）转换成标准格式，并通过通讯网络传输给对方，俗称“无纸贸易”。

商业EDI最大的特点就是利用计算机与通讯网络来完成标准格式的数据传输，不需要人为的数据重复输入（如图7-10所示）。由于报文结构与报文含义有公共的标准，交易双方所往来的数据能够由对方的计算机系统识别与处理，因此大幅度提高了数据传输与交易的效率。以往世界每年花在制作文件上的费用达3 000亿美元，所以“无纸化贸易”被誉为一场“结构性的商业革命”。

增值网（VAN）就是企业间在从事商务交易时所使用的网络系统，企业将大量的商业文档（如订单、送货单、付款通知、发票等）以电子数据的方式传递，使商业交易进入无纸化的时代，让企业与企业、企业与消费者、国内外的交易对象都能迅速、安全地进行交易。

企业间往来的单证都属于商业EDI报文适用的范围。目前各行业所制定的单证都已转换成商业EDI报文标准。商业EDI-VAN系统是为了协助流通业在相关作业上运用这些报文，其所覆盖的范围包括零售商、批发商、制造商、配送中心及运输商，相关作业包括订购、进货、接单、出货、送货、配送、对账及转账作业。各企业可根据自身的需求，循序渐进地引入各种作业所需的报文，以逐步提高管理技术、降低管理成本。

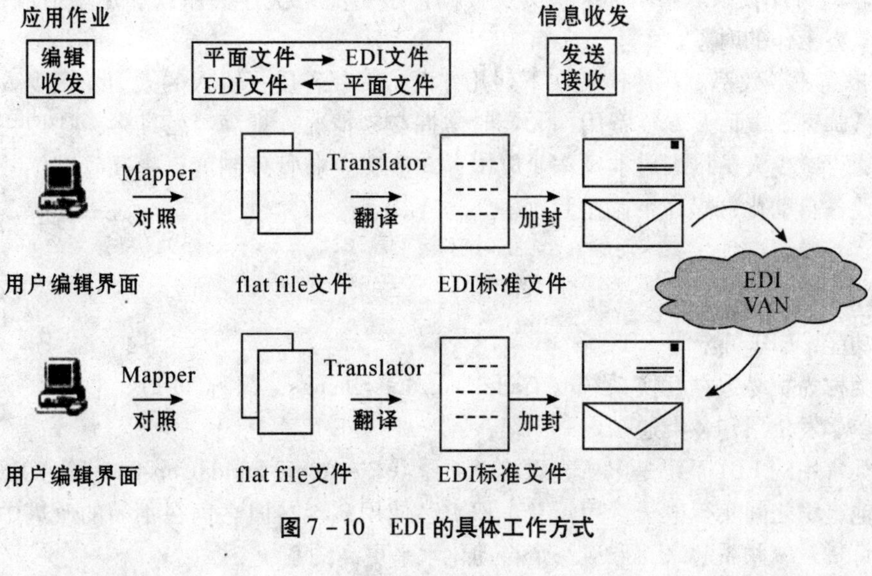

图7-10 EDI的具体工作方式

7.5.3 EDI 的标准

EDI 标准是整个 EDI 最关键的部分，由于 EDI 是以事先商定的报文格式进行数据传输和信息交换，其关键就在于用标准报文来解决企业间由于单证格式的不同和传递方式不同而引起的问题。因此，制定统一的 EDI 标准至关重要。

世界各国开发 EDI 得出的一条重要经验，就是必须把制定 EDI 标准放在首要位置。为解决 EDI 的标准问题，“联合国行政、商业及运输电子数据交换标准委员会（UN/EDWACT）”制定了世界通用的 EDI 标准。目前加入 UN/EDI－FACT 的有北美、欧洲、亚洲、澳洲和非洲等五个洲。亚洲 EDIFACT 理事会成立于 1990 年，其正式成员包括中国。中国 EDIFACT 委员会成立于 1991 年，到 1996 年已完成对 EDIFACT 标准的研究与制定工作，并通过国家标准局批准，正式执行。

在这些标准中，最首要的是实现单证标准化，包括单证格式的标准化、所记载信息的标准化以及信息描述的标准化。单证格式的标准化是指按照国际贸易基本单证格式设计各种商务往来的单证样式，在单证上利用代码表示信息时，代码所处位置的标准化。目前，我国已制定的单证标准有：中华人民共和国进出口许可证、原产地证书、装箱单、装运声明。

7.5.4 EDI 的效益

企业使用 EDI 可以集成内部的信息系统，使各种商业往来行为实现自动化，使管理人员可以充分掌握信息并管理信息。具体来说，企业引入 EDI 后，可以省略原先需要重复输入的各种单据，从而节省大量人力、物力，同时也避免了许多人为错误。对企业而言，EDI 具体效益如下：

（1）提供正确完整的信息。它能提供正确的交易信息，避免数据重复输入所发生的错误；其采用标准报文，解决了以前因企业间软硬件与通讯方式不同而引起的困扰。

（2）提高服务质量。快速响应交易，提高对客户的服务速度；提供实时交易信息，减少缺货，提高服务质量。

（3）增进合作关系。采用标准报文及代码，密切交易伙伴关系；利用增值网传送报文，弥补交易双方工作的时差。

（4）提高业务效率。具体体现在下列几方面：①节省反复输入的人力，减少人工输入成本；②降低邮寄、电话及专线费用；③实时掌握交易情况，提高经营绩效；④使用标准、报文与代码，可减少人员培训成本及作业成本；⑤落实企业管理制度，提高管理绩效；⑥加快企业内部业务自动化，提高企业经营效率。

7.5.5 EDI 的分类

根据功能，EDI 可分为 4 类：

第一类称为贸易数据互换系统（Trade Data Interchange，简称 TDI），它用电子数据文件来传输订单、发货票和各类通知。

第二类常用的 EDI 系统是电子金融汇兑系统（Electronic Fund Transfer，简称 EFT），即在银行和其他组织之间实行电子费用汇兑。EFT 已使用多年，但它仍在不断的改进中，最大的改进是同订货系统联系起来，形成一个自动化水平更高的系统。

第三类常见的 EDI 系统是交互式应答系统（Interactive Qurey Ropox Be，简称 IQR），例如它可应用在旅行社或航空公司作为机票预定系统。这种 EDI 在应用时要询问到达某目的地的航班，要求显示航班的时间、票价或其他信息，然后根据旅客的要求确定所要的航班，打印机票。

第四类是带有图形资料自动传输的 EDI，最常见的是计算机辅助设计（Computer Aided Design，简称 CAD）图形的自动传输。例如，设计公司完成一个厂房的平面布置图，将其平面布置图传输给厂房的主人，请主人提出修改意见。一旦该设计被认可，系统将自动输出订单，发出购买建筑材料的报告，在收到这些建筑材料后，自动开出收据。

7.5.6 EDI 的系统结构

从应用上理解，EDI 是将各有关部门的业务信息，用一种国际公认的标准格式进行编制，并通过计算机通信网络，实现各有关部门间的数据传输与处理，并完成全部业务过程。从逻辑上看，EDI 是使用统一的标准编制资料，利用电子通信方法将业务资料由一台独立的电脑应用系统传送到另一台独立的电脑应用系统。

在 EDI 中，EDI 参与者所交换的信息客体称为邮包。在交换过程中，如果接收者从发送者所得到的全部信息包括在所交换的邮包中，则认为语义完整，并称该邮包为完整语义单元（CSU），CSU 的生产者和消费者统称为 EDI 的终端用户。

在 EDI 工作过程中，所交换的报文都是结构化的数据，整个过程都是由 EDI 系统完成的，EDI 的系统结构主要包括以下几个模块：

（1）用户接口模块。业务管理人员可用此模块进行输入、查询、统计、中断、打印等，及时地了解市场变化，调整策略。

（2）内部接口模块。这是 EDI 系统和本单位内部其他信息系统及数据库的接口，一份来自外部的 EDI 报文，经过 EDI 系统处理之后，大部分相关内容都需要经内部接口模块送往其他信息系统，或查询其他信息系统才能给对方 EDI 报文以确认的答复。

（3）报文生成及处理模块。该模块有两个功能，一个功能是接受来自用户接口模块和内部接口模块的命令和信息，按照 EDI 标准生成订单、发票等各种 EDI 报文和单证，经格式转换模块处理之后，由通信模块经 EDI 网络发给其他 EDI 用户。另一个功能是自动处理由其他 EDI 系统发来的报文。在处理过程中要与本单位信息系统相连，获取必要信息并给其他 EDI 系统答复，同时将有关信息送给本单位其他信息系统。

如因特殊情况不能满足对方的要求，则采用双点对点的运作模式。这种运作模式指的是不通过增值网络服务商，而是由两个企业用户之间通过签订协议和有关安排来实施 EDI 的运作。它是 EDI 最简单的运作方式。实际上，许多企业的 EDI 实施就是从两个商业伙伴之间的这种数据交换开始发展起来的。

以 EDI 服务中心为中介的运作模式。这种运作模式的数据交换要通过 EDI 服务中心来传输，从而实现多点对多点的 EDI 数据交换。EDI 服务中心（或称 EDI 服务器）担当了中介和交换的角色，它的主要职能是充当信息流通中的“交通警察”。用户的被翻译或转换的 EDI 数据首先被 EDI 服务中心接收，然后将这些数据放到收件人信箱中，收件人可以在任何方便的时间取回数据。

这种方式克服了数据传输的流量控制、时间安排以及管理流程等问题，EDI 服务中心可以将各方所发送的数据储存起来，以便接收者在合适的时间来提取。这一流程使信息的发送者和接收者可以灵活地安排工作任务。这一点在国际贸易中非常重要，因为世界各地的时差和工作日不同，发送和接收的时间非常重要。

而更为重要的是，EDI 服务中心最终将成为商业机构商业数据的交换中介，它使传统供应链中的各个环节有机地连接起来，实现商业流程所要求的很多功能，如在线自动交易系统、适时库存管理系统、电子支付系统等。

EDI 应用案例：

上海是全国最大的通关口岸之一。上海海关现在日处理进出口报关单 1.2 万份，征收关税占全国海关的 1/4，进出口货物年递增约 30%。上海海关全部通关业务均使用计算机作业。上海海关在通关业务方面应用计算机管理始于 1985 年，从刚开始时的单独业务环节处理程序发展成现在的能全面、系统地处理海关业务和采用 EDI 技术的现代化的大型数据处理系统，其发展过程大致经历了三个阶段。

第一阶段：1985—1989 年

该阶段是计算机应用的起步阶段，上海海关开始在单独的业务环节上（如征税、统计、查询等方面）使用计算机作辅助处理，减轻了海关关员的劳动强度，提高了工作效率。

第二阶段：1990—1994 年

该阶段上海海关全面使用了海关总署开发的 H883 报关自动化计算机管理系统，标志着上海海关彻底摆脱了手工作业的局面。计算机不仅作为一种辅助手段，而且发展成一种规范化的作业流程。计算机采集的海关业务数据通过全国海关的网络系统，汇总成为国家数据资源的一部分，为国家的宏观决策提供依据。

从信息化的角度来看该阶段只属于 EDP（Electronic Data Processing，电子数据处理），是一种系统内部的电子数据处理系统。随着大量的原始数据的采集和录入，逐步造成了信息化处理的瓶颈。其间国家不同的管理部门以及不同行业、企业等各自内部系统的 EDP 也得到了蓬勃发展，又产生了不同的 EDP 之间的数据交换需求。因此，海关总署开始组织研究和开发 EDI 系统。

第三阶段：1995—1999 年

海关总署改进了原来的 H883/EDI 系统，并为上海海关装备了 EDI 平台使用的 AMTrix EDI 系统，使上海海关的计算机管理系统从 EDP 发展成了 EDI 系统。围绕海关业务，EDI 也在上海的外贸企业、进出口公司及报关企业中得到应用。

作为海关 EDI 通关系统的一部分，1994 年底在上海海关开始应用至今的“海关空运快递 EDI 系统”，年均处理 200 万批国际快递物品，并全面实现无纸作业，世界海关组织（WCO）和国际快递协会（IECC）曾联合在上海虹桥国际机场海关开现场会，向全世界推荐该 EDI 系统。

7.6 案例分析

宝供物流企业集团

广东地区营业规模达到 5 亿人民币以上的物流企业有九川、南方、宝供等企业，其中宝供物流集团名气最大，其英文名为“PGL”。

宝供物流企业集团有限公司（简称宝供）创建于1994年，总部设于广州，20世纪90年代经国家工商总局批准，成为国内第一家以物流名称注册的企业集团。依靠宝洁（中国）公司起家，其中以信息系统应用最出名。

1997年，唐友三刚刚加盟宝供的时候，宝供虽然已经有了自己的“计算机室”和十几台计算机，并组建了一个基于DOS平台的网络，但是计算机只是用于完成一些简单的货单录入工作，数据信息传递仍然通过纸质传真或人工传达的方式进行。公司的IT人员只是负责日常的软硬件维护。

1997年，宝供在开始信息化改造时，由于当时企业的技术力量不足，最初的系统，是邀请一家专业的物流信息技术企业来帮助开发的。当时互联网技术刚刚引入国内，对互联网了解的人不是很多，所以在网络搭建方面一开始接受的是外边的力量。1998年以后，宝供的技术人员的业务水平逐步上了台阶，技术人员能够根据企业发展的要求，在最早的系统中逐步加入数据接口、成本核算、财务分析等模块，使宝供的系统得到逐步完善，包括运输仓储、客户化查询、报表等软件也是他们自己逐年充实进去的。

1997年，宝供用互联网取代电话、传真；1998年开始把数据和客户共享，尝试提供基于IT的增值服务；1999年实现对客户的核算结算一体化，IT对于降低成本的价值初现；2000年开始和飞利浦家电业务实现数字对接；2001年又采用XML技术加速订单处理；2002年，宝供开始真正推行B2B的电子商务，实现供应链的一体化。

宝供物流集团由最初只有宝洁（中国）公司一个客户发展到今天包括飞利浦家电、高卡夫食品、红牛饮料、三星电子及雀巢食品等多家知名外资企业。下图为宝供客户中的外企品牌。

图7－11　宝供物流集团的客户

思考题

宝供是我国为数不多的能为外资企业提供第三方物流服务的物流企业，本案例对你有何启发？

【本章小结】

有效的供应链管理是建立在高质量的信息传递和共享的基础上，信息共享是供应链管理成功实施的关键。要想成功地实现供应链管理，就必须有相应的信息技术支持。信息技术的发展改变了企业应用供应链管理获得竞争优势的方式，成功的企业往往通过应用信息技术来支持和发展其经营战略。它对于整个供应链将会产生重大影响：建立了新型的顾客关系，更好地了解顾客和市场需求；有利于进一步拓宽和开发高效率的营销渠道；改变供应链的构成，使得商流与物流达到统一；重新构筑企业或企业联盟之间的价值链。

最常见的供应链管理方法，如快速响应（QR）和高效客户响应（ECR）等。这些方法都离不开现代信息技术的支持，如条形码、电子数据交换、射频技术、地理信息系统、全球定位系统、数据库技术、网络技术及计算机处理技术等。本章详细介绍了这些技术在供应链管理中的应用。

【关键术语和概念】

EDI　GPS　GIS　RFID　AIDC　电子商务

【思考与练习】

1. 什么是条形码？它有哪些优点？
2. GPS 由哪几部分组成？GPS 有哪些主要用途？
3. 信息技术的发展对于供应链管理有哪些方面的作用？
4. EDI 的要素有哪些？谈谈 EDI 的流程。
5. 什么是射频识别技术？射频系统由哪几部分组成？

【补充阅读】

1. 于森．供应链管理．北京：高等教育出版社，2006
2. 张成海．供应链管理技术与方法．北京：清华大学出版社，2002

第8章　客户关系管理

◎本章学习要点

1. 客户及客户关系管理的内涵
2. 三种理解思路
3. 客户关系管理产生的原因和意义
4. 客户关系管理的影响因素
5. 组织实施客户关系管理必须具备的条件

◎本章学习内容

1. 客户关系管理（CRM）
2. 供应商关系管理（SRM）
3. 客户关系管理系统

◎案例分析
◎本章小结
◎关键术语和概念
◎思考与练习
◎补充阅读

越来越多的企业已逐渐认识到客户是现代企业的主要资源之一。当今世界，市场竞争的焦点已经从产品的竞争转向品牌的竞争、服务的竞争和客户的竞争，特别是谁能与客户建立和保持一种长期、良好的合作关系，掌握客户资源，赢得客户的信任，分析客户需求，谁就能制定出科学的企业经营发展战略和市场营销策略，生产出适销对路的产品，提供满意的客户服务，并能迅速提高市场占有率，获取最大利润。

8.1　客户关系管理（CRM）概论

范例：UPS的运输服务

曾有一家生产巧克力的客户对UPS提出过简单而苛刻的要求，那就是要保证每一块巧克力运到顾客手上时，都保持新鲜状态。“但是，在途中运输条件很难控制。货物放在卡车里面，会经过长时间的颠簸，很难保证巧克力不会溶化。”

为了这单生意，UPS发明了一种新的包装方法和一种新型包装材料，这就保证每一盒巧克力在到达客户手上时，都是完好无损的。就此而言，UPS的服务已经超出传统意义上的运输服务。

问：如何理解“UPS的服务已经超出传统意义”这句话的含义？

8.1.1 客户关系管理产生的背景

企业管理观念的发展，大致经历了五个阶段（见图8-1）。

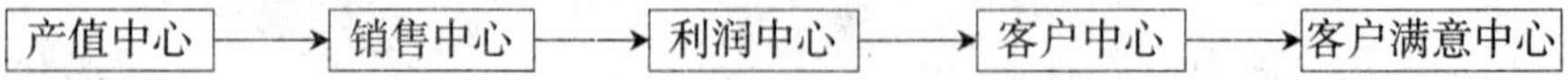

图8-1 企业管理观念发展五阶段

第一阶段——“产值中心论”。这种观念的存在条件是：市场状况为卖方市场，产品供不应求，企业只要生产出产品就不愁卖不出去。因此，这一阶段企业管理的中心概念就是产值管理。

第二阶段——“销售中心论”。在销售中心论阶段，企业为了提高销售额，在外部强化推销观念，开展各种促销活动来促进销售指标的上升，对内则采取严格的质量控制来提高产品质量，以优质产品的质量和促销手段来实现销售额的增加，可以说此时企业之间的竞争就是质量的竞争和销售的竞争。

第三阶段——“利润中心论”。随着企业间的销售竞争和质量竞争不断的激化，企业的管理者们发现，企业的实际利润增长缓慢甚至下降，其主要原因是产品的成本大幅度增加，这与企业追求的利润最大化的目标背道而驰。所以，企业又将其管理的重点由销售额转向了利润的绝对值，管理的目标移向了以利润为中心的成本管理，即在生产和营销部门的各个环节上最大限度地削减生产成本和压缩销售费用，企业管理进入了利润中心时代。

第四阶段——“客户中心论”（见图8-2）。由于以利润为中心的管理一方面过分地强调企业利润和外在的形象，而忽略了顾客需求的价值，这种以自我为中心的管理导致了客户的不满和销售滑坡；另一方面，众所周知，成本是由资源的消耗或投入组成的，相对而言它是一个常量，不可能无限制地去削减，当企业对利润的渴求无法或很难再从削减成本中获得时，当他们面临顾客的抱怨不断，甚至弃之而去时，他们自然就将目光转向了顾客，更多地了解和满足顾客的需求，并企图通过削减客户的需求价值来确保其利润。企业开始从内部挖掘潜力转向争取客户，这时顾客的地位被提升到了前所未有的高度，企业管理由此进入了以客户为中心的管理。

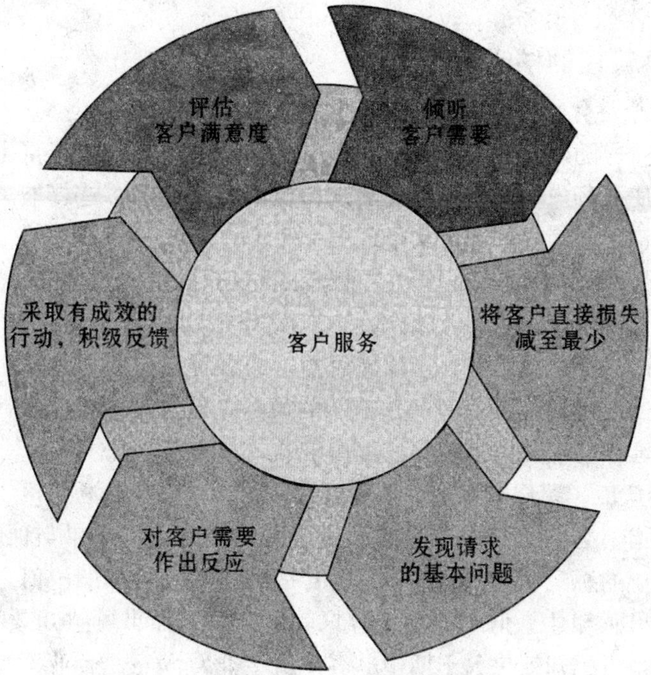

图8－2　客户服务

第五阶段——“客户满意中心论”。随着知识经济社会的来临，经济全球化和服务一体化成为时代的潮流，顾客对产品和服务满意与否，成为企业发展的决定性因素，而在市场上需求运动的最佳状态是满意，顾客的满意就是企业效益的源泉。因此，“客户中心论”就升入更高的境界，转变成为“客户满意中心论”，这是当今企业管理的中心和基本观念。

在企业管理中心不断转变的过程中，消费者的价值取向也相应经历了三个阶段的改变：

第一阶段是“理性消费时代”。在这一时代恩格尔系数较高，社会物质尚不充裕，人们的生活水平较低，消费者的消费行为是相当理智的，不但重视价格，而且更看重质量，追求的是物美价廉和经久耐用。此时，消费者价值选择的标准是“好”与“差”。

第二阶段是“感觉消费时代”。在这一时代，社会物质和财富开始丰富，恩格尔系数下降，人们的生活水平逐步提高，消费者的价值选择不再仅仅是经久耐用和物美价廉，而是开始注重产品的形象、品牌、设计和使用的方便性等，选择的标准是“喜欢”和“不喜欢”。

第三阶段是“感情消费时代”。随着科技的飞速发展和社会的不断进步，人们的生活水平大大提高，消费者越来越重视心灵上的充实和满足，对商品的需求已跳出了价格与质量的层次，也超出了形象与品牌等的局限，而对商品是否具有激活心灵的魅力十分感兴趣，更加着意追求在商品购买与消费过程中心灵上的满足感。因此，在这一时代，消费者的价值选择是“满意”与“不满意”。

可以说，上述客观进程将企业管理推进到“客户关系管理”时代，在这个时代，产品的差别越来越难以区分，产品同质化的趋势也越来越明显，通过产品差别来细分市场从而创造企业的竞争优势也就变得越来越困难，这就决定了企业从以产品为中心的模式向以客户为中心的模式转移，并将客户关系管理作为企业管理的重要内容和决定性的因素。

8.1.2 客户关系管理的核心思想

1. 重视客户的个性化特征，实现一对一营销

进入信息时代后，随着竞争的不断加剧以及产品和服务的极大丰富，特别是信息技术和渠道的快速发展，使得客户对产品和服务的选择范围不断扩大，选择能力不断提高，同时选择欲望也日益增强，因而客户的需求又呈现出个性化的特点。

所谓“一对一营销”，就是企业愿意并能够根据客户的特殊要求来调整自己的经营行为。“一对一营销”的核心思想是：关注每一个客户的需求，尤其是那些“VIP 客户”。客户提出需求，企业就改进产品或服务，这样周而复始的过程自然就提高了企业的产品或服务令客户满意的能力。因此，实施“一对一营销”的策略，可以帮助企业有针对性地向客户提供产品和服务，把握客户需求并以最快的速度作出响应，发现并留住客户。

2. 提高客户满意度，留住老客户，争取新客户

客户满意度是指“客户通过对一个产品或服务的可感知的效果与他的期望值相比较后，所形成的愉悦或失望的感觉状态”。客户满意度是可感知效果和期望值之间的差异函数，关系是这样的：如果可感知效果低于期望，客户就不满意；如果可感知效果与期望值相匹配，则客户就满意；如果可感知效果大于期望，客户就会非常满意。企业不断追求客户的高度满意，源于这样的一个事实：一般情况下，满意程度较低的客户若发现更好的产品后，会很快地更换产品供应商；只有那些高度满意的客户一般不会更换供应商。客户的高度满意会产生一种对产品品牌在情绪上的稳定的依赖和喜爱，正是由于这种满意度创造了客户对产品品牌的高度忠诚。

提高客户满意度、忠诚度过程中的重要一点是关注客户流失率，并采取措施有效地降低流失率。吸引一个新客户所耗费的成本大概相当于保持一个现有客户的成本的 5 倍。相关研究表明：一个企业如果将其客户流失率降低 5% 的话，其利润就能增加 25% ~85%。因此可以说明客户关系管理存在三个层次：①保持现有客户，实现现有客户的重复购买；②开拓新市场；③吸引新客户。其中保持现有客户是首要的、最基本的任务。

3. 客户关怀贯穿营销的全过程

客户关怀的产生可以追溯到企业试图扩大其售后服务的范围，在最初的时候，企业向客户提供售后服务是作为对其特定产品的一种支持，逐渐产生了把售后服务合并到完全产品包装中去的概念，可以说产品由于有了售后服务才能得到增值。事实证明那些在售后服务方面做得好的公司其市场销售就呈现上升的趋势。反之，那些不注重售后服务的公司其市场销售则处于不利的地位。

最初，发展客户关怀的领域是服务领域。由于服务的无形特点，注重客户关怀可以明显地增强服务的效果，为企业带来更多的利益。于是客户关怀不断地向实体产品销售领域扩展。当前，客户关怀可以说贯穿了市场营销的所有环节即从客户购买前、购买中到购买后的客户体验的全部过程中。客户关怀主要包括如下方面：客户服务（包括向客户提供产品信息和服务建议等），产品质量（应符合有关标准、适合客户使用、保证安全可靠），服务质量（指与企业接触的过程中客户的体验），售后服务（包括售后的查询和投诉，以及维护和修理）。购买前的客户关怀是建立在公司与客户之间的桥梁，鼓励和促使客户购买产品或服务；购买期间的客户关怀则与公司提供的产品或服务紧紧地联系在一起，包括订单处理，都要与客户的期望相吻合：满足客户的需求。购买后的客户关怀活动则集中于圆满地完成产品的维护和修理的相关服务，使客户能够重复购买公司的产品或服务。

8.1.3 客户关系管理的定义

客户关系管理（Customer Relationship Management，简称 CRM）是伴随着因特网和电子商务的大潮进入中国的。最早发展客户关系管理的国家是美国，在 1980 年初便有所谓的“接触管理”（contact management），专门收集客户与公司联系的所有信息，到 1990 年则演变成包括电话服务中心支持资料分析的客户关怀（customer care）。关于 CRM 的定义，不同的研究机构有着不同的表述。

CRM 的概念最早由美国 Gartnet Group 公司首先提出，他们认为：“所谓的客户关系管理就是为企业提供全方位的管理视角，赋予企业更完善的客户交流能力，最大化的客户收益率。”

而 Hurwitz Group 公司则认为：“CRM 的焦点是自动化并改善与销售、市场营销、客户服务和支持等领域的客户关系有关的商业流程。”CRM 既是一套原则制度，也是一套软件和技术。它的目标是缩减销售周期和销售成本，增加收入，寻找扩展业务所需的新的市场、渠道，以及提高客户的价值、满意度、赢利性和忠实度。

全球著名市场咨询和顾问机构 IDC 认为：“客户关系管理（CRM）首先是一种管理理念，其核心思想是将企业的客户（包括最终客户、分销商和合作伙伴）作为最重要的企业资源，通过完善的客户服务和深入的客户分析来满足客户的需求，保证实现客户的终身价值。”“客户关系管理又是一种旨在改善企业与客户之间关系的新型管理机制，它实施于企业的市场营销、销售、服务与技术支持等与客户相关的领域。通过向企业的销售、市场和客户服务的专业人员提供全面、个性化的客户资料，并强化跟踪服务、信息分析的能力，使他们能够协同建立和维护一系列客户和生意伙伴之间卓有成效的‘一对一关系’，从而使企业得以提供更快捷和周到的优质服务，提高客户满意度，吸引和保持更多的客户，从而增加营业额；另一方面则通过信息共享和优化商业流程来有效地降低企业经营成本。”

本书集众家之议，给出以下定义：客户关系管理是一种以客户为中心的管理思想和经营理念，目的在于改善企业与客户之间关系，在企业的市场、销售、服务与技术支持等与客户相关的领域广泛实施，通过为不同类型的客户定制不同的服务，吸引和保持更多的客户。

在市场经济高度发展、竞争日益加剧的今天，每一个仍然以传统营销理念在进行经营的企业都会面临这样的烦恼：如何在人群中确定谁最有可能成为自己的客户？如何从自己的现有客户中分辨出能够给企业带来巨大价值的 VIP 客户？如何为现有的客户提供其所需的服务而使其忠于自己的产品和服务而成为永远的客户？在这样或者那样的困惑面前，几乎所有的企业都希望有一个简便可行的方法和手段来解决这些问题，而 CRM 就是在这样一个大环境的要求下诞生了。CRM 是以每一个客户作为一个服务个体，所以对客户行为的追踪或分析，都是以单一客户为单位，发现他的行为方式与偏好，同时制定应对策略或行销方案。企业也必须不断地观察消费者行动的改变，并立即产生应对策略，才能掌握先机赢得客户。

8.1.4 CRM 在供应链中的作用和地位

影响客户对企业忠诚度的因素很多，但企业的客户服务质量无疑是一个极为重要的因素。

因此，如何为客户提供满意和优质的服务是客户关系管理的一个重要的任务。一家著名的国际咨询公司曾对此作过一个专题研究。研究结果表明：首先，当客户首次感到服务不满意时，有60%会向企业投诉，其余40%会转向其他提供相似产品或服务的企业；而在第二次感到不满意时，只有4%的客户会选择投诉，96%的客户则会选择转而投向其他企业。对于投诉的客户，若投诉的问题部分地得到解决，则只有55%～70%的客户会继续与企业保持生意来往；如果投诉的问题得到快速而满意的解决，那么95%的客户仍然会与企业继续保持生意来往。其次，每一位非常满意的顾客会将其受到的满意服务告诉至少12个人，其中大约有10个人在产生相同需求时会光顾该企业；而一位非常不满意的顾客会将不满至少告诉20个人，这些人的反应是在产生相同需求时几乎不再光顾被批评的企业。最后，企业若能提供优良的支持服务以使得客户满意，其间接效果是企业将增加6%～7%的市场占有率。

由此可见，在企业外部上下游供应链上，客户关系是最为重要的供应链成员关系。因此，客户关系管理也是上下游供应链成员之间关系管理的重点。从供应链的管理内容我们知道，客户是供应链管理的焦点，特别是由于当前的供应链是由市场驱动的“拉”式供应链模式，有效的客户关系管理会对整个供应链起到强有力的导向作用，它能导致上下游供应链上的成员间更好地沟通和传递信息，为企业内部供应链和上游外部供应链带来更准确的需求预测和更大的市场需求，并减少需求变异，使整个供应链的成员都能对供应链有快速的响应。

大部分研究者将企业外部供应链上下端的客户关系管理分开，即对在供应链上位于企业上游的供应商来说，有供应商关系管理（SRM）；而对位于供应链下端的企业的客户，实施客户关系管理（CRM）。而本书认为，不单单顾客是企业的客户，而更重要的一点，供应商也是企业的客户。因为解决企业需求的唯一方法，就是采购。只有在保证满足企业需求的前提下，最大限度地降低采购成本，才能从根本上提高企业的利润。这就是采购在现代企业的供应链管理中，采购部门在企业中具有非常重要的地位的原因。举个著名的例子，美国本田公司的1998 Accord款汽车是该公司实施战略性资源搜索的结果，与公司以前的产品相比，这种新型汽车的采购成本平均降低了26%。当今市场上，并非只是单一的供大于求，即形成所谓的拉式供应链，而是只有维系好与供应商的良好关系，才能有效地降低产品成本，实现更多的利润。

8.2 供应商关系管理（SRM）

8.2.1 为什么需要供应商关系管理

采购是工厂生产活动的第一步。GE通用电气公司前CEO杰克·韦尔奇说：“采购和销售是公司唯一能‘挣钱’的部门，其他任何部门发生的都是管理费用!”有资料显示，企业有超过55%的收益是花在对外采购上的（如果将外协计算在内的话会更多，甚至到80%），而传统观念上被视为生产力改善焦点的内部成本比例则不及一半。这说明，在产品投放市场之前，它的总成本的大部分已被锁定在一个居高不下的水平上。因此，企业渐渐地开始觊觎那55%～80%的部分，并急于从中节约成本，以降低产品的总成本。于是，有些大公司依仗其巨额的采购实力开始采取强硬的措施，利用自己的有利地位，扩大大量采购的优势，逼迫供应商大幅度降低价格，以达到降低采购成本的目的。例如，通用汽车就以在汽车业界中向供应商施压而出名。它们以大额采购量为诱因，强迫要求价格大幅度下降。然而，这种做法对企业自身的长远发展却是不利的。

为此，买方企业开始优选供应商，不再使用过去以数目取胜，将工作分散到数百个供应商的做法，而开始无情地削减供应商数目以强化供应基础。例如，美国某市场服务公司每年要购买 4 亿美元的促销材料，在改革前所遵循的采购惯例是每一次购买都有 3 个供应商竞争，然后从中选择价格最低的，结果超出 50% 的采购订单是低于 1 万美元的，而大多数供应商每年的订单是 5 万美元左右，由此在众多的订单中投入了大量的精力与供应商洽谈业务。幸运的是，该公司调整了业务方向，并获得了成功。在仔细地选择流程后，它开始与最好的供应商坐下来商谈并与之建立了双赢的关系。它将总计 4 亿美元的促销采购项目外包给两个供应商来完成，这个改变促使企业的组织结构发生了变化，但效果是显著的。外包方式减少了 12% 的运行成本，促销材料的准时交货率从原来的 60% 上升到 85%。后来的调查表明双方都非常满意这种新的业务方式。

8.2.2 供应商关系管理的定义和发展

供应商关系管理（Supplier Relationship Management，简称 SRM）是一种用来改善企业与供应商关系的管理理念。迄今为止，尚无有关供应商关系管理权威的定义，参照客户关系管理，我们可以得出：它是一种致力于改善与供应商之间关系的管理思想。具体地说，供应商关系管理是一种新的管理思想和经营理念，目的在于改善企业与供应商之间的关系，实施于与企业采购业务相关的领域，通过与供应商建立长期的、紧密的业务关系，整合双方资源和竞争优势来共同开拓市场，扩大市场需求和份额，降低产品前期居高不下的成本，实现“双赢”的企业管理模式。供应商关系管理与上一章介绍的供应链伙伴关系的重点不同，前者是以供应链相对下端的企业为中心，而后者，虽然也是供应链上下端企业的关系，但在供应链伙伴关系中，两企业的地位是平等的。也可以说，是出现了供应链伙伴关系后，才形成了对上端的供应商关系管理，但相对于对下端的客户关系管理来说，SRM 的发展较为缓慢。

供应链上的供应商关系管理起源于企业合作关系的发展。众所周知，在供应链上，各企业不是孤立的，它们之间存在着千丝万缕的联系，这种关系是根据市场环境的不断演变而发展的，这种企业关系发展的过程大致可分为四个阶段，如图 8－3 所示。

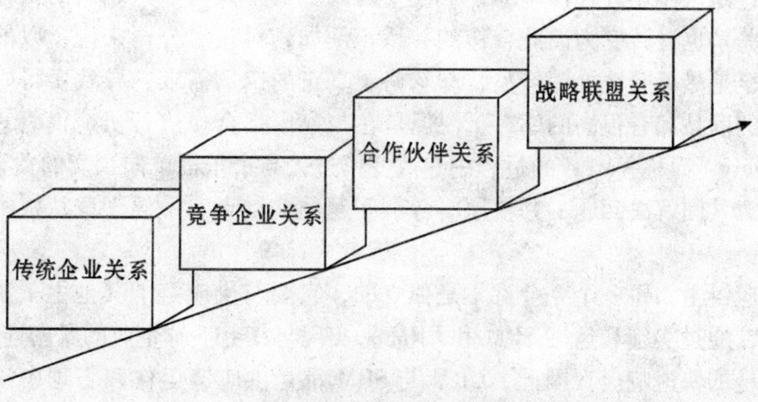

图 8－3　企业关系发展过程

1970 年以前，由于市场环境基本上是供不应求，企业也不需要发展伙伴关系，其管理的战略仅局限于企业内部，主要是尽量改进工艺和技术，提高生产率，扩大生产规模以生产更多的产品，降低单位产品成本。这一时期的企业是各自为政，既没有你死我活的竞争，也没有强大的生产压力，企业间的关系基本上是和平共处，是传统企业关系阶段。

1970 年到 1980 年是市场自由竞争时期，市场上产品呈现供大于求的状况，供应日趋饱和，企业间的竞争异常激烈，其程度近乎你死我活，市场竞争压力极高，企业间关系恶化，令人无法忍受，是企业关系阶段。

20 世纪的最后 20 年，企业开始寻求资源的更有效的利用，使业务相关联的企业间开始寻求合作，它们之间的合作比较紧密，部分合作具有一定的战略性，是企业合作伙伴关系阶段。在这个阶段中，企业间逐渐确立了伙伴关系，经营合作具有一定的层次性，是企业伙伴竞争关系阶段。

到了世纪更替之际，由于经济全球化的发展，资源开始在全球范围内调配，经营难度和经营风险不断加大，企业为了更好地利用稀缺的资源，一改过去的你死我活单打独斗式的竞争，开始转向业务联盟和供应链之间的竞争，不断加强更紧密的合作，于是产生了“共赢”的合作竞争和供应链战略联盟，进入了企业战略联盟关系阶段。

8.2.3 供应商关系管理在供应链中的作用和重要性

1. SRM 是供应链上企业与其上游成员之间的接点

在供应链上，企业业务对外的两个最重要的活动就是“买”（对上游供应链）和“卖”（对下游供应链）。在“卖”的方面，企业为了使自己的产品和服务赢得市场、赢得客户，十分重视这方面的管理并且投入了大量的精力，发展出了本章上节介绍的客户关系管理（CRM）。

然而，在“买”的方面，也许是长期以来市场一直处于买方市场的原因，买家认为只要我有需求，就会有卖家找上门来，就会有人为我提供服务，企业无须下太多的工夫去关心与供应商之间的关系。

然而，到了 21 世纪，随着资源在全球范围内的调配，企业间业务联盟的进一步发展，企业与供应商之间的关系变得越来越重要，供应链战略伙伴关系开始形成。这种与供应商合作创造市场价值，是伙伴业务合作中的一个重要的问题，正如与客户之间的伙伴关系一样，与供应商之间的关系也将转变为彼此合作的关系。例如，对雀巢公司来说，以前顾客要什么就给他什么，甚至是尽可能地推销产品，却忽略了真正的市场需求，导致卖得好的商品经常缺货，而不畅销的商品却有很高的库存量。但是在与家乐福合作进行供应商管理库存（Vendor Managed Inventory，简称 VMI）的过程中，改变了过去与家乐福单向买卖的关系，双方更为相互了解，也愿意共同解决问题，并使原本各项问题的症结点一一浮现，从根本上提高了供应链的整体效率。

在一个供应链上，每一个企业都不是孤立的，它要与供应链上其他上下游的企业发生业务关系和往来，通过实施和运用 SRM 和 CRM 来实现与其上下游企业的紧密连接和协同运作，达到整个供应链的快速响应。因此，CRM 与 SRM 都是供应链运作和管理中缺一不可的管理模式和工具，少了哪一个环节，供应链都会撕裂开，不成其为完整的、无缝的供应链。供应链上成员之间的相互关系的好坏程度、紧密程度对这个供应链的运行具有重大的影响。因此，供应链上成员的关系管理就显得更加重要，同时也往往是供应链管理中最困难的部分。供应链管理最重要的成功因素就是成员间的互信关系，如果没有好的关系管理，供应链就无法真正整合，而对上游外部供应链上成员的关系管理即为供应商关系管理。

2. SRM 可以增强供应链的核心竞争力

长期以来，与供应商的关系总是处于次要的地位，供应意味着买卖，很少提到合作，更谈不上企业间的战略联盟与协作。随着供应商与制造商战略合作的加强，众多的因素推动了双方之间的合作。在集成与合作思想的指导下，供应商和制造商把他们的相互需求和技术集成在一起，以实现为制造商提供最有用产品为共同目标。因此，供应商与制造商的交换不仅仅是物质上的交换，而且包括一系列可见和不可见的服务（R&D、设计、信息、物流等）的交换。对于供应商来说，它需要具备革新和良好的设计能力，以保证交货的可靠性和时间的准确性；而对于制造商来说，它要提供的活动和服务包括了控制供应市场、管理和控制供应网、提供培训和技术支持、为供应商提供财务服务等。

为了达到生产的均衡化和物流同步化，制造商和供应商加强了部门间、企业间的合作与沟通。供应商在产品组合、柔性、准时等方面的要求较高，但是在信息共享（透明性），服务支持（协作性），并行工程（同步性），群体决策（集智性），柔性化与敏捷性等方面都不能适应越来越剧烈的市场竞争需要，企业需要更高层次的合作与集成，于是产生了基于战略伙伴关系的新型企业模型，如图 8－4 所示。

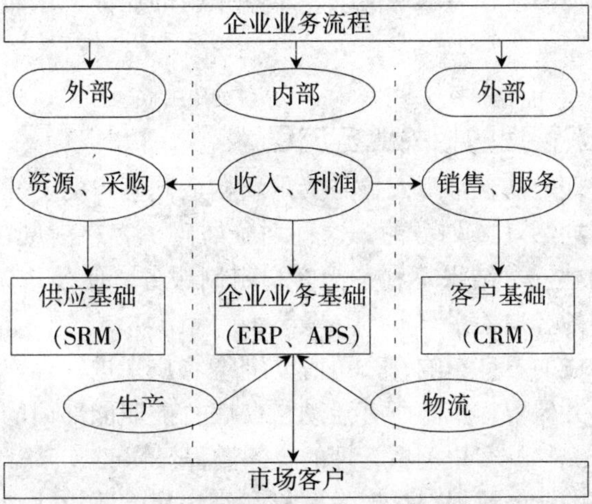

图 8－4　基于伙伴关系的供应链模型

3. SRM 的发展创新了企业间的合作模式

在新的竞争环境下，供应链伙伴关系强调直接的、长期的合作，强调共有的计划和共同解决问题的能力，强调相互之间的信任与合作。这与传统的企业合作关系模式有着很大的区别。如果在一个供应链上的所有成员都认识到了供应商伙伴关系的重要性，当其中一个成员与其上游供应商建立了这种关系时，它的客户也同样会有这样的选择，这一现象的连锁反应的结果是供应链上的每一个成员的财务和绩效都会全面提高。在这种情况下，供应商关系管理就成了相对于竞争对手获得并保持战略优势的关键因素，同时也会使整个供应链的竞争优势提高。

伙伴关系是企业和供应商就一段较长时间达成的承诺和协议，其内容包括信息共享，以及分享和分担由于伙伴关系带来的利益和风险，也就是说，伙伴的概念必须建立在合作和信任之上。但是，供应链中合作伙伴关系的建立不是一件容易的事，毕竟每个企业都有自己的利益，都有自己独特的企业文化和经营方式，因此，许多企业借助契约来巩固开始并不牢靠的伙伴关系。

在成功的伙伴关系基础上，企业甚至可以让供应商来管理企业中与该供应商有关的那部分库存，即供应商管理库存（VMI）。由于企业的销售数据属于企业机密，即使是美国的企业也极少将这部分内容透露给供应商，但是沃尔玛和宝洁就是通过 VMI 系统在抢占市场上取得了成功。

8.3 客户关系管理系统

客户关系管理既是一种理念，也是一套管理软件和技术。它以多种信息技术为支持和手段，将最佳的商业实践与数据挖掘、数据仓库、一对一营销电子商务、销售自动化及其他信息技术紧密结合在一起，为企业的销售、客户服务和决策支持等领域提供了一个业务自动化的解决方案。利用 CRM 系统，企业可以搜集、追踪和分析每一个客户的信息，从而识别他们的身份，他们目前的需求，以及他们未来可能的需求，并把客户想要的送到他们手中，以及及时与客户联络，得到他们潜在需求的反馈，以开拓新的业务，从而实现客户资源的循环化管理。

8.3.1 支持客户关系管理的相关业务流程

在实施客户关系管理之前，管理人员需要重新构造同客户的交互流程。以往的组织结构是按照为客户服务的不同活动来划分的，这种划分妨碍了客户信息在企业内部的自由流动，从而影响了客户关系的建立，结果不利于为客户定制服务，使公司无差别地对待所有客户，这就阻碍了建立更亲密的客户关系。

要克服这种划分造成的不良影响，公司需要围绕客户来进行客户关系管理，即以整合的方式来管理识别、吸引并保留客户的所有活动，彻底打破职能部门的界限。通过把这些业务活动组合起来，就成了完整的客户关系管理的业务流程。

客户关系管理相关的业务流程包括连带销售和高销售、营销活动管理与执行、客户服务和支持、现场服务以及客户维系管理等。

1. 连带销售和高销售

连带销售和高销售能够为公司的营销部门带来战略性的优势，使公司能够建立起识别潜在客户的机制。例如，银行的销售人员发现客户存了一大笔钱，就可以给客户打电话询问他是否有兴趣投资期权。

具有连带销售和高销售功能的软件应该能够识别潜在客户、跟踪客户并在适当时机让销售人员接触客户。这些软件可以用来安排销售电话，保存详细的销售活动记录，检查客户订单履行状况。

连带销售和高销售要求能够识别客户在不同阶段的需求。例如，银行通过为不同需求的客户提供相应的产品和服务来尽量维持同客户的长久关系：当客户退休时，银行可推荐股票、债券和基金；发现客户有年幼的孩子，银行可提供教育储蓄或贷款计划。

2. 营销活动管理及执行

营销的作用就是利用各种直销和广告手段为潜在客户提供作出购买决策所需的信息。随着公司规模的扩大，营销自动化也变得更加重要了，因为公司需要在管理的同时开展多个营销活动，并且追踪不同渠道的成本。应用营销活动管理可以将客户反应管理、销售线索识别及各种业务的后勤管理等工作自动化，使公司能够管理、整合并有效采用营销活动。

公司另一个核心业务是执行。现在的营销部门每天要忙于应付来自网站和其他渠道的客户查询，执行工作的目标就是快速、方便、高效地向客户或潜在客户提供各种信息，及时回答客户在产品与服务、价格或交货方式等方面的问题。这就需要公司能够在客户方便的时候把客户所需要的信息提供给他，要实现这个目标，就需要营销活动管理、销售自动化和信息发布系统的协同和配合。

3. 客户服务和支持

客户支持应用包括服务需求管理、客户管理、联系和活动管理、客户调查、退货确认和其他详细的服务协议。这些不同的应用协同工作，保证客户服务代表能尽快分配、发现和管理客户的服务要求，同时尽快找到有关客户服务合同、联系和活动的详细信息。

4. 现场服务

现场服务是外部客户支持的延伸，由于有些问题无法通过电话解决，需要维修人员到客户家中保养或修理设备。现场服务应用已经成为公司提高客户服务水平和降低成本的主要手段。

现场服务软件为服务部门提供的支持包括调度和派遣维修人员、管理存货和后勤、处理合同和清算账目等。

5. 客户维系管理

客户关系管理强调的是基于历史交易情况来区分客户。对客户进行市场细分则需要客户关系管理系统提供决策支持技术。有效的决策支持要求尽可能详尽地收集客户资料。对客户详细的了解使公司能有针对性地对待客户，摆脱那些维系成本高、收益小的客户。著名的“二八原则”认为，20%的客户创造了企业80%的利润。有人根据统计把它修改为80/20/30，就是说20%的客户创造了企业80%的利润，但是其中的一半被30%非赢利的客户抵消掉了。因此企业应当通过客户维系管理“剔除”最差客户以改进利润收入水平。

8.3.2 CRM 系统的主要功能及模块组成

目前市场上的CRM软件产品很多，它们包括的一些基本功能有客户管理、销售管理、营销管理、客户服务等，有的软件还包括了呼叫中心、合作伙伴关系管理、商业智能、知识管理等，如表8-1所示。

表8-1 CRM 系统各模块主要功能

模块名称	主要功能
客户管理模块	此模块记录客户的详细信息及以往与客户的联络情况，包括：客户档案管理、联系人管理、联络记录管理。该模块还能够对所有的客户资料进行分析和处理，使企业既能根据客户的特点提供服务，又能对客户的赢利性进行评估。

（续上表）

模块名称	主要功能
销售自动化管理	此模块包括报价管理、订单管理、合同管理、销售机会管理、销售人员管理、指标管理、地域管理，还包括销售经理对所管辖的销售人员的奖励和佣金计划，以及签单后对付款情况的跟踪等，能够实现从报价、订货一直到付款，给付佣金的全程自动化。同时该模块能够让决策者随时了解企业产品的销售情况，预测未来的市场变化。它还能提供基于Internet的自助销售功能，使客户能够通过Internet个性化定制产品或服务，真正实现定制的个性化服务。
市场营销管理模块	该模块使市场营销人员能够对市场营销活动有效地加以计划、执行、监视和分析。包括的功能有：市场营销调查表的设计、生成、管理，以及营销宣传品管理、活动预算管理，回馈信息的录入、分析等，能够把营销活动与业务、客户、联系人建立关系；显示任务完成进度；提供类似公告板的功能，可张贴、查找、更新营销资料；能够进行基于Internet市场营销活动的策划和执行，并根据客户需求设计和分发宣传品，对有购买意向的客户实行跟踪、分配和管理等。
客户服务管理	此模块提供客户支持、售后服务的自动化和优化。包括的功能有：客户服务人员管理，产品的售后跟踪，投诉记录，服务项目的安排、现场服务的预约、调度、派遣和事件的升级；搜索和跟踪与某一业务相关的事件；生成事件报告；签订服务协议和合同；订单管理和跟踪；服务结果跟踪；服务合同管理；服务收费自动核算等，帮助企业提供有竞争力的售后支持和维护服务。它允许客户选择电话、Web访问等多种接口界面与企业联系，并能在最短的时间内得到统一、完整和准确的服务。
呼叫中心	呼叫中心是集电话、传真机、计算机等通信和办公设备于一体的交互式增值业务系统。电话呼叫中心组件与其他组件集成在一起，不仅为相关业务提供了电话能力，还与这些组件一起形成了一个兼顾电话服务与销售的自动通话网络。用户可以通过电话接入、传真接入、Modem拨号接入和访问Internet网站等多种方式进入系统，在系统自动语音导航或人工服务帮助下访问系统的数据库，获取各种咨询服务信息或完成相应的事务处理。
合作伙伴关系管理	此模块对公司数据库信息设置存取权限，合作伙伴通过标准的Web浏览器以密码登录的方式对客户信息、公司数据库、与渠道活动相关的文档进行存取和更新；合作伙伴可以方便地存取与销售渠道有关的销售机会信息；合作伙伴通过浏览器使用销售管理工具和销售机会管理工具，如销售方法、销售流程等，并使用预定义的和自定义的报告；产品和价格配置器。
知识管理	此模块在站点上显示个性化信息；把一些文件作为附件贴到有关联系人、客户、事件概况等文件上；文档管理；对竞争对手的Web站点进行监测，如果发现变化的话，会向用户报告；根据用户定义的关键词对Web站点的变化进行监视。
商业智能	此模块预定义查询和报告；用户定制查询和报告；以报告或图表形式查看潜在客户和业务可能带来的收入；通过预定义的图表工具进行潜在客户和业务的传递途径分析。

8.3.3 企业设计和实施客户关系管理系统时应注意的问题

1. 客户信息的整合是客户关系管理的基础

所谓整合，是指客户数据库与企业其他资源的整合。一般客户关系管理要求在以下几个方面进行有效的整合：客户信息、客户联系信息、业务流程、外部公司及合作伙伴、前台系统与后台系统等。完整的客户关系管理系统要求将电话、网站和数据库技术整合起来，包括对结构化客户数据和非结构化客户数据的整合，以便全面了解客户资料和历史记录，例如，银行的结构化数据包括客户信息和金融产品信息，非结构化客户数据包括传真、数据化语音信息、贷款申请者的照片和信用审核报告等。

实现客户信息的整合就要求企业将各种客户交流渠道集成起来，CRM 系统与客户的接口有多种，如电话、Internet、呼叫中心等，把多种渠道组件集成起来非常重要。客户可以通过 Web，通过在计算机中装有销售力量自动化（SFA）应用软件的销售人员，或是通过呼叫中心与企业交流。但无论通过哪种渠道，客户与企业的交流都应该是无缝的、集成的、高效的、连贯的和自动的。

2. 根据企业自身规模、业务特点，有重点、分层次地实施 CRM

选择和实施 CRM 系统之前，首先要弄清企业的需求，CRM 系统并不是唯一的模式，企业应该考察根据自身的业务需求、企业规模及特点，分层次有侧重地实施。一般来讲，可扩展的 CRM 系统架构可以分成三个层次，使 CRM 充分满足不同规模企业的需求。

第一个层次是部门级需求。在一个企业中，与客户有密切联系的主要有三个部门，即市场部、销售部和服务部，CRM 系统首先需要满足这三个部门的部门级需求，加强统一的销售管理，提高客户服务质量。

第二个层次是协同级需求。客户关系管理将企业的市场、销售和服务部门协同起来，建立市场、销售和服务之间的沟通渠道，这样能够及时地传递信息，将市场分析的结果及时地传递给销售和服务部门，以便它们能够更好地理解客户的行为，同时销售和服务部门收集的反馈信息也可以及时地传递给市场部门，以便市场部门对销售、服务和投诉等信息进行及时分析，从而制定出更有效的竞争策略。

第三个层次是企业级需求。客户关系管理和企业的业务系统紧密结合，通过收集企业的经营信息，并以客户为中心优化生产过程，即满足企业级的管理需求。在大、中型企业中，原有信息系统（如 ERP 系统）比较复杂，若想发挥各系统的功能，就必须将各信息系统整合起来，只有实现不同系统之间的相互协调才能充分提高企业的运作效率。

3. 克服业务方面的阻力，进行业务流程重组

实施 CRM 系统的前提是对企业现行的业务流程进行重组，以提高系统的运营效率。

可以说在大多数企业中，销售、营销、客户服务和技术支持等业务是分开进行的，这使得企业各环节间很难以合作的姿态对待客户，而 CRM 要求企业完整地认识整个客户生命周期，提供与客户沟通的统一平台。因此在应用 CRM 过程中的业务流程重组必须对企业原有的销售、营销、客户服务和支持业务体系进行一次彻底的重新设计，这个过程将会涉及企业职能的重新定位，销售体系与物流体系的分离，第三方物流的引入与银行结算体系设计，以及企业营销组织架构的重新设计等，可以说业务流程重组是 CRM 应用取得成效的关键。

在重组过程中，必然导致剧烈的企业政治、文化和组织变革。出现政治阻力是由于客户关系管理通常要跨越多个部门，一个部门的数据必须能被多个部门共享。以往各个职能部门各自制定自己的战略，结果使公司无法保证为客户提供一致的服务。客户关系管理可以解决这个问题，但客户关系管理的实施会使一些职能部门失去决策权，这时会产生文化阻力。对客户关系管理来说，组织的阻力也无法避免。公司贯彻客户关系管理必须解决下列组织问题：客户关系管理使整个公司受益，但它可能会降低单个部门的贡献。目前的激励机制是基于部门的，这同客户关系管理所强调的全局性是对立的。例如，由于某个销售经理的业绩是由其销售额来决定的，因此，他就对保证服务部门能随时满足客户要求不感兴趣。客户关系管理对组织结构和雇员的角色也有一定的影响，尤其是对一线销售人员的影响更加明显。所有公司都要明白客户关系管理的好坏取决于销售一线的活动同企业内部活动（如产品研发、战略规划、财务管理）之间的紧密配合，使一线人员能更加容易地把客户要求和问题传递到其他部门，也就是说把客户的声音传到整个企业并用来指导所有活动。

可见，实施客户关系管理必须要企业全体员工转变管理思想，建立以“客户”为导向的管理理念，才能为建立客户关系管理系统扫清障碍。

4. 利用数据挖掘技术，提高商业智能和分析能力

业务自动化是CRM系统的主要目标之一，但强大的商业智能和分析能力对CRM解决方案也是极其重要的。CRM应用系统中拥有大量的关于企业客户和潜在客户的信息。决策者需要利用和分析这些信息，从而明智和及时地进行商业决策。而实现这一功能的主要技术就是数据仓库和数据挖掘。数据仓库技术完成客户关系数据的基本设计问题，而数据挖掘技术则要基于现有数据仓库大量的历史信息进行总结、分析、判断。

应用挖掘技术能够根据客户行为将他们划分为不同的群体，各个群体有着明显的行为特征，这种划分方式叫做“行为分组”。通过行为分组，CRM用户可以更好地理解客户，发现群体客户的行为规律。基于这些理解和规律，市场专家可以制定相应的市场策略，同时还可以针对不同客户组进行交叉分析，帮助CRM用户发现客户群体间的变化规律。行为分组只是分析的开始，在行为分组完成后，还要进行客户理解、客户行为规律发现和客户组之间的交叉分析。

应用挖掘技术能够帮助企业的高层管理者分析客户消费的倾向性，以便为客户提供个性化的服务，提高市场占有率、提高忠诚度和发现新的市场机会。

8.4 案例分析

宝洁和沃尔玛的供应商与客户关系

“在全球采购中，全球采购网络不仅要服务好国外的买家，还要在供应商的选择和建立伙伴关系上很投入。”崔仁辅介绍沃尔玛对供应商的选择标准时说。

第一个标准是物美价廉，产品价格要有竞争力，质量要好，要能够准时交货。第二个要求是供应商要遵纪守法。沃尔玛非常重视社会责任，所以我们希望供应商能够像我们一样守法，我们要确定他们按照法律的要求向工人提供加班费、福利等应有的保障。还有一点就是供应商要达到一定规模。我们有一个原则，就是我们的采购不要超过任何一个供应商50%的生意。崔仁辅解释说，虽然从同一个供应商处采购的量越大，关于价格的谈判能力就越强，但是供应商对采购商过分依赖也不完全是好事。

在美国，沃尔玛和宝洁的联盟被视为买家和供应商建立伙伴关系的典范。通过双方良好的合作，作为供应商的宝洁和作为买家的沃尔玛在都能实现产品存货几乎为零的同时，保持沃尔玛的货架上始终有货品销售的良好状态。我们和宝洁的合作，最重要的一点是我们在销售量和产量上的预测。崔仁辅介绍说，特别是在宝洁生产的是日用消费品的情况下，沃尔玛一定要对自己的销售量作出准确的预测，然后把准确的预测量和宝洁的生产捆绑在一起，这样宝洁就不会生产过多的产品而堆积起来，因为沃尔玛而卖不掉。但是，这样的伙伴关系在中国并不容易做到。许多出口厂商都是一个订单一个订单地生产，而不是非常有计划地在全年内和国际买家配合。中国出口厂商直到现在还保留着这样的老做法：我接一张10万件的单，我做完了，10月3日交货，我拿到信用证押汇，钱到手，没事了。等待下一张订单再来。崔仁辅接着说，许多供应商也同出口厂商一样，和国际买家建立伙伴关系的观念还没有树立起来。

许多供应商都有这样的心态：我这次拿到订单，但下次不一定就给我。所以他们也不会事先做生产的准备，往往都是拿了订单以后才去准备原料。

崔仁辅的人正在努力教育他们的供应商转变观念。我们的电脑系统实际上是个开放性的系统，我们每一个供应商都可以通过互联网进入这个系统，看他们卖给我们的产品在全球任何一家沃尔玛店铺的销售情况，还剩下多少货没有卖。崔仁辅希望国内的供应商能够像美国的供应商那样，当在这个系统上看到货要卖完的时候主动提出补货的要求，管理自己卖给沃尔玛的货品。

他接着说，现在的状况是，供应商只管他们的生产，你给我订单，我生产完了交给你，我们的关系就暂时告一段落，等到下一个订单再说。所以就难于建立起买家和供应商之间很紧密的伙伴关系。看来，供应商的确需要首先转变观念，接着改变传统的不合时宜的做法，才会加快和国际买家形成紧密型伙伴关系的步伐，早日达到双赢。

思考题

对于沃尔玛与宝洁公司的关系，你有何体会？

【本章小结】

客户是企业生存和发展的基础，市场竞争的实质其实就是争夺客户资源。客户关系管理（CRM）从广泛的意义上讲，是指在企业的运营过程中不断累积客户信息，并使用获得的客户信息来制定市场战略以满足客户个性化需求。CRM 意味着观念的转变，开始以客户为中心。

在 CRM 中，客户是指任何接受或可能接受商品或服务的对象。CRM 理论与应用系统在企业中的实施，将最直接地体现在企业竞争优势的培育方面，从而使企业从对短期性资源优化配置能力的关注上，延伸到对长期性资源优化配置能力的努力上。

CRM 系统中对客户信息的整合集中管理体现出将客户作为企业资源之一的管理思想。在很多行业中，完整的客户档案或数据库就是一个企业颇具价值的资产。

实施客户关系管理可以提高效率，改善服务；可以拓展市场，降低成本；有助于发掘潜在客户，留住老客户。

【关键术语和概念】

客户　客户关系管理　合作伙伴　客户服务模块

【思考与练习】

1. 什么是客户关系管理？怎样理解客户关系管理与企业竞争优势的关系？
2. 如何实施客户关系管理？
3. 客户满意度对企业经营有何影响？
4. 什么是客户关系管理系统？它包含哪些主要功能？

【补充阅读】

1. 于森．供应链管理．北京：高等教育出版社，2006
2. 赵刚．供应链管理．北京：电子工业出版社，2006

第 9 章 供应链中的协作关系

◎本章学习要点

1. 供应链失调的原因
2. 牛鞭效应及其对运营的影响
3. 供应链协调中的障碍
4. 建立战略伙伴关系和信用机制的对策

◎本章学习内容

1. 供应链失调与牛鞭效应
2. 供应链协调中的障碍
3. 供应链协作的管理措施
4. 在供应链内建立战略合作和信任关系

◎案例分析

◎本章小结

◎关键术语和概念

◎思考与练习

◎补充阅读

在这一章，我们将讨论供应链失调如何导致服务水平降低和成本上升。本章要阐述导致供应链失调、加剧供应链变动的各种障碍因素，然后阐明有助于消除障碍、实现协调的管理杠杆，此外还要讨论在供应链内构建战略伙伴关系和信用机制的各种对策。

9.1 供应链失调与牛鞭效应

范例：福特汽车公司

福特汽车公司拥有数千个供应商，从固特异到摩托罗拉，这些供应商又各自拥有自己的一批供应商。由于完整的信息在阶段之间无法共享，所以当信息在供应链内流动时，就会发生扭曲。而这种扭曲由于供应链产品的多样性而变得更为严重。

福特公司每种车型都有许多选择方案，从而制造出多种不同的车型，车型的日益多样化使得福特公司难以协调与数以千计的供应商之间的信息交换。当前面临的根本性挑战就是，在所有权分散化和产品多元化的前提下，如何实现供应链的协调。

9.1.1 供应链失调与牛鞭效应

1. 供应链失调的原因

供应链失调有两种可能性：一种是由于供应链不同阶段的目标发生冲突；另一种则是由于信息在不同阶段之间传递的过程中发生扭曲。如果供应链的每一个阶段都归属于不同的所有者，则不同阶段的目标可能发生冲突。因此，每个阶段都努力追求自身利益的最大化，就会导致供应链整体利益受损。目前，供应链的各阶段通常归属于数百个不同的所有者。

2. 牛鞭效应

所谓牛鞭效应（bull－whip effect），意指由供应链的下游上溯，订购量的波动幅度不断加大，形似一条梢细、根粗的鞭子，即在供应链内，由零售商到批发商、供应商，订购量的波动幅度递增，如图 9－1 所示。

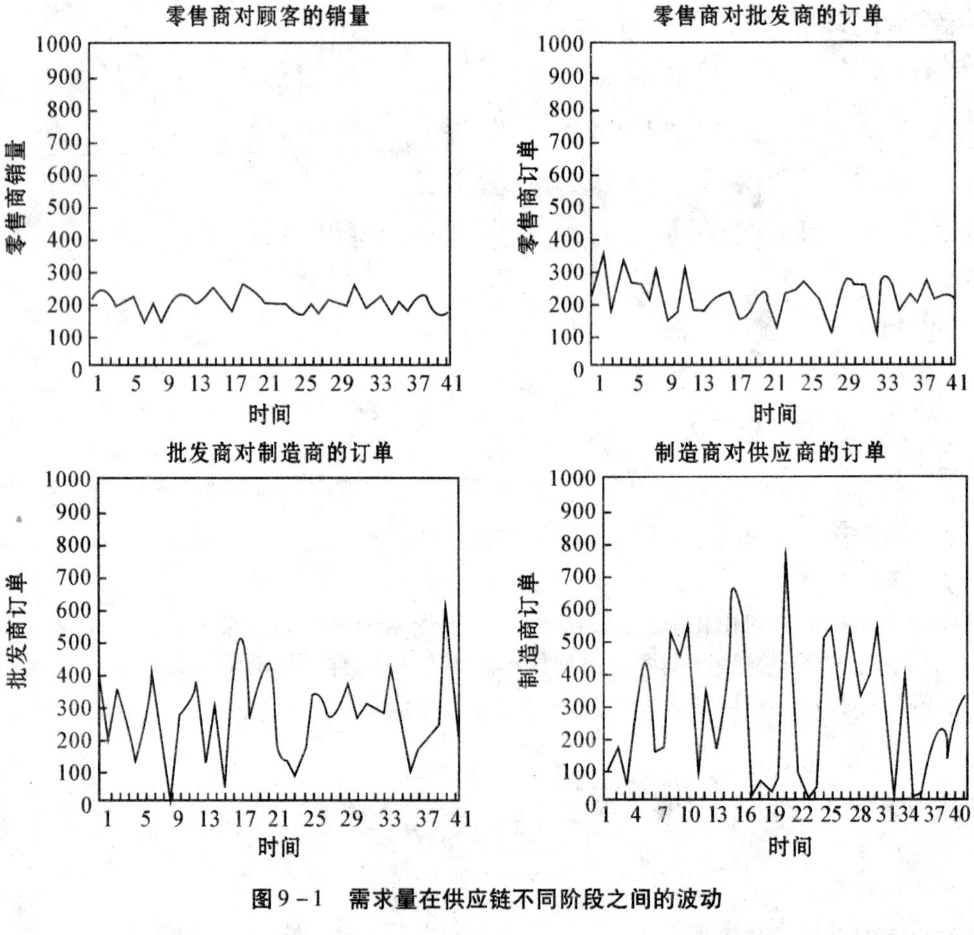

图 9－1 需求量在供应链不同阶段之间的波动

例如，顾客在一个零售商店购买1支啤酒，商店至少需要准备2支放在货架上，在不知下一个顾客购买确切信息的情况之下，商店向批发商下的订单至少为2支啤酒，才能保证下次销售不缺货。批发商向它的上游分销商下的订单至少不少于4支，而制造商的生产数量上升为不少于8支啤酒，最后原材料供应商则要准备16支以上的啤酒库存原料。牛鞭效应扭曲了供应和需求信息，不同阶段对需求状况有着截然不同的估计，其结果导致供应链失调。20世纪60年代美国麻省理工学院的史隆管理学院通过“啤酒游戏”对此加以演绎，证实了这一现象。

宝洁公司已经注意到婴儿尿布供应链内的牛鞭效应。公司发现随着时间宝洁公司发给供应商的原材料订单波动幅度很大，但一到供应链的下游——零售商销售这个阶段，这种波动幅度尽管存在，但已经很小。由此推测，到达尿布消费者这个供应链的最终阶段，需求量几乎没有波动。尽管最终产品的消费是稳定的，但原材料订单规模高度变动，使得成本增加，难以在供应链内实现供需平衡。

惠普公司也发现，从分销商沿供应链上溯到印刷商再到综合电路商，其订单规模的波幅明显递增。同样，尽管产品需求显示了某种变动性，但综合电路商处的订单变动性更大，从而使得惠普公司难以及时完成订单，并且因此增加了成本。

对服装业和杂货业的研究也说明了类似的现象。沿供应链从零售业追溯到制造业，订单的波幅递增。一位意大利面食制造商布瑞勒（Barilla）观察到，地方分销中心的周订单一年内波动70倍，而配送中心（代表超市发出的订单）的周销售量波动小于3倍。因此，布瑞勒面临的需求比顾客需求变动更大，从而导致库存量增加，产品供给能力下降，利润下滑。

9.1.2 牛鞭效应对供应链绩效的影响

如果供应链的每一个阶段只是追求各自目标的最优化，而未考虑对整条供应链的影响，就会导致失调，从而使供应链总利润低于协调时可以达到的水平。供应链的一个阶段在追求自身目标最优化的过程中所采取的行动，最终损害了整条供应链的绩效。

下面我们讨论这种变动性的增加对尿布供应链中各指标的影响。

1. 生产成本

牛鞭效应增加了供应链中产品的生产成本。由于这种效应，制造商及供应商尽力满足顾客需求而采用更具有变动性的订单流。为了应付这种增大的变动性，核心公司要么扩大生产能力，要么增加库存量，但这两种做法都会加大单位产品的生产成本。

2. 库存成本

牛鞭效应增加了供应链的库存成本。为了应付增大了的需求变动性，供应链各成员必须保持比牛鞭效应不存在时还要高的库存水平。因此，供应链的库存成本增加，高水平的库存还增加了必备的仓储空间，从而产生了库存成本。

3. 补给供货期

牛鞭效应延长了供应链的补给供货期。由于牛鞭效应增加了需求的变动性，与水平需求相比，制造商及其供应商的生产计划更加难以安排，往往会出现当前生产能力和库存不能满足订单需求的情况，从而导致供应链内各成员的补给供货期延长。

4. 运输成本

牛鞭效应提高了供应链的运输成本。制造商及其供应商在不同时期的运输需求与订单的完成密切相关。由于牛鞭效应的存在，运输需求将会随着时间的变化而剧烈波动。因此，需要保持剩余的运力来满足高峰期的需求，从而使运输成本提高。

5. 送货和进货的劳动力成本

牛鞭效应提高了供应链内与送货和进货相关的劳动力成本。制造商及供应商对送货的劳动力需求将随着订单的波动而波动，分销商和零售商进货的劳动力需求也存在类似的波动。为了应付这种订单的波动，供应链的不同阶段有不同的选择，或者保有剩余劳动量，或者变动劳动量，但是无论是哪种选择，都会增加劳动力总成本。

6. 产品的供给水平

牛鞭效应降低了供应链内产品的供给水平，导致更多的货源不足现象发生。订单的大幅度波动使得制造企业无法及时向所有的分销商和零售商供货，从而导致零售商出现货源不足的频率加大，供应链销售额减少。

7. 供应链中的各种关系

牛鞭效应给供应链每个阶段的运营都带来负面影响，从而损害了供应链不同阶段之间的关系。但是，供应链内的每一个阶段都认为自己做得尽善尽美，而将这一责任归咎于其他阶段。于是，牛鞭效应就导致供应链不同阶段之间的互不信任，从而使协调变得更加困难。

综上所述，我们可以得出如下结论：牛鞭效应及其引发的失调对供应链业绩有较大的负面影响。牛鞭效应增加了成本，降低了反应能力，从而导致利润下滑。牛鞭效应对不同业绩指标的影响见表9－1。

表9－1　牛鞭效应对供应链绩效的影响

业绩衡量指标	牛鞭效应的影响
生产成本	增加
库存成本	增加
补货提前	增加
运输成本	增加
送货进货成本	增加
产品供应水平	降低
赢利能力	降低

9.2　供应链协调中的障碍

任何导致供应链内不同阶段只注重自身利益的最优化或者信息扭曲和变动性的因素，都是实现供应链协调的障碍因素。如果供应链管理者能够找出主要的障碍，他们就能够采取适当的措施，帮助供应链实现协调。我们将这些主要的障碍分为激励障碍、信息传递障碍、运营障碍、定价障碍、行为障碍五类。

9.2.1 激励障碍

所谓激励障碍，就是指给予供应链内不同阶段或参与者的激励会导致障碍增加、总体利润下滑的情形。

1. 供应链职能部门或阶段的局部最优化

只注重局部影响的激励措施，会导致这样一些决策出台，它们不能使供应链总利润最大化。例如，如果运输部门经理的薪酬只与单位货物的平均运输成本挂钩，那么，他很可能采取降低运输成本的措施，但这样做会增加库存成本，或者降低客户服务水平。供应链参与者采取的行动都自然而然地以业绩评估指标的最优化为评价标准，实现公司利润的最大化，而不是供应链总利润的最大化。以供应链单一阶段利润最大化为基础制定的采购决策，无法实现供应链总利润的最大化，而只以供应链内某一职能部门的成本来评估其业绩，也会导致这样一些决策出台，它们使供应链利润下滑。例如，使运输成本最小化的运输策略很少能实现供应链内（甚至公司内）总成本的最小化。因此，正是供应链中的那些互不匹配的目标，构成了供应链协调的一大障碍。

2. 销售人员激励

如果对销售人员采取的激励方案结构不合适，这些激励措施也会构成供应链协调的一个主要障碍。

在许多公司，销售人员激励一般以月或季度为评估期，以销售人员在这一评估期内的销售量为评估依据。制造商评估销售业绩，一般以出售给分销商或零售商（购入）的销售量而不是对最终顾客（售出）的销售量作为衡量标准。这种衡量标准往往导致制造商的销售人员忽视对最终销售的控制。例如，布瑞勒公司在4~6周的促销期间，按照对分销商的销售量给销售人员以奖励。为了多拿奖金，布瑞勒公司的销售人员鼓励分销商在评估期末购买更多的面食，而不管这些面食是否超过了零售商的销售能力。为了达到这一目的，销售人员不惜采取折扣的方式，来增加促销期末的销售量，从而导致订购量的剧烈变动，表现在：评估期末订购量骤然上升，而到了下一评估期初，订购量则少之又少。分销商发给布瑞勒公司的订购量的周际波动幅度达70倍。以中间销售量为基础对销售人员进行激励，会导致订购量的变动性比顾客需求的变动性更大。

9.2.2 信息传递障碍

所谓信息传递障碍，是指需求信息在供应链不同阶段之间的传递过程中发生扭曲从而导致供应链内订购量的变动性增加。

1. 按照订单而不是顾客需求进行预测

随着订单沿供应链上溯至制造商和供应商，按照接收到的订单进行预测，会使顾客需求的变动性增大。在牛鞭效应的作用之下，供应链内的不同阶段均以发出的订单作为基本的沟通手段。每一阶段都将其在供应链中的主要作用界定为完成下游阶段发来的订单。于是，每个阶段都将其需求视为接到的订单流，并根据订单信息进行预测。

在这种情况下，由于顾客需求以订单形式在供应链内传递，所以顾客需求细小的变化都会导致顾客需求变动性的增大。下面我们考察一下零售商处顾客需求的随机增长给供应链带来的影响。首先，零售商可能将这种随机增长部分视为永久的增长趋势，从而导致其订购的产品数量超过实际的需求增长，原因在于零售商预期这种增长将持续下去，从而订购更多的商品以满足未来预期增长的需要。如此传递下去，批发商的订单也会产生连锁增长反应。然而批发商却无法正确解释订购量的增长。批发商只注意到订单规模的攀升，并由此推断出增长趋势。但是，批发商推断的这种增长趋势比零售商推断的要大得多（如前所述，零售商已经扩大了订单的规模，以满足未来增长的需求）。这样，批发商将向制造商发出更大的订单。沿供应链上溯，订单规模会逐步膨胀。

2. **信息无法共享**

供应链内各阶段无法共享信息，这加大了牛鞭效应。例如，沃尔玛的零售商由于计划中的促销活动可能会扩大特定订单的规模。如果制造商没有得到关于计划中的促销活动的信息，他可能将这种订单规模的扩大视为需求的永久性增长，而将此信息又传递给供应商。这样，在沃尔玛促销活动结束后，制造商和供应商就拥有大量的库存。由于保有过量的库存，一旦沃尔玛的订单规模恢复正常，制造商的订单规模也会比以前缩减。零售商与制造商之间无法共享信息，导致制造商订单规模的大幅度波动。

9.2.3 运营障碍

所谓运营障碍，就是指在发出订单和完成订单的过程中所采取的导致变动性增加的各种行动。

1. **大批量订购**

当公司大批量订购的产品大大超出了需求扩张量时，订单的变动性就会在供应链中被放大。由于与订单的发出、接收及订购货物的运输相关的固定成本很高，或者由于供应商提供的批量折扣的优惠很大，公司可能大批量订购产品。大批订购导致订单流的变动比需求流更加不规律。图 9-2 显示了公司每 5 个星期发出订单时的需求量和订单流的情况。

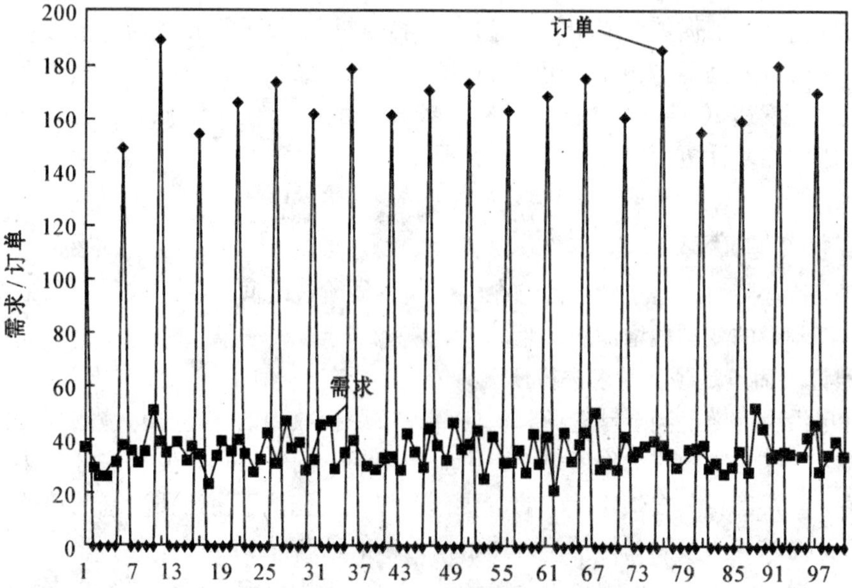

图 9-2 每 5 周的需求和订单流

由于每5个星期订单都要汇集发出，订单流中有4个星期没有订单，到了第5个星期，订单会蜂拥而入，订购量等于5个星期的需求量。可见，相比零售商面临的需求波动而言，批发商面临的变动性更大。如果制造商再将他们的订单传给供应商，则这种效应会进一步放大。许多实例都表明，在每月的第1个或第5个星期，订单量达到高峰期，从而加剧了订单的集中化。

2. 补给供货期延长

如果供应链内各阶段之间的补给供货期延长，则牛鞭效应会进一步放大。考察一下这种情况，零售商将需求的偶然性增长被误以为是一种增长趋势，如果零售商面对的供货期是两个星期，则他在发出订单时，会将两个星期的预期需求增长计算在内。相比之下，如果这种供货期延长至两个月，他会将两个月的预期需求增长包括在订单之中（这种增长较前者更大）。反之，当需求的随机增长被误以为是需求下降趋势时，其理亦然。

3. 定量配给和短缺之间的博弈

将有限的产品按照零售商的订单规模成比例地进行调配的配给方案，导致了牛鞭效应的放大。一般而言，高需求产品在供应链内往往处于短缺供给状态。例如，HP公司的最新产品总是供不应求，在这种情况下，制造商就创造出各种机制，在各分销商或零售商之间调配稀缺产品的供给。一种通用的调配方案是，根据发送的订单量调配产品的有效供给。也就是说，如果有效供给是总接收订单量的75%，每位零售商只能获得各自订单量的75%。

这种配给方案导致一种博弈的出现，即零售商尽量提高其订单量以提高有效产品的供给量。一位需要75单位产品的零售商将订购100单位产品，以期切实获得所需的75单位产品。这种配给方案的净影响就是人为地使产品订单量膨胀。尤为糟糕的是，如果零售商以预期销售量为基础订购，则得到的有效订购量更少，从而使销售量减少。否则，零售商会从订单量膨胀中获益。

即使顾客需求没有发生变动，如果制造商以订单量来预测未来需求，他也会把订单的增长误认为是需求的增长。制造商的反应可能是扩大生产能力，以满足所有的订单需求。一旦有了充足的生产能力，在配给方案下出现膨胀的订单，就会重新恢复到正常水平，从而导致制造商产品和生产能力的过剩。这种繁荣衰退周期往往更迭出现。

这种现象在电脑行业尤为普遍，电脑行业中经常会出现配件短缺期和配件过剩期的更迭，尤其是芯片制造业，在20世纪90年代就经历过几个这样的周期。

9.2.4 定价障碍

所谓定价障碍，就是指某一产品的定价策略会导致订单规模变动性增加这样的情况。

1. 批量折扣

批量折扣策略扩大了供应链内订单的批量规模，人为的大批量订单放大了供应链内的牛鞭效应。

2. 价格波动

如前所述，价格波动、制造商所发起的商业促销以及其他短期折扣活动导致超前采购，即在折扣期间批发商或零售商通过大批量采购以满足未来时期的需求。超前购买导致促销期间的订购量大增，而此后很长一段时期的订购量极小。

由于促销的影响，高峰期的制造商的送货量远远高于该期的零售商的销售量。输送的高峰期过后，制造商的送货量锐减。从这一现象可以明显看出分销商的超前采购行为。这种促销手段导致制造商送货量呈现变动性，其变动幅度明显地高于零售商销售量的变动幅度。

9.2.5 行为障碍

所谓行为障碍，就是指引发牛鞭效应的组织内认知问题。这些问题往往与供应链构成方式及不同阶段之间的沟通方式有关。其中的一些行为障碍如下：

（1）供应链的每个阶段只是从局部看待自身行为，而未考虑到其行为对其他阶段所造成的影响。

（2）供应链的不同阶段只对眼前局部形势作出反应，而未能追根溯源。

（3）按照局部性分析，供应链的不同阶段互相推脱造成波动的责任，从而导致供应链内相继阶段成为敌人而不是合作伙伴。

（4）长期以来，由于供应链各阶段所采取行动的最重要结果出现在其他阶段，所以各阶段不能从各自行为中吸取经验教训，从而形成一种恶性循环：各阶段将自己的失误所带来的问题归咎于其他阶段。

（5）由于供应链合作者之间缺乏信任，从而使他们常有以整条供应链业绩为代价的投机行为，缺乏信任还会导致工作重复，造成浪费。更为重要的是，由于缺乏信任，不同阶段之间不能共享或者忽视可以得到的信息。

9.3 供应链协作的管理措施

既然已经认清了供应链协调的障碍因素，现在我们着重探讨一下，作为一名管理者采取什么样的措施才能有助于扫除供应链内的障碍，实现协调。下列管理措施将提高供应链总利润，缓解牛鞭效应：

（1）使激励措施和目标保持一致

（2）提高信息的准确度

（3）提高运营业绩

（4）制定定价策略以稳定订单规模

（5）构建合作伙伴关系和信任机制

9.3.1 使激励机制和目标保持一致

管理者可以通过使激励机制和目标保持一致，来实现供应链的协调，以使每个参与者的行为都以供应链总利润最大化为目标。

1. 协调各部门的激励机制

公司内部要实现决策协调，就必须确保每个部门用以评估决策的目标与公司总体目标相吻合。所有的设施、运输、信息和库存决策，都应该按照它们对供应链赢利能力的影响，而不是对总成本甚至局部成本的影响进行评估。这有助于避免某些情况的出现，如运输管理者作出的行为决策虽然降低了运输成本，但因此提高了供应链总成本。

2. 协调定价

如果零售商和管理者须为每一次订购支付大量的固定成本，那么管理者可以通过批量折扣来实现最终消费品供应链的协调。如果公司对产品具有市场控制力，则管理者可以通过两部分关税和总量折扣的手段，来实现供应链的协调。在需求不确定的条件下，制造商能够通过回购合同和弹性数量合同，促使零售商提供能够实现供应链利润最大化的产品供给水平。例如，出版业已经利用回购合同来提高供应链总利润。

3. 将销售人员的激励依据由购入量变为售出量

如果能够减少那些会诱导销售人员将产品推销给零售商的激励机制，那么我们就可以降低牛鞭效应。如果对销售人员的激励以滚动周期内的销售量为衡量标准，那么将产品推销给零售商的动机就会减弱，从而有助于减少超前采购量及由此引发的订单规模波动。此外，管理人员还可以采取另一种措施，即把销售人员的激励与零售商售出的产品结合起来，而不是与推销给零售商的销量挂钩。这一措施消除了销售人员鼓励超前购买的动机，从而有助于减少订单流的波动。

9.3.2 提高信息的准确度

管理者可以通过提高供应链内不同阶段之间可获得信息的准确度，来实现供应链的成功协作。

1. 共享销售量（POS）数据

供应链各阶段之间共享销售量数据，会有助于降低牛鞭效应。导致牛鞭效应的主要原因是，供应链的每个阶段通过订单来预测未来需求。如果不同阶段接收的订单规模发生变动，则不同阶段的预测亦随之变动。实际上，供应链唯一需要满足的需求就是来自最终消费者的需求。如果零售商能够与其他供应链阶段共享销售量数据，则所有供应链阶段都能够以顾客需求为依据，来预测未来的需求。由于现在所有阶段都对同样的顾客需求作出反应，销售量数据的共享则会降低牛鞭效应。恰当的信息系统的选用会有利于该数据的共享。公司已经通过互联网与供应商共享数据信息。对于像戴尔这样的直销商以及与电子商务有关的其他公司而言，销售量数据的共享更为便捷。戴尔与其所有的供应商在互联网上共享需求信息及当前零配件的库存信息，从而提高了供应链的协调性。又如，宝洁公司说服了许多零售商与其共享需求信息，紧接着又与其供应商共享这一数据信息，从而提高了供应链的协调性。此外，沃尔玛也与其供应商共享销售量数据，以增强协调性。

2. 联合进行预测和规划

一旦销售量数据得以共享，如果要实现完全的协调，则要对供应链的不同阶段进行预测和规划。如果不能联合制定规划，销售量数据就不能够起预测作用。例如，由于零售商的促销活动，而导致一月份的需求量大增。但如果下个月不打算做促销，即使零售商与制造商都有销售量的历史数据，两者的预测也会有所出入。为此，制造商必须了解零售商的促销计划。关键就是要确保整条供应链按照共同预测运营。

宝洁公司是合作的先驱，他们共同成立了联合预测及补给协会（CFAR），并取得了卓越的成效。由沃尔玛及宝洁公司组成的团队，共同预测宝洁公司产品在沃尔玛商场的销售量，然后共同制定补给策略，从而确保沃尔玛销售计划与宝洁公司生产计划的吻合。为了推进供应链内的协调，行业间商业标准志愿协会（简称 VISA）已经建立了一个联合规划、预委员会，为联合预测及规划提供了最好的范例，并设计了指导方针。企业资源和需求规划系统的运用，有助于供应链内各阶段进行联合预测及规划。

3. **设计单阶段控制的补给策略**

设计一条供应链，由其中的一个阶段来控制整条供应链的补给决策，会有助于弱化牛鞭效应。如前所述，牛鞭效应产生的主要原因是，供应链的每一阶段将订单作为其产品的历史需求记录。因此，每一阶段都将自己定位为下一阶段的补给者。而实际上，零售商是最关键的补给者，因为零售商直接与最终的消费者打交道。一旦由一个阶段控制整条供应链的补给决策，则多阶段的预测问题得以实现协调。

对于像戴尔这样的直销产品给顾客的制造商来说，由于制造商与顾客之间不存在中介，补给的单阶段控制会自动实现，制造商自动成为补给决策订单的唯一控制者。

当销售通过零售商实现的时候，某些行业的实例也证明可以实现补给决策的单阶段控制。在持续补给方案（CRP）中，批发商或制造商以销售量数据管理为基础有规律地补给货物给零售商。持续补给方案的主体可能是批发商、分销商或第三方。在大多数情况下，持续补给方案系统由零售商仓库的实际库存提货记录而不是一般的销售量数据来控制。将持续补给方案系统与仓库提货记录联系在一起，易于系统的实施。零售商对在这一水平上共享数据信息常常会更满意。持续补给方案系统将整个供应链联为一体，提供了良好的信息基础设施，是持续补给方案实施的基础。

9.3.3 提高运营业绩

管理者可以通过提高运营业绩，设计合适的产品配给方案，以防出现商品短缺，来缓解牛鞭效应。

1. **缩短补给供货期**

通过缩短补给供货期，管理者能够减少供货期期间需求的不确定性。补给供货期的缩短对于季节性商品尤为有利，因为供货期的缩短使得多数订单能够在销售季节内发出，极大地提高了预测的准确度。补给供货期的缩短，还减少了潜在需求的不确定性，极大地缓解了牛鞭效应。

管理者能够在供应链的不同阶段采取各种措施，来缩短补给供货期。电子数据交换（EDI）及其他电子交流形式可以大大缩短与订单发送及信息传递相关的供货期。在制造工厂，通过增加弹性及单元制造可以大大缩短供货期。由于需求的稳定及生产计划的改进，牛鞭效应的缓解又进一步缩短了供货期。在生产多种产品时，这一点尤为正确。预先通知送货时间（ASN）也可以缩短供货期，减少相关接收成本。还可以采用对接仓储运输，来缩短与供应链阶段之间产品流动相关的供货期。沃尔玛已经成功使用了上述方案中的许多方案，并且显著地缩短了供应链的供货期。

2. **减少批量规模**

管理者可以通过减少批量规模，提高运营业绩，来缓解牛鞭效应。减少批量规模可以降低需求波动的幅度（这种波动在供应链各阶段之间能够产生累积效应），缓解牛鞭效应。为了减少批量规模，管理者必须采取措施降低与订购、运输、接收相关的固定成本。沃尔玛及日本的7－11公司，通过多种产品和多个供应商集中送货，成功地降低了补给订单的批量规模。

所谓电脑自助订单（CAO），就是指用电脑取代零售订购服务员来制作订单。电脑汇集了大量关于产品销售、影响需求的市场因素、库存水平、产品收据以及理想服务水平等的信息。电脑自助订单与电子数据交换有助于降低发送每一张订单产生的固定订购成本。目前，许多公司利用计算机在宽带网上进行订购，如格雷杰及麦克马斯特公司。他们通过网上订购，降低了顾客的订购成本及公司完成订单的成本，从而便利了小批量订购。与此同时，B2B 网络交易的增长也降低了订购成本。例如，通用电器公司和福特公司欲要求所有供应商增加设备，实现网上接收订单，使订购效率大大提高。

在一些情况下，管理者可以让订购者不使用订单就能完成订购任务，来简化订购环节。在汽车工业中，制造商以生产的轿车数量为依据来向供应商们支付货款，而无需一张张地买入订单，从而降低了与每一张补给订单相关的订单管理成本。信息系统也便利了金融交易的结算，消除了与单张订单购入相关的成本。

在运输方面，满载与非满载卡车运输的差价很大，从而极大地刺激了大批量满载运输业的发展。实际上，人们已尽力降低了订单的管理成本，运输成本目前成为大多数供应链实现小批量订购的主要障碍。管理者可以通过在一辆卡车上装满各种小批量产品来降低批量规模而不增加运输成本（见第 7 章）。例如，P&G 要求卡车组合装运零售商订购的各种产品，这样，每辆卡车就可以满载运输，从而降低运输成本，使零售商小批量订购每种产品成为可能。日本的 7－11 公司已经有效地运用了这种卡车组合装运策略，其产品的组合是按照卡车保持的温度进行分类的，把所有在特定温度下装运的产品装在同一辆卡车上，从而减少了给零售商送货的车次，并保持了产品的多样性。杂货业中的一些企业，使用有隔间的卡车来送货，每一隔间保持不同的温度，装运各种不同的产品，从而降低了批量规模。

管理者也可以用一辆卡车，采用送奶线路，为几个零售商联合送货，以降低批量规模。在大多数情况下，第三方承运商开展卡车组合运输业务，以竞得零售业的送货业务，从而大大降低了每位零售商的固定运输成本，并允许每一位零售商小批量订货。在日本，丰田公司使用一家供应商的同一辆卡车为多家装配厂运送零配件，使得管理者能够降低任何一家工厂接收货物的批量规模。此外，管理者还可以通过多家供应商使用同一辆卡车的联合运输来降低批量规模。在美国，丰田公司运用这一方案，降低了向供应商订购零配件的批量规模。

由于小批量订购和送货，接收工作的压力和成本显著增大。因此，管理者必须运用先进技术来简化接收程序，降低接收成本。例如，运用预先通知运货时间电子系统来识别运输的内容、数量和送达时间，从而有助于缩短卸货时间，提高对接交货的效率。预先通知运货时间电子系统通过电子记录库存，从而大大降低了接收成本。货盘条码也加快了货物的接收和送达。运用 DEX 和 NEX 这两种接收技术，可以确保库存记录随产品数量的变动而更新。

以上各种技术都有助于简化小批量、多品种、复杂化的订单货物的装载、运输与接收，从而有助于减少批量规模，削弱牛鞭效应。

3. 以前期销售量为基础进行配置，限制投机，实现信息共享

为了缓解牛鞭效应，管理者可以通过设计配给方案，从而避免零售商在短缺情况下人为地扩大订单规模。我们可以运用周转赢利方案，按照零售商的前期销售量而不是当期订购量，为零售商配给产品。将配给与前期销售量相结合，避免了零售商人为地扩大订单规模的行为，从而缓解了牛鞭效应。实际上，在低需求期，“周转赢利”方案促使零售商千方百计地售出更多的产品，以增加其在短缺时期得到的产品配给量。如惠普公司，过去一直以零售商订单为依据，安排短缺时期的产品配给，现在也已经转向以前期销售量为基础的产品配给。

9.3.4 制定定价策略，稳定订单规模

管理者可以通过制定定价策略，鼓励零售商小批量订购，减少超前购买，来缓解牛鞭效应。

1. **数量折扣由批量折扣转为总量折扣**

在以批量为基础的数量折扣策略下，零售商扩大其批量规模，以充分利用折扣66%的优惠；在以总量为基础的数量折扣策略下，却消除了零售商扩大批量规模的动机，因为这种折扣方式考虑的是某一特定时期（如1年）的购买总量，而不是某一笔交易的量。以总量为基础的数量折扣导致小批量订购，从而降低了订单的变动性。但设有固定结束期限的总量折扣，会导致促销末期出现大批订购，而以滚动时期销售量为依据的总量折扣则可以缓解这种效应。例如，惠普公司正着手于这方面的改革，实现从批量折扣向总量折扣的转变。

2. **稳定价格**

管理者可以通过消除促销、实施每日最低限价的定价策略（EDLP），来缓解牛鞭效应。消除促销也就是消除零售商的超前购买行为，使得订单能够反映顾客的真实需求。例如，宝洁公司、坎普贝尔汤汁公司及其他制造商则通过制定每日最低限价策略来缓解牛鞭效应。

管理者可以限制促销期间的可能购买量，来减少超前购买量。这种限制应该针对具体的零售商，并且与该零售商的历史销售量挂钩。

另一种方案就是，将提供给零售商的折扣优惠与最终销售量而不是零售商的采购量挂钩。因此，零售商不能从超前购买中获利，而不得不视售出量决定购入量。以最终销售量为依据的促销明显地缓解了牛鞭效应。

9.3.5 构筑战略伙伴关系与信任机制

一旦在供应链内建立了战略伙伴关系与信任机制，管理者便更容易采用上述杠杆来缓解牛鞭效应，实现供应链协调。各阶段之间相互信任，共享准确信息，有助于降低成本，在供应链内实现供需平衡。良好的合作关系往往能降低供应链各阶段之间的交易成本。例如，如果供应商信任零售商的订单量及预测信息，则他就无须耗费人力去进行预测。再如，如果零售商信任供应商的产品质量及送货承诺，那么他就不必耗费人力去计量与监察。总之，供应链内各阶段通过提高彼此的信任度，建立良好的合作关系，就可以避免因重复劳动造成的浪费。交易成本的降低及准确信息的共享，有助于缓解牛鞭效应。沃尔玛及P&G一直致力于构建互惠互利、有助于缓解牛鞭效应的战略合作伙伴关系。

有助于实现供应链内良好协调的管理杠杆大致可以分为两大类：一是行为导向杠杆，包括信息共享、激励机制的调整、运营水平的提高及稳定价格等；二是关系导向杠杆，包括在供应链内构建合作伙伴关系和信任机制。

9.4 在供应链内建立战略合作和信任关系

范例：渠道对抗

2004年，格力因不满销售利润被压榨，与销售商国美电器相互“封杀”至今。目前，格力空调专卖店在全国已铺开至2 500多家。

继格力之后，不少家电生产商纷纷开始自建渠道，并在2006年下半年达到高潮。业内人士分析，国美并购永乐的消息，在相当程度上已成为家电生产商自建销售渠道的助推力，“在国美对上游供货商的谈判能力愈发增强之后，供应商在渠道上依赖国美的风险就变得越大。”

包括创维、TCL、海尔、美的、格兰仕在内的众多家电厂商，均在大力自建销售渠道。其中，美的、创维等致力于在全国一二线城市建设4S店，即集整机销售、售后服务、零配件供应、信息反馈于一体的服务中心；TCL则面向三四线城市和农村市场打造“幸福树”电器连锁，并计划到2008年6月之前，将“幸福树”扩展至3 000家。

为什么格力等企业要自行铺建专卖店?

9.4.1 互相信任对建立供应链协作关系的意义

1. 信任和合作对供应链功能的提高

供应链的两个企业之间的基于信任的关系，包括两个企业的相互依存和各企业建立更高信用的能力的关系。这种信任是指各企业关注他人的利益，并且在采取行为时认真考虑这种行为对其他企业的影响。信任和合作使供应链功能提高有以下四种主要原因。

（1）行为和目标可以更加一致。当企业间能够相互信任，他们在采取行为时会更多地考虑其他企业的目标。

（2）行为导向的管理方法能更容易实现协调。相互信任的伙伴之间可以自由地分享信息。同样如果两个企业具有共同目标，他们就更能够提高操作水平而且也更能够制定出合适的定价策略。

（3）通过减少重复工作或是通过将任务在企业间进行合理分配可以提高供应链的产出。例如，由于供应商与生产商共享过程控制图，生产商可以不需要对接收的原材料进行检验。另一个例子是，分销商通过在“销售点”之前的个性化服务帮助生产商实行延迟战略。

（4）可以更大程度地共享销售和生产的详细信息。这些信息的共享可以使整条供应链协调它们在生产和分销上的决策，从而供应链能够更好地应对供应和需求，进而产生更好的协调关系。

表9－2所示为零售商信用水平的比较，通过列举汽车零件供应链，突出了信任带来的利益。该表中包含了400多家零售商的平均等级，根据零售商对于生产商的信用度被分成高信用度和低信用度两类。它显示了对于生产商来说信用度较高的零售商能够得到生产商更多的保证、销售更多的产品，并且能够从生产商那里分享到更多的利润。

2. 建立供应链合作关系的基础

从历史上看，建立供应链合作关系有两种基础，以实力为基础或是以信任为基础。在以实力为基础的关系中，实力较强的那一方占据主导地位。虽然发起者特权在短期上有利于发展，但是从长远上看，其负面影响就会显现出来，主要有以下三个方面。

（1）发起者特权常会导致供应链上的某一个企业将自己的利益最大化，而这些利益常常是建立在其他企业的损失上，从而降低了整个供应链的利益。

表 9-2 零售商信用水平比较

比较内容	低信用度	高信用度
供应渠道的多少对零售商发展的影响	100	75
零售商对生产商的约束力	100	112
零售商对生产商产品线的销售能力	100	178
生产商的利润分配对零售商的影响	100	111

（2）实力均衡被改变时，发起者特权造成的不公平可能伤及另一些企业。这种权力角色的转换始于20世纪80年代并且一直延续到现在。在供应链中，许多零售商的实力越来越强，甚至都超过了生产商。

（3）当供应链中的一个企业在努力加强它的权力优势时，其他企业将想方设法地进行抵制。在许多情况下零售商会试图加强自己的力量而生产商则努力与客户建立直接联系，这包括建立网上销售和设立生产商自己的专卖店。由于供应链上的企业趋于相互竞争而不是相互合作将导致供应链整体利益的下降。

3. 建立供应链合作关系的观点

虽然大家都认同合作和信任有利于这种关系的发展，但是要建立和维护这种关系却非常困难。关于如何建立供应链合作关系有以下两种观点。

（1）基于防范的观点：在这种观点中，各方应通过订立正式的合同来确保良好合作关系。在合同的约束下，各方相互信任的行为被认为是由基于纯粹自身利益的目的所驱动。

（2）基于过程的观点：在这种观点中，信任和合作是企业间长时间相互作用的结果，积极的相互影响使这种关系得到巩固。

在实际情况下没有一种观点能占据绝对优势。设计一个合同把将来可能发生的所有情况都考虑在内是不太可能的，因此还不能相互信任的各方不得不依靠信任的建立来解决那些没有包含在合同规定范围内的问题。另一方面相互信任的长期合作伙伴仍需依赖合同。在许多有效的合作关系中，两种方法是综合起来运用的。一个明显的例子是：美国的供应商和日本的生产商间订立了包括考虑到各种意外事件的初始合同，但在随后的合作中，生产商从未再使用合同，他们希望意外事件可以通过对供应链最有利的方式——协商来解决。

在许多强大的供应链关系中，在其初始阶段，企业往往是建立在防范的基础上，经过一段时间，这种关系发展为以过程为基础的相互信任。就供应链的前景看，最理想的目标是“共同目标”，在这种目标下各合作企业将其他各方的目标看作是自己的目标，“共同目标”要求各企业在作出决策时以供应链整体利益作为目标。

4. 供应链合作关系的层面

任何长期的供应链关系都有两个：设计层面和管理层面。在设计层面，建立基本规则和初始关系；在管理层面，产生建立在基本规则上的相互关系，基本规则和关系都得到发展。一个试图建立供应链关系的管理者必须考虑在这两个层面中如何鼓励合作与信任。由于供应链的主导权通常由少数几个企业控制，因此考虑时要周全。权力的集中常常会使处于主导位置的企业的管理者忽视合作和信任，从而影响到供应链的长期利益。

下面介绍管理者如何设计一个有利于鼓励合作与信任的供应链。

9.4.2 设计鼓励合作与信任的供应链关系

设计有效的供应链伙伴关系主要有以下方面：评估合作关系的价值；明确各方在操作中的角色和各自的决定权；制定有效的合同；制定有效的冲突解决机制。

1. 评估合作关系的价值

设计供应链关系的第一步就是明确合作关系能给彼此带来的利益。在许多供应链中，合作成员都具有各自的专业技能，例如，生产商生产产品、运输企业负责产品在企业间的运送、零售商负责将产品销售给最终用户。第二步，确定评价合作伙伴所作贡献的评价标准，常用的评价标准是这种关系是否提高了供应链的整体利益。在评价和设计供应链时还有一个主要的评价标准是公平，这里所指的公平是指在相关的企业之间利润合理分配。除非供应链中的各企业能相信供应链所带来的新增利润能得到公平分配，否则在不同的管理机制下工作的各企业不可能协调运作。例如，供应商努力缩短补货提前期，供应链将从生产商和零售商的安全库存减少中获利，假如生产商和零售商不与供应商分享这些利益，供应商就不会努力去减少补货提前期。因此，只有当供应链能够增加利益并且这些利益能得到合理分配时，供应链关系才能得以维持。

下一步是明确各方的贡献和他们应该分配到的利润。例如，生产商和分销商要一起实施延迟战略，很重要的一点是如何分清他们在延迟战略中各自的任务，对这种战略给供应链带来的利益以及新增利润如何在各方中分配，应该建立一种灵活的机制能使参与者可以经常审查合作关系，调整分配和核实整体利益。例如，克莱斯勒和每一个供应商就某一层次的改进，每年进行一次协商，但它并不就一个特定领域的改善做硬性要求。这种灵活的方式使得供应商选择那些能够以最小付出获取最大利润的领域去改进并创造双赢的格局。

2. 明确各方在操作中的角色和各自的决定权

在考虑到供应链各方在操作方面的任务和决定权时，管理者必须考虑到参与者之间的依存关系。如果任务的分配会使其中一方更加依赖于另一方，则可能会产生冲突。在许多合作关系中，因为任何一方都不愿根据分配的任务给予其他方的帮助，任务分配变为一纸空谈。

当一个参与者的任务先于其他方，这种任务分配称为顺序式依存关系。传统上的供应链关系是顺序式的，一个企业完成了全部任务后传给下一级。在互动式依存关系中，各企业联系在一起相互交换信息，输入是双向的。宝洁公司和沃尔玛公司正试图通过预测和供货团队一起合作建立这样的互动式依存关系。这个团队的人员分别来自宝洁公司和沃尔玛公司，沃尔玛公司提供需求信息而宝洁公司提供供给能力，由这个团队作出对供应链最有利的生产和配货计划。

互动式依存关系需要在管理上作出很大的努力，如果没有管理好将会产生很大的操作成本。然而互动式依存关系也可能制定出能给供应链带来最大利润率的决策，因为所有决策都考虑了双方部门的目标。如果合作得好，互动式依存关系能加强双方之间的互动、增进信任和合作。互动式依存关系使任何一方更难于投机并把自己的利益建立在损害他人利益的基础上。因此通过在操作角色和决策权方面的分配，更好的互动依附关系的建立将使伙伴关系更加有效。

管理者必须将任务合理地划分，使产品交接按各成员的要求顺利进行。请看戴尔公司、索尼公司和 AIRORN 的关系，戴尔公司接受由他自己组装的计算机和由索尼公司生产的显示器的订单，AIRORN 则负责接收戴尔公司在得克萨斯生产的计算机和索尼公司在墨西哥生产的显示器，并把两者装在一起作为整件货运送到用户手中。为了及时完成任务，3 个企业必须协调完成各自的任务。为了达到合作的目的，管理者必须设计一些机制，例如，一个合适的信息系统可以准确地追踪到每一个错误的根源。

3. **制定有效的合同**

管理者通过制定在意外发生时鼓励协商的合同来促进相互信任。在能获得完整的信息和可预见所有未来意外的情况下，合同是管理者的有效方法。但是在实际中，由于合作关系的未来价值和未来商业环境的不确定性，要订立一个考虑到所有意外事件的合同是不可能的。例如，要考虑由零售商管理的库存和连续补货方案就很难订立能适应未来需求的合同。因此在供应商和零售商之间建立通过信任来弥补合同缺陷的关系显得尤为重要。这种关系常常建立在相互认同的个体之间。经过一段时间这种个体间的非正式的理解和约束，通过讨论新的合同被正式化。在建立合作关系和订立合同时，应该认识到非正式的理解应该是双方的，这将有利于今后订立正式合同。因此经过一段时间演进的合同会比最初建立合作关系时订立的合同更加有效。

4. **设立有效的冲突解决机制**

有效的冲突解决机制能够大大地促进供应链关系。任何关系中都会存在冲突，不好的冲突解决机制会使合作关系恶化，相反，好的机制能增进合作关系。一个好的机制应该为各方提供交流和协调分歧的机会，并致力于建立更多的信任。

制定一种正式的对经济运行和技术处理的规则和指导方针的明确规定，可以帮助伙伴间建立信任。对规则和指导方针的明确规定有助于供应链合作伙伴之间分享信息，长期的信息共享将促进合作者间的关系由防范为基础的信任关系向以过程为基础的信任关系过渡，这种基于过程的信任的建立有助于冲突的解决。

为了方便交流，应该经常召开由参与合作的管理者和员工之间的会议。这些会议应该允许争论以避免一些问题发展成更大的冲突，它也为那些在基层不能解决的问题提供了在高层解决的平台，会议和其他正式解决冲突的机制也应该确保经济和技术上的纠纷不会导致个人恩怨。

设计冲突解决机制时，伙伴间衔接关系的灵活性也很重要。在美国，企业间可以轻松地通过讨论合同的细节使纠纷得以解决，他们也常常寻求法院和中介机构的帮助来解释合同，因此详细的合同在美国是很有用的。相反在亚洲，通过合同解决纠纷则不太有效，企业间更愿意通过协调解决冲突，这种情况下，一份能够鼓励协调的灵活的合同对于建立信任是很有效的。

9.4.3 供应链伙伴间的合作和相互信任

有效的供应链关系管理能够促进合作与信任，进而促进供应链协调。比较而言，低质量的管理导致各成员的投机，进而导致供应链整体利益的损失。关系管理常被看作是日常的烦琐工作，特别是高层管理常致力于设计新的伙伴关系而很少去管理这些关系，这产生了成功运作的供应链联盟与伙伴关系不同的结果。

一旦伙伴关系得以设计并建立，伙伴的双方明确其运作的环境，双方按任务和程序执行，并要求双方具有相应的技术方法和共同的目标。根据利润率的改进措施评价双方工作，并且符合公正和公平的原则。在这个基础上产生一个更好的评估供应链价值的评价方法，它使供应链合作双方能够改进当前的合作以提升获利能力和公平。初始合同订立时保持足够的柔性来适应这种变化非常重要。可以通过订立正式的合同来反映这种变化，当商业环境和公司目标改变时，这种循环过程又再次重复，同时合作关系进一步发展，任何成功的供应链关系都必须经历许多这样的循环过程。

当合作带来的利益消失或一个成员不再可信（带有机会主义倾向）时供应链关系就会改变，当两个成员的交流减少并且相互利益也不再有规律地重复时就说明问题出现了。在管理供应链关系时，管理者应该关注以下方面以增加延续供应链关系的可能性。

(1) 两个成员间的灵活性、信任和约束有利于供应链的成功，特别是双方高层上的约束对于成功有着决定性的作用。直接对供应链负责的管理者通过清楚地划分利益使其符合双方期望也对供应链发展起重要作用。

(2) 有组织的安排，特别是信息共享和冲突解决有利于增加成功的可能性，缺少信息共享和在冲突解决上的无能是供应链失败的两个主要原因。

(3) 一个能使各方行为和结果清晰可见的机制能避免冲突和解决争端，这种机制能够避免投机，帮助指出工作过程中的缺陷，增加关系双方的利润。

(4) 占据优势的一方对弱势方越公平，供应链关系也将越巩固。

因为大多数的供应链中各成员是不对等的关系，更强有力的一方对于事情的解决往往有更大的控制权。对供应链中一个成员的损害程度比其他成员更大是常有的事，所以公平的观念在供应链中是极其重要的。公平地解决供应链中的问题影响到供应链关系的巩固。

公平应该通过利益和成本在合作双方中进行合理的分配以获得双赢。一个基于强权的关系将使所有利益在一方最大化，这种情形下不能维持供应链的长期合作。为了使一个长期的供应链得以维持，强势方需要认清他们在伙伴利益上的责任。零售商 Mards & Spencer 和厨具生产商的关系是公平分享利润的典范。在新产品问世几个月后生产商发现了该产品的成本计算错误，超过了它卖给 Marks & Spencer 的价格；同时由于零售价格低廉，消费者发现该产品价值突出，于是都大量购买。当生产商把这个问题告诉 Marks & Spencer 时，Marks & Spencer 的经理帮助生产商重新设计了产品和更低成本的生产流程，Marks & Spenceer 同时减少了自己的收益使生产商能得到足够的利润，最终合作关系得到加强，其原因就是 Marks & Spencer 公平地考虑到生产商的需求，从长期上看双方都会获利而且会建立更高层次的信赖。

在供应链关系中，流程和策略对双方的相互行为进行管理。让较弱势的企业认识到较强势的企业制定的流程和策略对其合作伙伴是公平的，这一点很重要。强势企业应当控制它的程序和策略，并且不应当在程序和策略上带有投机性，也不应当在考虑供应链整体利益时带有偏见。公平的程序应当鼓励合作者之间的双向交流，这种程序应该是公平的，并且使弱势企业有机会对强势方的决定提出看法。最后，强势企业应该愿意对它的决定作出解释。

正如前面所谈到的，管理者通过设计和管理相互有利和公平的关系能够建立起信任和合作的关系，信任和合作的存在有利于供应链协作，并使所有企业的利润得到增加。

9.4.4 实践中实现供应链协调的建议

以下的建议加上对上述管理手段的合理使用有益于实现供应链协调运作。

1. 将牛鞭效应定量化

多数公司往往没有注意到牛鞭效应在供应链中扮演了重要角色。管理者应该从比较客户订单量波动幅度和他们给供应商的订购量波动幅度开始做起，这使企业能够将他们自己受牛鞭效应的影响定量化。如果这种影响是可见的，那么就很容易使企业接受供应链中的所有环节都会促使牛鞭效应产生的事实。牛鞭效应导致了利润的大量流失，在没有定量分析牛鞭效应的情况下，企业想方设法去处理这种波动而不是去消除它，这使得公司大量投资于库存管理和时间系统的安排，却只能看到利润和操作水平的一点点提高。看出牛鞭效应的大小对于使供应链上的各企业致力于协调、消除供应链中产生的波动是非常有效的。

2. **高层管理的参与以达到协调**

比起供应链管理的其他方面，协调更需要高层管理的参与才能实现。协调要求供应链各企业将他们的个体利益置于整体利益之下。协调往往是一种折中的解决方法，这需要供应链中的许多功能改变它们原来的作用，这种改变通常与该功能只考虑本部门目标时相冲突。如果没有强有力的上层管理的参与，供应链的这种改变很难实现。上层管理的参与是沃尔玛公司和宝洁公司建立预测和补货协作团队的关键因素。

3. **为协调贡献资源**

如果没有全体成员参与企业的努力，贡献资源的活动就不可能实现协调。各公司很少愿意为实现协调而贡献资源，主要是因为他们认为缺乏协调是不可避免的，或者认为协调能够由自己实现。这个问题在于他们将管理者置于自己所在的相对独立的范围内，而没有人注意管理者的行为给供应链其他企业造成的影响。其中一个最有效的解决协调问题的方法是，建立由供应链中各公司人员组成的跨公司团队，这个团队的任务是协调，并且要给予他们实施必要改变的权力。如果不赋予协调团队，必要的权力就不会有任何结果，因为团队可能会与仅仅把自己部门利益最大化的职能经理发生冲突。只有来自各公司的成员间相互信任，协调团队才能有效工作。通过合理地运用协调团队将带来巨大的利益，正如宝洁公司和沃尔玛公司在预测和补货上进行的团队合作。

4. **注重与其他公司的交流**

与供应链中其他公司的沟通会增进双方协调的效果。各公司通常不愿与供应链其他企业交流，也不愿意共享信息，然而，如果供应链缺乏协调，则所有供应链上的企业都会遭到损失。如果能促进运作更加高效，各公司将会乐于分享信息。各部门的定期交流能适应组织的变化，如个人计算机的生产商要为几个星期的生产批量订购微处理器，为了转变为按订单生产的方式，他必须把微处理器的订购变为以天为单位：管理者假定微处理器供应商不愿按以天为单位的方式供货。如果能建立与供应商的交流渠道，情况就会改变。供应商也想减小批量提高订购的频率，仅仅是因为管理者想当然地认为计算机生产商希望大批量供货就不去试图改变。定期的交流使供应链上的各企业互相了解各自的目标，并且通过增进合作确定共同目标和相互利益。

例如沃尔玛和宝洁，通过双方良好的合作，作为供应商的宝洁和作为买家的沃尔玛都能实现产品存货几乎为零的同时，保证沃尔玛的货架上始终有货品销售。“我们和宝洁的合作，最重要的一点是我们在销售量和产量上的预测。”崔仁辅介绍说，特别是在宝洁生产的是日用消费品的情况下，沃尔玛一定要对自己的销售量作出准确的预测，然后把准确的预测量和宝洁的生产捆绑在一起，这样宝洁就不会生产过多的产品而堆积起来，因为沃尔玛而卖不掉。

5. **在整个供应链网络中实现协调**

只有当整个供应链网络实现协调，协作的优势才能完全发挥。如果两个企业间的合作是不够的，供应链中实力最强的企业应该尽力实现整个供应链网络的协作。丰田公司在它整个供应链中已经有效地实现了知识共享和协作。

6. 通过技术方法促进供应链交流

可以通过使用 Internet、ERP 系统和其他信息系统提高供应链内部的信息透明度。直到现在许多 ERP 系统仅仅只在一个企业内部实现信息透明化，要在供应链中实现信息更为透明还有许多工作要做。通过这一章的讨论，我们可以清楚地认识到只有当 ERP 系统能够增进供应链企业间的透明度、促进协作，供应链协调才能得以实现。如果企业希望能够从它投入了巨大资金建立的 ERP 系统中实现全部的利益，很重要的一点是它应该尽最大可能通过运用这个系统实现供应链内的合作预测和计划。Internet 也应该用于促进供应链内的联系和信息共享。

7. 公平地分享协作带来的利益

对供应链企业间的协调构成最大障碍的是一些企业认为协作带来的利益没有公平分配。在供应链关系中来自较强势企业的管理者应该特别注意这方面，并确保所有参与者能注意到公平分配利益的方法。

2003 年，广东清远某餐饮集团因 SARS 病疫遭受开业以来最为严重的危机。往日食客云集的景象转换成服务员多于食客，公司濒临破产。为挽回餐厅人气，该餐饮集团开展了一场声势浩大的促销活动——每桌 1 元 1 只清远鸡，促销历时 30 日。

为此，餐饮集团总裁找到鸡场老板商谈合作事宜，鸡场老板也因自己所养的清远鸡大量滞销，正为每日重负饲养成本而苦恼。双方各自明白对方为利益攸关者——你好就是我好，一拍即合。鸡场老板当场支持餐饮集团总裁，决意将清远最为优良的鸡种——三黄鸡卖给餐厅。一时，促销活动轰轰烈烈，在当地饮食界产生巨大影响，一扫 SARS 带来的阴影。

……活动非常成功，鸡场与该餐饮集团又焕发生机。

9.5 案例分析

牛鞭效应演示：啤酒游戏

啤酒游戏是在 20 世纪 60 年代麻省理工学院的史隆管理学院开发完成的，这种游戏是一个生产和配销单一品牌啤酒的系统。参加游戏的人，各自扮演不同的角色，且完全可以自由作任何决定，扮演好自己的角色使利润最大。主要角色是零售商、批发商、制造商的行销主管。

顾客到零售商处购买啤酒，零售商将所有的库存货物都用来满足顾客需求，未满足的需求部分将作为累积需求，留待以后再行满足。零售商向批发商发出补给订单，批发商反过来向分销商订购，分销商再向制造商订购，而制造商则从供应商处获取原材料。订单与产品在供应链阶段流动要经历两个时期。在这一游戏中，在供应链的每两个阶段之间加入一个内过渡阶段，可以解决延迟问题，如图 9－3 所示。该游戏把两个人分配给供应链 4 个阶段（零售商、制造商）中的每一个阶段。多个供应链运营的原理与此类同。

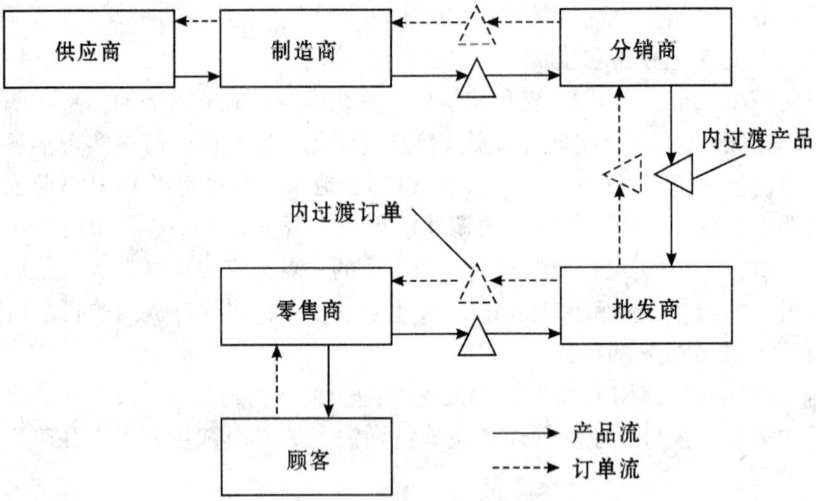

图 9－3　啤酒游戏的供应链

每个供应链需要 1 个顾客、1 个供应商板块、4 个相同的阶段板块与 4 个阶段相对应，以及 3 个同样的内过渡板块。这 4 种不同的板块如图 9－4 所示。

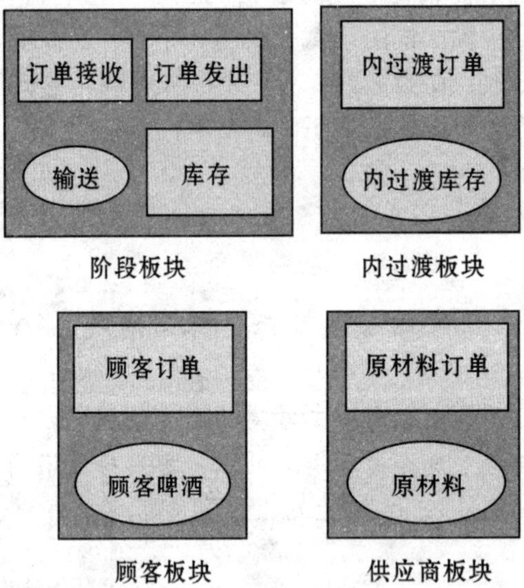

图 9－4　啤酒游戏所用板块

由图 9－4 可知，零售商、批发商、分销商、制造商各得到一个阶段板块。内过渡板块置于每两个阶段之间，形成 3 个内过渡板块。顾客板块位于零售商之前，供应商板块位于制造商之后。每个阶段都有一个记录表，如表 9－3 所示。

所谓"本期需求"是指本期接收到的订单需求规模。一个时期的"总需求"是指"本期需求"与前期累积需求之和。"总需求"代表一个阶段在本期要努力满足的需求量。"输送量"是指一个时期输送的货物数量。如果库存充足，则输送量应该等于总需求；如果总需求量大于库存量，则所有库存货物都要被提出，而未满足的需求部分计入累积需求。"剩余库存"是指输送货物结束后的库存啤酒箱数。"累积需求"是指尚未满足的需求量，在任何一个时期，累积需求可表示为：

累积需求 = 前期累积需求 + Max（0，总需求 - 输送量）

“发出的订单”是指某阶段向供应商发出的订单规模。假设“剩余库存”每期每箱啤酒的存储成本为1美元，每期每箱啤酒累积需求的成本为2美元。该游戏中，每个阶段的目标是使当期的总成本最小化。某阶段的业绩将与其他供应链同一阶段的业绩相比较。

表9-3 啤酒游戏记录表

时期（周）	本期需求	总需求	输送量	剩余库存	累计缺货	发出订单	利润

在游戏过程中，订单写在纸上，硬币用来代替啤酒的箱数。游戏一开始，就有一些订单放在顾客订单箱中，然后进行多个时期的比赛。每期期初，有下列安排：

（1）每个阶段的“订单接收”箱里只有一张订单。

（2）每个“内过渡订单”箱里也只有一张订单；每一个“内过渡库存”箱里有一些硬币，代表周转中的啤酒。

（3）原材料订单箱里有一张订单。

在每一个时期，每个阶段所进行的活动分为两个阶段。如果每个阶段由一人负责前一阶段，一人负责后一阶段，游戏效果最好。这两个阶段的结束也就意味着该期所有活动的结束。所有4个阶段必须先完成阶段Ⅰ的活动，才能进入阶段Ⅱ。每个时期结束时的排列方式与开始时一样，然后供应链进入下一个时期。我们下面陈述一下每一个阶段在每个时期中的每个阶段所进行的活动。

1. 阶段Ⅰ的活动（适用于所有4个阶段）

该阶段的目标就是完成收到的订单，发出补给订单。供应链中的所有4个阶段在阶段Ⅰ进行的活动都相同。

（1）从订单接收箱里取出订单，并将订购量作为本期需求登在记录表上。

（2）将本期需求和前期累积需求加总，计算出总需求量。

（3）先将库存箱内的库存量与总需求量比较，取最小值；然后把等量的货物从库存箱转至输出箱，将该转移量计为输送量。

（4）对库存中剩余的箱数予以记录。

（5）计算累积需求量 = Max（总需求量 - 输送量，0），并登在记录表中。

（6）用订单条向供应商发出补给订单，并将订单条放在订单发出箱内，在记录表上登录为已发出的库存箱。

2. 零售商在阶段Ⅱ进行的活动

在这一阶段，零售商从顾客手中接收订单，从批发商处取回订购的啤酒，然后将啤酒卖给顾客，再向批发商发出订单。

（1）将位于零售商和批发商之间的内过渡订单箱中的订单移到批发商的订单接收箱。

（2）将零售商的订单发出箱中的订单移到位于零售商和批发商之间的内过渡订单箱。

（3）将啤酒从位于零售商和批发商之间的内过渡库存箱移至零售商的库存箱。

（4）将啤酒从批发商的输出箱移至位于零售商和批发商之间的内过渡库存箱。

(5) 将顾客订单箱内订单堆上面的订单移至零售商的订单接收箱。

(6) 将啤酒从零售商的输出箱移至顾客啤酒箱。

3. 批发商在阶段Ⅱ进行的活动

在这一阶段，批发商将订单转交给分销商，并从分销商处获得啤酒。

(1) 将位于批发商和分销商之间的内过渡订单箱中的订单移至分销商的订单接收箱。

(2) 将批发商订单发出箱里的订单移至位于批发商和分销商之间的内过渡订单箱。

(3) 将啤酒从位于批发商和分销商之间的内过渡产品箱移至批发商的库存箱。

(4) 将批发商输出箱里的啤酒移至位于零售商和批发商之间的内过渡库存箱。

4. 分销商在阶段Ⅱ进行的活动

在这一阶段，分销商将订单转交给制造商，并从制造商处获得啤酒。

(1) 将位于分销商和制造商之间的内过渡订单箱里的订单移至制造商的订单接收箱。

(2) 将分销商的订单发出箱里的订单移至位于分销商和制造商之间的内过渡订单箱。

(3) 将位于分销商和制造商之间的内过渡产品箱里的啤酒移至分销商的库存箱。

(4) 将分销商输出箱里的啤酒移至位于分销商和制造商之间的内过渡产品箱。

5. 制造商在阶段Ⅱ进行的活动

在这一阶段，制造商从供应商处获得原材料，并将下一张订单递交供应商。

(1) 从供应商的原材料订单箱里取出订单，并将等量啤酒从供应商的原材料箱移至制造商的库存箱。

(2) 将制造商的订单发出箱里的订单移至制造商的原材料订单箱。

几个时期过后，该游戏结束。接着，每个阶段计算各自所支付的总成本，统计接收到的订单。利用这一信息，每个阶段就会对游戏期顾客需求模式有一个大致的了解。

最后，将各个阶段的订货数量录入 excel 系统成图，如 9－5 所示。

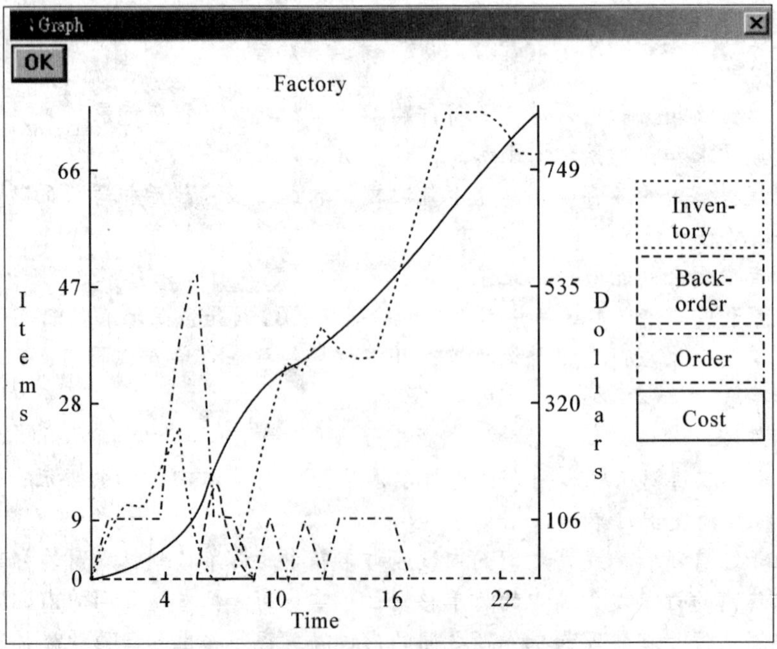

图 9－5　啤酒游戏各阶段的订货数量

游戏结论：

◆ 那样一个小幅变动，透过整个系统的加乘作用竟使得大家的订购量大幅度增加。

◆ 尽管消费者的需求是稳定的（先是库存不足然后库存过多），循环变化形态仍然发生。

◆ 结果起先每个角色的订购量都不断增加，然后再突然下降。这种变化形态从零售商到制造商越往上游越放大。

【本章小结】

供应链协作要求所有企业都采取措施使整条供应链的利润最大化。如果不同企业都注重自身目标的最大化，或者如果信息在供应链的传递过程中被扭曲，协调不足就会产生。当订单在供应链中从下游向上游，从零售商到批发商再到生产商的传递过程中，波动幅度增加，则其就是牛鞭效应作用的结果。牛鞭效应导致供应链中所有成本的增加并使顾客服务水平下降。牛鞭效应使供应链中的所有企业都远离高效状态并引起供应链内部的客户满意度和企业利润降低。

供应链中协作的关键障碍是，导致不同企业自身目标最大化而不是整体供应链目标的不一致诱因。其他障碍包括信息共享的缺乏，操作的无效率致使补货提前期长和批量大，刺激提前购买行为的销售力诱因，刺激扩大订货量的配给计划，刺激提前购买行为的促销活动以及使协作困难的信任缺乏。

管理者可以通过调整供应链中不同功能及企业的目标和诱因来成功协作。其他管理者可以采取的成功协作的措施包括销售信息共享和合作预测与计划、单点补货控制的实施、改善减少提前期和对批量大小的操作、每天低价策略和其他限制提前购买行为的策略，以及在供应链中建立战略伙伴和信任关系等。

管理者可以设计一种关系：双方相互受益明显、双方相互依存、合同在一段时间内可以完善，冲突可以有效地得到解决。通过设计这种关系，管理者可以帮助建立信任和战略伙伴关系。在管理这种关系时，柔性、信息共享、各方努力和绩效的可见性以及强势方在分配成本和利益时的公平性，都有助于巩固信任和有利于供应链的协作关系。

【关键术语和概念】

供应链协调　牛鞭效应　激励障碍　批量订购　协作关系　信息共享

【思考与练习】

1. 为什么要加强供应链企业间的协作？
2. 试分析牛鞭效应产生的原因。
3. 供应链中实现协作的障碍有哪些？如何消除这些障碍？
4. 如何实现供应链企业间的协作？
5. 企业诚信对建立供应链协作关系的必要性分析。

【补充阅读】

1. 森尼尔·乔普瑞．供应链管理——战略、规划与运营．北京：社会科学文献出版社，2003

2. 赵 刚．供应链管理．北京：电子工业出版社，2006

第 10 章　供应链绩效评价

⊙本章学习要点

1. 供应链评价作用及意义
2. 供应链绩效评价模型
3. 供应链绩效评价关键指标

⊙本章学习内容

1. 绩效评价基本理论
2. 基于流程的供应链绩效评价模型
3. 供应链绩效评价模型

⊙案例分析
⊙本章小结
⊙关键术语和概念
⊙思考与练习
⊙补充阅读

随着全球经济的发展和全球化制造的出现，供应链受到了越来越多的关注，并在制造业中得到广泛应用，成为一种新的管理模式。在供应链管理体系中，为了确保供应链管理能够持续、健康地发展，建立科学、全面的供应链绩效评价体系，已经成为一个迫切需要解决的问题。

10.1　绩效评价基本理论

范例：在美国，沃尔玛为什么被称之为“价格屠夫”

在美国，沃尔玛以向人们提供物美价廉的商品而被同行称为“价格屠夫”，公司已经自2000年以来连续排名世界500强第1名。

至于为什么沃尔玛能向美国顾客提供具有明显价格优势的产品，原因从它对供应商的选择标准可见一斑。沃尔玛选择供应商有三个标准：

第一个标准是物美价廉，产品价格要有竞争力，质量要好，要能够准时交货。

第二个要求是供应商要遵纪守法。沃尔玛非常重视社会责任，所以希望供应商能够像它一样守法，确定供应商按照法律的要求向工人提供加班费、福利等应有的保障。

第三个标准是供应商要达到一定规模。

具体考核指标如表 10－1 所示。

表 10－1　沃尔玛考评供应商的关键指标

项目	评价			
	A 级	B 级	C 级	D 级
商品品质	优（10）	良（8）	差（7）	极差（2）
供应价格	比竞争点优惠（20）	与竞争点相同（10）	略高于竞争点（8）	高于竞争点很多（2）
商品畅销度	非常畅销（10）	畅销（8）	勉强能销（6）	滞销（2）
品率	2%以下（10）	2%～5%（8）	5%～10%（7）	10%以上（5）
配送能力	准时（10）	偶尔有误（8）	经常性有误（5）	从不准时（2）
促销配合	很好（10）	好（8）	一般（6）	差（3）
退货服务	准时（10）	偶尔有误（8）	经常性有误（5）	从不准时（2）
经营潜力	很好（15）	好（10）	一般（6）	差（5）

对应得分为 70 分以上，供应商评为 A 级；60～70 分为 B 级；50～60 分为 C 级；50 分为 D 级。对于 A 级供应商沃尔玛将优先选择。

沃尔玛为什么被称为“价格屠夫”？

10.1.1　供应链绩效评价概述

供应链管理在实施过程中，需要耗费大量的资源：人力、物力和财力，承受来自管理、组织和产品的风险，因此必须进行严格的核算和绩效评价，才能实现企业资源和社会资源的最大化应用。只有知道某一战略的成本和实施效果，才能使管理者作出有效决策。绩效评价机制作为保持战略层和执行层迈向共同目标的黏合剂，具有不容忽视的价值。

任何一种绩效评价体系的设计，都应该反映它所支持组织的基本状况，如远景目标、管理模式、沟通与联系方式、反馈与学习方式、业务规划方式等。而且，评价体系应该随着组织结构的改变而改变，不应该成为组织发展的阻力。传统的企业绩效评价体系并不能完全适合供应链管理的需要，因此，必须建立新的绩效评价体系。

建立有效的供应链管理绩效评价机制，是为了有效地监督资源和最优化配置资源。有效的绩效评价系统，主要可以解决供应链管理过程中存在的如下四个方面的问题：第一，评价组织原有的供应链，并发现原有供应链的缺陷和不足，并提出相应的改进措施；第二，评价供应链的新构造，监督和控制供应链运营的效率，充分发挥供应链管理的作用；第三，作为供应链业务流程重组的评价指标，建立基于时间、成本和绩效的供应链优化体系；第四，寻找供应链约束和建立有效激励机制的参照系，也就是建立标杆活动、标杆节点企业和标杆供应链体系的基准。

总之，科学合理的供应链绩效体系作为供应链评价的标准，能够准确地描述供应链的运营状况，为供应链管理体系的优化提供科学的依据。

10.1.2 现行企业绩效评价与供应链绩效评价的比较

回顾前几章介绍的内容，供应链的管理模式是通过前馈的信息流和反馈信息流将供应商、制造商、分销商直到最终用户联系起来的一个整体的管理模式，因此，它与现行的企业管理模式有着较大的区别，因而其绩效评价也与对企业运行绩效的评价有许多不同。

现行企业绩效评价指标侧重于单个企业，评价的对象主要是某个企业具体的内部职能部门或者个人，这种企业绩效评价的指标在设计上有以下几个特点：

（1）现行企业绩效评价指标的数据主要来源于财务结果，在时间上有一定的延迟，不能很准确地反映供应链运营的动态情况。

（2）现行企业绩效评价主要评价企业某职能部门工作完成情况，不能对各业务流程进行评价，更不能对整个供应链的运营情况进行科学、客观的评价。

（3）现行企业绩效评价指标不能对供应链的业务流程进行及时评价和分析，而是侧重于事后分析。因此，当发现情况改变时，偏差已成为事实，其带来的危害和损害已经成为事实，并且很难补救。

鉴于此，为衡量供应链整体运营绩效，为了决策者能够及时了解供应链的整体状况，应该设计出更适合于评价供应链企业绩效的指标和评价方法。以下分别对现行的企业绩效评价的特点和供应链评价的特点进行介绍。

1. 现行企业绩效评价的特点

现行的企业绩效评价指标主要是基于功能的绩效评价指标，不适用于对供应链运营绩效的评价。而供应链绩效评价指标是基于业务流程的绩效评价指标，如图10－1所示。

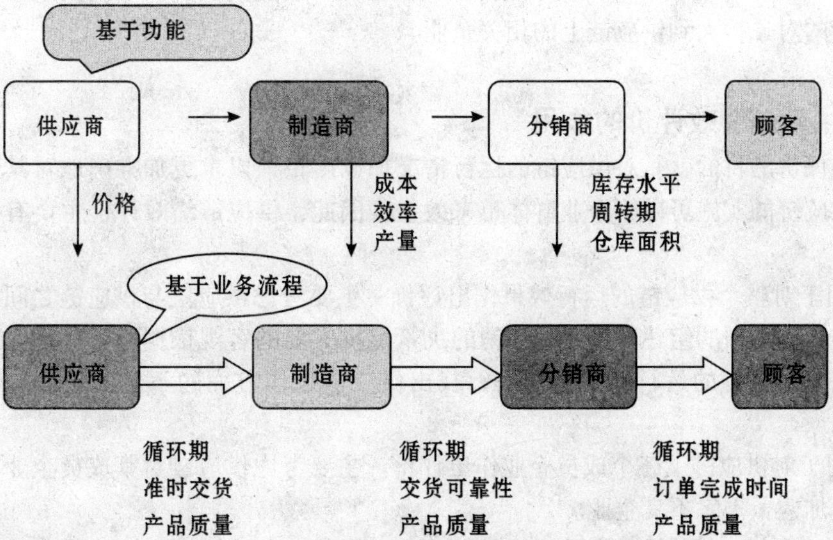

图10－1 基于供应链业务流程的绩效评价指标

根据供应链管理运行机制的基本特征和目标，供应链绩效评价指标应该能够恰当地反映供应链整体运营状况，以及上下节点企业之间的运营关系，而不是单独地评价某一供应商的运营情况。评价供应链运行绩效的指标，不仅要评价该节点企业（或供应商）的运营绩效，而且还要考虑该节点企业（或供应商）的运营绩效对其上层节点企业或整个供应链的影响。例如，对于供应链上的某一供应商来说，该供应商所提供的某种原材料价格很低，如果孤立地对这一供应商进行评价，就会认为该供应商的运行绩效较好。若其下游节点企业仅仅考虑原材料价格这一指标，而不考虑原材料的加工性能，就会选择该供应商所提供的原材料，而该供应商提供的这种价格较低的原材料，其加工性能不能满足该节点企业生产工艺的要求，势必增加生产成本，从而使这种低价格原材料所节约的成本被增加的生产成本所抵消。所以目前实行的企业绩效评价有很多不尽合理之处，有待于进一步完善。

2. 供应链绩效评价的特点

为了科学、客观地反映供应链的运营情况，随着供应链管理理论的不断发展和供应链实践的不断深入，应该考虑建立与之相适应的供应链绩效评价方法，并确定相应的绩效评价指标体系，反映供应链绩效的评价指标有其自身的特点，提出一些方法来测定供应链的上游企业是否有能力及时满足下游企业或市场的需求。其内容比现行的企业评价指标更为广泛，它不仅仅代替会计数据，同时在实际操作上，为了建立有效评价供应链绩效的指标体系，应遵循如下原则：

（1）突出重点，要对关键绩效指标进行重点分析。

（2）采用能反映供应链业务流程的绩效指标体系。

（3）评价指标要能反映整个供应链的运营情况，而不是仅仅反映单个节点企业的运营情况。

（4）应尽可能采用实时分析与评价的方法，要把绩效度量范围扩大到能反映供应链实时运营的信息上去，这样要比做事后分析有价值得多。

（5）在衡量供应链绩效时，要采用能反映供应商、制造商及用户之间关系的绩效评价指标，把评价的对象扩大到供应链上的相关企业。

10.1.3 供应链绩效评价的作用

供应链评价的目的就是对供应链的运行情况加以度量，以求更加准确地对其运行进行评价，保证供应链的实施可以给企业群体带来效益。因此，供应链绩效评价主要有以下四个方面的作用。

（1）用于对整个供应链的运行效果作出评价。主要考虑供应链与供应链之间的竞争，为作出供应链在市场中的组建、运行和撤销的决策提供必要的客观依据，目的是通过绩效评价而获得对整个供应链的运行状况的了解，找出供应链运作方面的不足，及时采取措施予以纠正。

（2）用于对供应链上各个成员企业作出评价。主要考虑供应链对其成员企业的激励，吸引优良企业加盟，剔除不良企业。

（3）用于对供应链内企业与企业之间的合作关系作出评价。主要考察供应链的上游企业（如供应商）对下游企业（如制造商）提供的产品和服务的质量，从用户满意度的角度评价上下游企业之间的合作伙伴关系的好坏。

（4）除对供应链企业运作绩效的评价外，这些指标还可起到对企业的激励作用，包括核心企业对非核心企业的激励，也包括供应商、制造商和销售商之间的相互激励。

为了达到这些目的，供应链的绩效评价一般从三个方面考虑：一是内部绩效度量，二是外部绩效度量，三是综合供应链绩效度量。内部绩效度量主要是对供应链上的企业内部绩效进行评价。常见的指标有成本、客户服务、生产率、良好的管理、质量等。外部绩效度量主要是对供应链上的企业之间运行状况的评价。主要指标有用户满意度、最佳实施基准等。而综合供应链绩效度量就比较复杂。

"21 世纪的竞争是供应链与供应链之间的竞争"，这说明了人们对供应链总体绩效和效率的日益重视，要求提供能从总体上透视供应链运作绩效的方法。这种透视方法必须是可以比较的。如果缺乏整体的绩效衡量，就可能出现制造商对用户服务的看法和决策与零售商的想法完全背道而驰的现象。综合供应链绩效的度量主要从客户服务水平、生产管理、成本、资产管理等几个方面展开。关于供应链绩效评价的一般性统计指标如表 10－2 所示。

表 10－2　供应链绩效评价的一般性统计指标

客户服务	生产管理	资产管理	成本
饱和率	人均发运系统	库存周转	全部成本\单位成本
脱销率	人工费用	系统负担成本	销售百分比成本
准时交货率	生产指数	废弃的库存	进出货运费
补充订单	破损率	库存水平	库存成本
循环时间	退货数	供应天数	管理成本
发运错误	信用要求数	净资产回报	直接人工
订单准确率	破损物价值	投资回报	退费成本

10.2　基于流程的供应链绩效评价模型

10.2.1　业务流程绩效的评价指标

对反映整个供应链运营的绩效评价指标，目前国内研究得很少。综合考虑指标评价的客观性和实际可操作性，反映整个供应链运营绩效的评价指标主要包括：

1. 产销率指标

产销率是指在一定时间内已销售出去的产品与已生产的产品数量的比值，即

$$产销率=\frac{一定时间内已销售出去的产品数量（S）}{一定时间内生产的产品数量（P）}$$

因为 $S \leq P$，所以产销率小于或等于 1。

产销率指标又可分成如下三个具体的指标：

（1）供应链节点企业的产销率。

该指标反映供应链节点企业在一定时间内的经营状况。

（2）供应链核心企业的产销率。

该指标反映供应链核心企业在一定时间内的产销经营状况。

（3）供应链产销率。

$$供应链产销率=\frac{一定时间内供应链各节点企业已销售出去的产品数量之和}{一定时间内供应链各节点企业生产的产品数量之和}$$

该指标反映供应链在一定时间内的产销经营状况，其时间单位可以是年、月、日。随着供应链管理水平的提高，时间单位可以取得越来越小，甚至可以以天为单位。该指标也反映供应链资源（包括人、财、物、信息等）的有效利用程度，产销率越接近1，说明资源利用程度越高。同时，该指标也反映了供应链库存水平和产品质量，其值越接近1，说明供应链成品库存量越小。

2. 平均产销绝对偏差指标

$$平均产销绝对偏差=\sum\frac{n\,|\,pi-Si\,|}{n}$$

式中：n——供应链节点企业的个数；

Pi——第i个节点企业在一定时间内生产产品的数量；

Si——第i个节点企业在一定时间内已生产的产品中销售出去的数量。

该指标反映了在一定时间内供应链总体库存水平，其值越大，说明供应链成品库存量越大，库存费用越高。反之，说明供应链成品库存量越小，库存费用越低。

3. 产需率指标

产需率是指在一定时间内，节点企业已生产的产品数量与其下层节点企业（或用户）对该产品的需求量的比值。具体分为如下两个指标：

（1）节点企业产需率。

$$节点企业产需率=\frac{一定时间内节点企业已生产的产品数量}{一定时间内下层节点企业对该产品的需求量}$$

该指标反映上、下层节点企业之间的供需关系。产需率越接近1，说明上、下层节点企业之间的供需关系越协调，准时交货率越高；产需率小于1，则说明上层节点企业准时交货率低或者企业的综合管理水平较低；产需率大于1，则说明上层企业对下层企业的需求量缺乏调研或调研不准确，产生了大量浪费。

（2）核心企业产需率。

$$核心企业产需率=\frac{一定时间内核心企业已生产的产品数量}{一定时间内核心企业对该产品的需求量}$$

该指标反映供应链整体生产能力和快速响应市场能力。若该指标数值大于或等于1，说明供应链整体生产能力较强，能快速响应市场需求，具有较强的市场竞争能力；若该指标数值小于1则说明供应链生产能力不足，不能快速响应市场需求。

4. 供应链产品出产（或投产）循环期

供应链产品出产循环期也叫做节拍指标。当供应链节点企业生产的产品为单一品种时，供应链产品出产循环期是指产品的出产节拍；当供应链节点企业生产的产品品种较多时，供应链产品出产循环期是指混流生产线上同一种产品的出产间隔。由于供应链管理是在市场需求多样化经营环境中产生的一种新的管理模式，其节点企业（包括核心企业）生产的产品品种较多，因此，供应链产品出产循环期一般是指节点企业混流生产线上同一种产品的出产间隔期。它可分为如下两个具体的指标：

（1）供应链节点企业（或供应商）零部件出产循环期。

该循环期指标反映了节点企业库存水平以及对其上层节点企业需求的响应程度。该循环期越短，说明了该节点企业对其上层节点企业需求的快速响应性越好。

（2）供应链核心企业产品出产循环期。

该循环期指标反映了整个供应链的产品库存水平和成品库存水平，同时也反映了整个供应链对市场或用户需求的快速响应能力。核心企业产品出产循环期决定着各节点企业产品出产循环期，即各节点企业产品出产循环期必须与核心企业产品出产循环期合拍。该循环期越短，说明整个供应链的在产品库存量和成品库存量都比较少，总的库存费用比较低；同时也说明供应链管理水平比较高，能快速响应市场需求，并具有较强的市场竞争能力。缩短核心企业产品出产循环期，应采取如下措施：第一，使供应链各节点企业产品出产循环期与核心企业产品出产循环期合拍，核心企业产品出产循环期与用户需求合拍。第二，可采用优化产品投产计划或采用高效生产设备或加班加点来缩短核心企业（或节点企业）产品出产循环期。其中，优化产品投产顺序和计划用来缩短核心企业（或节点企业）产品出产循环期是既不需要增加投资又不需要增加人力和物力的好方法，且见效快，值得推广。这种方法在一般生产与运作管理的书中都可以找到，此处不赘述。

5. 供应链总运营成本指标

供应链总运营成本包括供应链通信成本、供应链库存费用及各节点企业外部运输总费用。它反映供应链运营的效率。具体分析如下：

（1）供应链通信成本。

供应链通信成本包括各节点企业之间的通信费用（如EDI、因特网的建设和使用费用）、供应链信息系统开发和维护费等。

（2）供应链总库存费用。

供应链总库存费用包括各节点企业在产品库存和成品库存费用、各节点之间的在途库存费用。

（3）各节点企业外部运输总费用。

各节点企业外部运输总费用等于供应链所有节点企业之间运输费用总和。

6. 供应链核心企业产品价格指标

供应链核心企业的产品价格指标是供应链管理水平的综合体现。根据核心企业产品在市场上的价格确定出该产品的目标价格，再向上游追溯到各供应商，确定出相应的原材料、配套件的目标价格。只有当目标价格小于市场价格时，各个企业才能获得利润，供应链才能得到发展。

7. **供应链产品质量指标**

供应链产品质量是指供应链各节点企业（包括核心企业）生产的产品或零部件的质量。主要包括合格率、废品率、退货率、破损率、破损物价值等指标。

10.2.2 企业之间的绩效评价指标

1. **供应链层次结构模型**

本章上一节提出的反映供应链上、下节点企业之关系的绩效评价指标是以供应链层次结构模型为基础的。根据供应链层次结构模型，对每一层供应商逐个进行评价，从而发现问题，解决问题，以优化整个供应链的管理。在该结构模型中，供应链可看作是由不同层次供应商组成的递减层次结构，下层供应商可看作是其上层供应商的用户。有关供应链结构问题在前面的各章中进行了讨论，这里进一步简化为一种层次结构模型。

2. **反映供应链上、下节点企业之间关系的绩效评价指标**

供应链是由若干个节点企业组成的一种网络结构，如何选择供应商，如何评价供应商的绩效以及由谁来评价等问题是必须明确的问题。根据供应链层次结构模型，采用相邻层供应商评价法，可以较好地解决这些问题。相邻层供应商评价法的基本原则是由下层供应商来评价上层供应商。由于下层供应商可以看作是上层供应商的用户，因此通过下层供应商来评价和选择与其业务相关的上层供应商更直接、更客观。以此类推，即可对整个供应链的绩效进行有效的评价。为了能综合反映供应链上、下层节点企业之间的关系，本书提出了满意度指标。

满意度指标是反映供应链上、下节点企业之间关系的绩效评价指标，即在一定时间内下层供应商 i 对其相邻上层供应商 j 的综合满意程度 Cij，其表达式如下：

$$Cij = a \times \text{供应商准时交货率} + b \times \text{供应商成本利润率} + r \times \text{供应商产品质量合格率}$$

$$a + b + r = 1$$

在满意度指标中：

准时交货率是指上层供应商在一定时间内准时交货的次数占其总交货次数的百分比。供应商准时交货率高，说明其生产能力强，生产管理水平高；供应商准时交货率低，说明其协作配套的生产能力达不到要求，或者是对生产过程的组织管理跟不上供应链运行的要求。

成本利润率是指单位产品净利润占单位产品总成本的百分比。在市场供需关系基本平衡的情况下，供应商生产的产品价格可以看成是一个不变的量。因为，在市场经济条件下，产品价格是由市场决定的。按成本定价的基本思想，产品价格等于成本加利润，因此供应商的赢利能力越强，企业的综合管理水平越高，带来产品成本利润率越高。在这种情况下，由于供应商在市场价格水平下能获得较大利润，其合作积极性必然增强，必然对企业的有关设施和设备进行投资和改造，以提高生产效率。

产品质量合格率是指质量合格的产品数量占产品总产量的百分比，它反映了供应商提供货物的质量水平。产品质量合格率越低，就会导致不合格的产品数量越多，说明供应商提供产品的质量差或质量不稳定，供应商必须承担对不合格的产品进行报废或返修的损失，这样就降低了其成本利润率，增加了供应商的总成本。因此，产品成本利润率指标与产品质量合格率指标密切相关。同样，准时交货也与产品质量合格率指标密切相关，因为产品的返修工作量加大，就会使得产品质量合格率越低，从而必然会使得准时交货率降低，延长产品的交货期。

在满意度指标中，权数的取值可随着上层供应商的不同而不同。在计算与其相邻的所有上层供应商的满意度指标时，对于同一个阶层供应商，其权数均取相同值，这样，通过满意度指标就能评价不同供应商的运营绩效。如果供应商运营绩效差，生产能力和管理水平都比较低，就会造成这些不同的运营绩效对其上层供应商的影响满意度指标很低，并影响其上层供应商的正常运营，从而影响整个供应链的正常运营。因此对满意度指标值较低的供应商的管理应作为管理的重点，要么重新选择供应商，要么进行全面整改。在整个供应链中，若每层供应商满意度指标的权数都取相同值，则得出的满意度指标可以反映整个下层供应商对其相邻的整个上层供应商的满意程度。同样地，对于满意度指标值低的供应商就应当进行整改或更换。

最终用户层为供应链的最后一层，供应链绩效评价的一个最终标准是最终用户对供应链产品的满意度指标。可按如下公式进行计算，即

满意度 $= a \times$ 零售商准时交货率 $+ b \times$ 产品质量合格率 $+ r \times$（实际的产品价格/用户期望的产品价格）

10.3 供应链绩效评价模型

供应链绩效评价模型对于精确进行供应链绩效评价和控制尤为重要，它是建立在绩效评价指标基础上的体系模型。供应链绩效评价是一项比企业绩效评价更加复杂的系统工程，单一企业的绩效评价不能反映供应链的绩效水平，简单的指标组合也不能正确反映企业的绩效水平，必须采用合理的体系架构。

10.3.1 供应链评价体系模型

1. 评价体系模型的主要类型

Beamon（1998）认为，供应链的绩效评价主要有两种类型：成本和客户反应。在成本中，主要包含运输和库存成本；客户反应评价包括提前期、出库率和完成率。Li 和 O'Brien 于 1999 年提出应用利润、提前期、交货敏捷性和库存成本四项绩效评价指标。为了能够更加清晰地描述供应链绩效评价体系模型，下面介绍三种模型：

（1）在描述制订战略供应链计划的七个步骤的同时，Lummus 等人（1998）列举了供应链绩效的主要考核指标（KPIS），如表 10－3 所示。该指标体系分析了供应链管理中供应、转换、交通运输和需求管理四个方面，供应链绩效的主要评价指标包括：可靠性、提前期、过程可靠性、加工时间、计划完成情况、订单完成率、补货提前期、运输天数、供应链总库存成本和总周转时间。

表 10－3　Lummus 的考核指标

类型	考核指标
供应	可靠性，提前期
转换	过度可靠性，加工时间，计划完成情况
交通运输	订单完成率，补货提前期，运输天数
需求管理	供应链总库存成本，总周转时间

（2）Roger（1999）认为，现有的评价指标已经不能反映当前供应链的绩效，必须建立新的绩效评价系统。他认为，客户服务质量是评价供应链整体绩效的最重要手段，可以从以下 10 个方面进行分析：①有形的外在绩效（tansibles），该指标用于评价企业内的工具、设备、人事，甚至营销等实体的外在绩效。②可靠性，该指标反映了供应链或者企业履行承诺的能力。例如，物流管理就是要度量其能否满足客户的订货。③响应速度，该指标反映了企业服务于客户的意愿和提供服务的迅捷性，时间是该指标的主要度量变量。④能力，是指要达到既定的服务水平，员工必须掌握的技能和知识。⑤服务态度，指与客户接触时，企业或者服务人虽表现出来的礼貌性、友好性、考虑问题的周全性以及对客户的尊重。⑥可信性，该指标反映了供应链或者企业按时交货的能力。⑦安全性，该指标反映了企业降低和避免风险、危险和冲突的能力。⑧可接近性，即客户或者供应链外的组织与供应链成员接触的便捷性，如客户能够以多快的速度找到客户服务代表。⑨沟通能力，企业与客户或者其他成员的交流能力，如标准的语言、符号等。⑩理解客户能力，反映了企业对客户的理解能力，如企业是否真正了解客户的需求。

（3）供应链研究的权威机构——美国波士顿的咨询公司 Pittiglio Rabin Todd & McGrath（PRTM）和 AMRR Research（AMR）在供应链参考模型（Supply Chain Operation Reference，简称 SCOR）中，提出了度量供应链绩效的 11 项指标，这些指标包括交货情况、订货满足情况（包括满足率和满足订货的提前期）、完美的订货满足情况、供应链响应时间、生产柔性、总物流管理成本、附加价值生产率、担保成本、现金流周转时间、供应链存货周转天数和资产周转率。供应链委员会（Supply Chain Council，简称 SCC）的许多成员企业在使用该评价指标。绩效评价的其他研究成果除了评价指标的选取和评价体系的构架之外，许多学者还从其他角度对企业绩效评价进行研究。在供应链建模方面，目前使用的绩效评价指标主要是成本和客户满意度，偶尔也应用柔性和响应度作为评价指标。绩效评价体系的构建过程，是保障评价体系合理性的关键条件之一。

2. 评价体系模型的建立步骤

Bourne 等人（2000）认为，要建立和实施一个完整的绩效评价体系应包含以下四个步骤：绩效评价指标的设计（包括判别关键目标和设计评价指标）、评价指标的选取（分为初选、校对、分类/分析和分配四个步骤）、评价体系的应用（评价、反馈和纠偏行动）和战略假设的验证（反馈）。此外，Bourne 等人还强调了评价体系应具有环境变化适应性。Waggoner DB 等人（1999）的研究成果表明，绩效评价系统是一个动态系统，推动该系统演进和变化的因素主要来自四个方面：内部影响因素、外部影响因素、过程因素和转换因素，如图 10－2及表 10－4 所示。

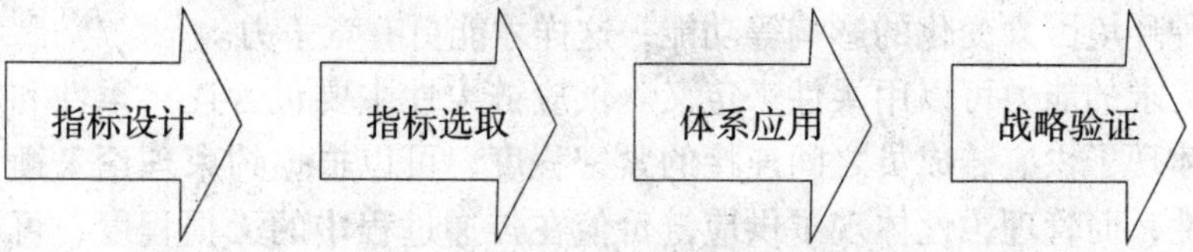

图 10－2　Bourne 等的建立完整的绩效评价体系四步骤

表 10－4　推动系统演变的因素

内部影响因素	外部影响因素	过程因素	转换因素
力量关系	法律关系户	评价实施态度	高层管理支持程度
合作兴趣	市场的多样化	政策过程的管理	变革的损益风险
同等单位的压力	信息技术	创新的饱和度	组织文化的影响
需求合理性	工作性质	系统设计情况	

为了满足不同条件对评价体系要求的不同，Begemann（2000）提出了一套动态绩效评价体系的框架。该框架的三层体系包括以下几个子系统：

（1）外部环境控制子系统，利用绩效评价指标连续控制外部环境中关键参数的变化；

（2）内部环境控制子系统，利用绩效评价指标连续控制内部环境中关键参数的变化；

（3）反馈控制机制，利用内部、外部控制器提供的绩效信息和更高层系统设置的目标和优先权决定内部目标和优先权；

（4）配置子系统，使用绩效评价指标为各经营单位、加工过程等设置修正后目标和优先权；

（5）简化子系统和保障子系统。

10.3.2　顾客价值模型

有关顾客价值的模型最著名的应该属均衡记分卡（balanced score card）模型，此模型是由 Kaplan 和 Norton 于 1992 年提出来的。该体系提出了一套系统评价和激励企业绩效的方法，共由四组指标组成：财务指标、客户指标、内部运营指标和学习成长指标。其中，客户满意度成为推动其他指标顺利完成的原动力；高效的运营过程保证了高水平的客户满意度；而持续的改进则提高了组织的运作绩效。均衡记分卡模型以其简单、易操作等优点获得了广泛的认可。有些组织机构和学者根据自身的需要设计了不同的均衡记分卡，典型的有 NPR、DOE 和 Mark Graham Brown 提出的体系。

10.3.3　供应链管理成熟度

供应链管理成熟度的具体表现可以是多方面的，根据 Beamon（1999）的研究成果，包含资源、产出和柔性的综合评价指标比单一指标更具有优势。资源评价指标表明了资源使用效率的高低，如库存和成本。产出评价指标旨在提高客户服务的水平，包含客户反应（如提前期和准时交货）、质量和最终产品的数量。柔性评价指标的目标，是为了描述系统应对环境变化的能力。为了便于分析，下面主要就供应链柔性和供应链敏捷性进行介绍。

1. 供应链的柔性

供应链管理的目的在于建立具有竞争力的合作机制，形成一个优化的供应链增值体系。供应链管理体系，应该具有承受成员动态变化、市场需求动态变化、供应链结构动态变化的能力，不受各种环境因素变化的影响等功能，这样才能更有竞争力。

反映客户需求的能力可以用柔性来定义。供应链柔性主要包含连接柔性和管理柔性两部分。连接柔性体现了供应链成员之间连接的紧密程度，可以根据约束理论来衡量供应链成员之间关系的柔性；而管理柔性体现了供应链价值在传递过程中的无损程度，可以表示为价值增值能力，主要包含生产柔性和分销柔性两种类型。生产柔性体现了供应链改变产品生产水平的能力，用生产能力和已使用生产能力之差来衡量。分销柔性体现了供应链按计划交货的能力，用客户需求量和现实的分销量之差来衡量。

（1）连接柔性。

从信息功能集成、过程集成到节点企业资源集成的发展趋势，给供应链管理带来了新的需要，特别是供应链管理优化、计划和执行的方法，改善供应链业务流程的集成化程度，将从根本上改变供应链的连接柔性。

通过远景的描述和契约机制的完善来实现供应链节点企业之间的关系。信息和流程成为连接企业的重要途径，也是增强供应链节点企业之间紧密程度的重要方式。信息功能集成和过程集成不仅增进了信息共享和交流的能力，而且增进了企业资源集成的能力。

根据约束理论，整条供应链连接的紧密程度是由连接紧密程度最低的企业关系决定的。因此，提高供应链连接柔性的方法不是简单地优化某个环节连接的紧密程度，而应该面向整条供应链，并形成一个动态的优化流程。

（2）管理柔性。

根据柔性供应链管理和刚性供应链管理的特征（如表 10－5 所示），建立一个优化的供应链体系，需要消除供应过程中的约束限制。这些约束限制，主要就是企业的生产柔性和分销柔性不够。一般来说，销售商的订单所规定的交货日期比制造商生产这些产品的时间要短。在这种情况下，制造商不得不保持一定的产品库存，但是如果能延长订单周期，使之与制造商的生产周期保持一致，那么，制造商就可以真正实现按订单生产及零库存管理，可以减少甚至消除库存，从而大大提高企业的经济效益。

表 10－5　柔性和刚性供应链管理的特征

柔性供应链管理的特征	刚性供应链管理的特征
按客户（或上层节点企业）的需求组织生产	通过预测来组织生产
牵引式生产方式	推进式生产方式
每人生产所有产品类型的产品	组织生产产品的方式为轮番生产类型
高可靠系统	低可靠系统
供应商之间是一种战略伙伴关系	没有正式的供应商伙伴
客户参与供应链管理	几乎没有客户伙伴
供应与需求同步	经常变动生产作业计划
整条供应链有一个统一的生产	在供应链中存在不同的生产作业
作业计划	计划和日程安排
基于供应链业务流程的管理	基于职能专门化的管理

自 20 世纪 90 年代以来，集成供应链管理（ISCM）已经成为国内外管理学、物流学等领域的学者的一个研究热点。ISCM 力求克服传统管理思想中的采购、生产和销售之间的障碍。实现集成化供应链管理的关键，是将企业内部供应链和外部供应商及客户集成起来，将企业

内部和相关企业共同的产、购、销、人、财、物管理看作是供应链的整体功能，从而将企业内的供应链和企业外的供应链集成起来，力求达到整个供应链全局的动态最优目标，这也正是供应链管理思想的精髓所在。

集成供应链管理将企业内部的供应链与企业外部的供应链集成管理，以系统的观点准确把握了供应链管理的实质，达到全局动态最优的目标，以适应新的竞争环境下市场对生产和管理过程提出的高柔性、高质量和低成本的要求。

2. 供应链的敏捷性

敏捷供应链的理论、技术和管理系统是支持动态企业联盟、实施敏捷制造的重要指导技术之一。敏捷供应链管理（Agile Supply Chain Management，简称 ASCM）覆盖了从供应商的供应商到客户的客户的全部过程，包括采购、生产、库存管理、销售、运输和客户服务等环节。

（1）敏捷性的定义。

根据 Martin Christopher（2000）的定义，敏捷性是一种业务能力，它包含组织结构、信息系统、物流流程，特别是思想观念。敏捷组织的一个关键特性是柔性，毫无疑问，敏捷性是一个来源于柔性制造系统的业务概念。

（2）敏捷供应链。

具有敏捷性的供应链不仅具有市场敏感性、虚拟性、过程集成和基于网络的特性，而且具有精细化特性和柔性。

敏捷供应链具有基于时间竞争的优势，能够实时满足波动的市场需求，保持与市场需求的同步。敏捷供应链的敏捷性主要来自如下几方面：

第一，建立战略伙伴关系。良好的战略伙伴关系不仅包括良好的供应商关系，而且也包括良好的客户关系，通过实施 CRM 策略、VMI 策略和早期供应商参与策略，有利于建立良好的战略伙伴关系，形成一个关系协调的管理体系。

第二，实现信息共享。信息共享可以产生任何资源共享所无法替代的力量。信息已经成为供应链管理体系中重要的资源，借助于信息共享，供应链节点企业之间可以缩短采购提前期、交货提前期等一系列提前期，提高供应链的市场反应能力。

第三，形成多渠道纽带。形成一个全方位、具有多重连接的伙伴关系，改变传统的由采购部门到销售部门建立的企业间关联渠道。如图 10－3 所示。

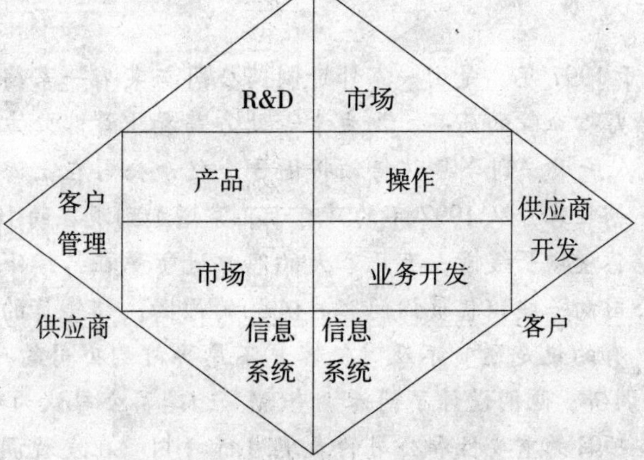

图 10－3　具有多重连接的伙伴关系

第四，降低复杂性。供应链复杂性的降低，将有效地改善信息传递的速度、运营的效率、整体绩效和整体反应能力。供应链复杂性来自产品和品牌增值能力，以及组织结构和管理流程。可以通过产品标准化和业务流程重组技术，有效地降低供应链管理体系的复杂性。

供应链的复杂性，还可以反映在供应链结构与物流和信息流的适应程度上。根据 Cregory N. Stock 等人（2000）的研究成果，在供应链结构中主要包含渠道管制和地域分布。与物流和信息流适应的供应链体系，能够提高供应链的敏捷性和绩效。如图 10－4 所示。

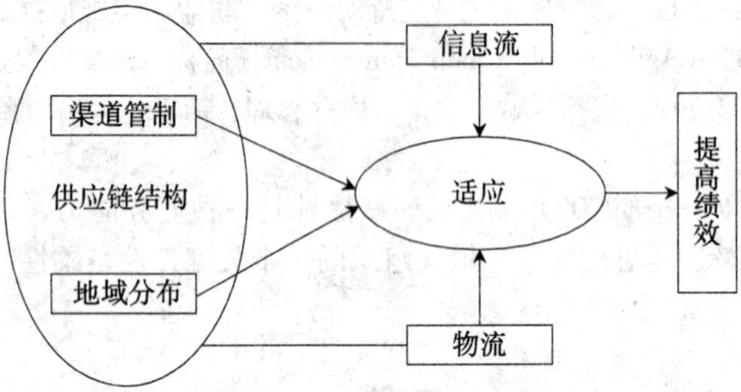

图 10－4　供应链结构的适应性

敏捷供应链管理的研究与实现是一个复杂的系统工程，而基于供应链管理的信息集成和系统的快速重组是两个重要的研究领域，其中涉及的关键技术有：动态联盟建模技术、分布式计算技术、对 Legacy 系统的封装技术和软件系统的重用技术。

供应链动态联盟的敏捷性直接反映了供应链体系的竞争力，这将为企业之间的信息交换与共享提供良好的基础，并促进企业间的合作、优势互补和企业生产模式的转变。敏捷性所反映的供应链绩效会影响供应链提供客户价值的能力，特别是在产品可得性方面，因而有必要开发评价供应链绩效的独立标准。

10.4　案例分析

XY 公司的绩效评估与客户服务

XY 制药公司成立于 1997 年，是由一家外资制药公司与某省一家药厂合资成立的制药公司。公司主要产品有治疗心血管的药品、抗生素等处方药和少量非处方药。公司成立初期的销售额约为 1 000 万元人民币，到今年销售额将近 3 个亿，公司在上海、北京、广州等许多大中城市设有办事处，销售客户从 1997 年的只有十几家增加到现在的 100 多家。

但公司发现目前销售量增长缓慢，有几家大的客户进货量在持续下降，有几家客户已停止从公司购买产品。公司向一些销售员询问客户流失的原因，销售员的回答不一，有的说是因为公司产品价格高，有的说是送货不及时使客户不愿再订购公司的产品。针对这种情况，XY 决定进行一次客户调研，他们设计了问卷调查表，选择了公司认为对客户比较重要的 10 个项目，让客户对这些项目的重要性和公司的表现进行评判。在发放调查问卷时，他们有意识地在不同城市选择规模大小不同的客户，一共选择了 10 个客户。

公司陆续收到了客户回复的问卷调查表，公司进行了汇总，结果如下表：

客户对服务项目重要性的评价

客户＼项目代码	供货价格	供货质量	订单交货期	配送正确率	计划送货日期	订单完整性	缺货通知	发票准确度	紧急送货	对投诉的处理
C1	6	6	7	6	5	5	6	5	5	3
C2	7	5	6	5	4	4	7	6	5	4
C3	7	4	5	6	6	5	6	5	4	2
C4	6	7	6	4	5	6	5	4	4	2
C5	5	6	6	6	7	4	5	4	3	1
C6	6	5	6	5	7	3	7	6	4	4
C7	7	6	4	5	5	6	4	5	5	3
C8	5	6	6	7	6	5	6	4	5	2
C9	7	5	7	5	4	4	6	3	4	2
C10	7	6	5	6	6	5	4	5	4	2

客户对EH公司客户服务的评价

客户＼项目代码	供货价格	供货质量	订单交货期	配送正确率	计划送货日期	订单完整性	缺货通知	发票准确度	紧急送货	对投诉的处理
C1	3	4	5	6	5	3	6	5	2	5
C2	3	5	6	5	4	4	7	5	3	5
C3	2	5	5	6	5	5	6	6	3	4
C4	3	5	4	6	4	4	7	7	3	5
C5	4	6	4	6	4	4	6	5	2	5
C6	3	4	4	7	4	3	7	6	2	6
C7	2	4	5	5	5	3	6	5	4	4
C8	2	5	4	6	5	3	6	5	2	5
C9	3	5	6	5	4	5	6	6	3	5
C10	3	4	5	6	4	5	6	5	2	5

公司人员运用绩效评估矩阵的工具对客户服务数据进行分析，分析结果如下表所示：

服务项目	XY 公司的表现	重要性
供货价格	2.8	6.3
供货质量	4.7	5.6
订单交货期	4.8	5.8
配送正确率	5.8	5.5
计划送货日期	4.4	5.5
订单完整性	3.9	4.7
缺货通知	6.3	5.6
发票准确度	5.5	4.7
紧急送货	2.6	4.3
对投诉的处理	4.9	2.5

结论：1. 公司必须马上提高的项目：供货价格。

2. 公司要提高的项目：紧急送货、计划送货日期、供货质量、订单交货期。

3. 公司要维持/提高的项目：配送正确率、缺货通知。

4. 公司要维持的项目：发票准确度、订单完整性。

5. 公司要降低产品价格就必须降低产品成本。降低成本从采购、制造、送货、计划这四个环节分别进行论述，可以采取相应的措施来降低产品成本。通过与供应商发展伙伴关系降低产品原材料的采购价。

【本章小结】

供应链管理在实施过程中，需要耗费大量的人力、物力和财力，承受来自管理、组织和产品的风险，因此必须进行严格的核算和绩效评价，才能实现企业资源和社会资源的最大应用。只有知道某一战略的成本和实施效果，才能使管理者作出有效决策。因而绩效评价机制作为保持战略层和执行层迈向共同目标的黏合剂，具有不容忽视的价值。

只有进行供应链成本管理，才能发现问题，找出差距。因此，时间、成本成为供应链管理绩效的两个基本要素，为了对其产生的效果进行度量和评价，首先要建立供应链绩效评价指标体系，结合相关评价方法，如标杆法、专家定性判断法、综合评分法等，对整个供应链进行评价。

【关键术语和概念】

绩效评价　产销率指标　产需率指标　满意度　评价指标　供应链的柔性　供应链的敏捷性　价值模型　供应链成熟度

【思考与练习】

1. 供应链绩效评价的作用和原则是什么？
2. 供应链绩效评价的方法有哪些？

3. 试列举出评价供应链成员的至少10项关键评价指标。

【补充阅读】

1. 森尼尔·乔普瑞．供应链管理——战略、规划与运营．北京：社会科学文献出版社，2003

2. 赵刚．供应链管理．北京：电子工业出版社，2006

参考文献

1. Jon Hughes, Mark Ralf, Bill Michels. *Transform Your Supply Chain*: *Releasing Value in Business*. copyright by International Thomson Business Press, a Division of International Thomson Publishing lnc, 1998

2. Karen Holems, Corinne Leech. 资源与运营管理. 清华大学出版社，中央广播电视大学出版社，2004

3. 森尼尔·乔普瑞，彼得·梅因德尔. 供应链管理——战略、规划与运营. 北京：社会科学文献出版社，2003

4. 赵林度. 供应链与物流管理理论与实务. 北京：机械工业出版社，2003

5. 马士华，林勇，陈志祥. 供应链管理. 北京：机械工业出版社，2000

6. 查先进. 物流与供应链管理. 武汉：武汉大学出版社，2003

7. 孙元欣. 供应链管理原理. 上海：上海财经大学出版社，2003

8. 骆温平. 物流与供应链管理. 北京：电子工业出版社，2002

9. 刘伟. 供应链管理. 成都：四川人民出版社，2002

10. 霍佳震. 企业评价创新——集成化供应链绩效及其评价. 石家庄：河北人民出版社，2001

11. 朱道立，龚国华，罗齐等. 物流和供应链管理. 上海：复旦大学出版社，2001

12. 刁柏青，李学军，王建等. 物流与供应链系统规划与设计. 北京：清华大学出版社，2003

13. 戴永良. 供应链控制. 北京：中国戏剧出版社，2001

14. 王焰. 一体化的供应链——战略设计与管理. 北京：中国物资出版社，2002

15. 赵刚. 物流运筹. 成都：四川人民出版社，2002

16. 缪六莹. 物流运输管理实务. 成都：四川人民出版社，2002

17. 董千里. 供应链管理. 北京：人民交通出版社，2002

18. 詹姆士·R. 斯托克，道格拉斯·M. 兰伯特. 战略物流管理. 邵晓峰等译. 北京：中国财政经济出版社，2003

19. 李苏剑，游战清，胡波. 企业物流管理理论与案例. 北京：机械工业出版社，2003

20. 大卫·辛奇—利维，菲利普·凯明斯基，艾迪斯·辛奇—利维. 供应链设计与管理——概念、战略与案例研究. 季建华，邵晓峰，王丰等译. 上海：上海远东出版社，2000

21. 詹姆斯·C. 约翰逊，唐纳德·F. 伍德，丹尼尔·L. 沃德洛，保罗·R. 小墨菲. 现代物流管理学. 北京：社会科学文献出版社，2003

22.《商学院》杂志 2007 年 11 期，中国经营报出版